超级品牌与心动信号

四少◎著

BRAND

電子工業出版社
Publishing House of Electronics Industry
北京 · BEIJING

内容简介

移动互联网技术的发展带来了两个历史性变化：一是交易路径的缩短，二是行为信息的数字化。这就越来越体现出品牌的重要性：对于顾客来说，品牌意味着信息和信任，对于企业来说，品牌意味着高效和价值。这个时代的成功品牌具有充盈的生命力，它们在忠于品牌 DNA 的同时，能在不同的渠道和维度上针对消费者多元化的需求用灵活且有创意的方式做出反馈。本书作者、知名品牌管理者四少经过深度思考和大量实践，在回顾经典品牌理论和流派的基础上，以现代之眼，从零售和流量变迁角度来看新商业想象力，思考流沙社会形态下的品牌价值和品牌进化，除了经典的品牌知识和案例分享，更多的是对当下正在发生的品牌进化及品牌价值的梳理和总结，兼具理论视野与实战价值。

图书在版编目（CIP）数据

超级品牌与心动信号 / 四少著. —北京：电子工业出版社，2021.3
ISBN 978-7-121-40559-4
Ⅰ.①超… Ⅱ.①四… Ⅲ.①品牌—企业管理—通俗读物 Ⅳ.① F273.2-49
中国版本图书馆 CIP 数据核字（2021）第 025208 号

责任编辑：张　毅
印　　刷：三河市鑫金马印装有限公司
装　　订：三河市鑫金马印装有限公司
出版发行：电子工业出版社
　　　　　北京市海淀区万寿路 173 信箱　邮编 100036
开　　本：720×1000　1/16　印张：18　字数：274 千字　黑插：1
版　　次：2021 年 3 月第 1 版
印　　次：2021 年 3 月第 1 次印刷
定　　价：68.00 元

凡所购买电子工业出版社图书有缺损问题，请向购买书店调换。若书店售缺，请与本社发行部联系，联系及邮购电话：（010）88254888，88258888。

质量投诉请发邮件至 zlts@phei.com.cn，盗版侵权举报请发邮件至 dbqq@phei.com.cn。

本书咨询联系方式：（010）57565890，meidipub@phei.com.cn。

理解需求，创造价值，建立关系

经过改革开放以来40多年的经济高速增长，中国已成为世界第二大经济体。观察中国经济不能只看增速，更要看中国经济结构的变化，即全要素生产率增速、产业和就业结构、微观经济活力、收入分配格局、居民收入水平、全球价值链定位、研发强度和创新能力的变化等。反映在结构层面上的经济，可以更真实地反映中国的经济社会发展。

《财富》杂志公布的2020年全球500强企业中有131家来自中国，中国的全球500强企业数量首次超过美国，成为全球上榜企业数量最多的国家。在胡润研究院发布的《2020胡润全球独角兽榜》中，中美两国占全球独角兽企业总数的八成，全球十大独角兽企业中有六个来自中国。

中国品牌的崛起也引起了全球广泛关注。中国品牌繁荣发展的关键是中国用户的心态发生了根本性变化。年轻的用户更倾向于购买本国品牌。人们更愿意购买国有品牌了，这说明我们要重新看待红利。与此同时，中国品牌的创新能力、供应链的能力和对数字化的敏锐嗅觉也是不可忽视的重要原因。

中国经济的发展经历了从超级工厂到超级商场再到超级品牌的过程，中国一直是全球最大的生产国和世界超级工厂，中国的消费品供应链和商业流通基础设施，已经是世界一流的水平。被称为“世界超市”的浙江义乌，是全球最大的小商品集散中心。

2018 年，中国消费品零售总额是 38.1 万亿元，按当时的汇率换算相当于 5.76 万亿美元，而美国同期的消费品零售总额是 6.04 万亿美元；2019 年上半年，数据显示中国的消费品零售总额已经超过美国——中国正在超越美国，成为全球最大的消费国和世界的超级商场。

2018 年，全球奢侈品市场规模约 1.2 万亿欧元，其中 33% 由中国用户买单。巨大的生产力和巨大的消费力碰撞，预示着我们将迎来中国原创品牌的爆发。是的，中国下一个必然要攀登的高峰，是打造世界级的超级品牌。

品牌是国家竞争力的综合体现，也是参与全球竞争的重要资源。10 年前，西方品牌“洋气”，在用户眼中有着绝对优势。如今，人们认为中国品牌也同样好，甚至更好。现在人们对“中国”这个品牌本身有了真正的信心。法国《费加罗报》刊登的一篇分析文章指出，与上一代人相反，如今中国的“千禧一代”毫不犹豫地选择消费中国产品。曾经，中国用户对于中国品牌望而却步，而现在，“中国制造”这个标签已经成了一种民族自豪感的象征，这种潮流被称为“国潮”，即使是那些最现代化、最精明、最严格，并且难以建立品牌忠诚度的用户也在追逐这种潮流。

“中国品牌可以在 6 个月内推出一款产品，而跨国公司推出一款产品需要 2 年。此外，许多公司诞生在数字时代，这给了它们创新的优势，尤其是在线上销售方面。”奥美中国董事总经理克里斯·赖特曼这样说道。

为什么强调品牌？

在未来，在一个用户存量竞争的环境里，品牌是比流量更重要的获取用户选择的商业战略。移动互联网的技术发展带来了两个历史性变化：一是交易路径的缩短，二是行为信息的数字化。这就越来越能体现品牌的重要性：对于用户来说，品牌意味着信息和信任，方便用户快速做出购买决策，甚至参与到品牌的构建；对于背后的企业来说，品牌意味着高效和价值，它是一种持续进化的竞争优势。

再进一步解释——

对于个体而言，品牌使消费所带来的情绪价值超越产品的使用价值，是个人消费行为中的个性表达，使消费生活更有创造力。

对于企业而言，品牌是消费经济中微笑曲线的最右侧，是溢价的来源，是激烈竞争的有效护城河。

对于国家经济体而言，本国品牌集群是经济结构附加值提升的表现，是本民族文化在大众消费生活中的衍生表达，是国家文化经济实力的直接体现。

商业的“暴利时代”过去了，但是“厚利时代”到来了，这个厚利的载体就是品牌，就是文化，乃至于文明。品牌战略就是创造可感知的用户价值，阿里巴巴、腾讯、华为、喜茶，还有重新崛起的李宁，它们的品牌基因是什么？中国的供应链有哪些优势？一些曾经风光的国际、国产品牌又为何式微？

你喜欢岁月静好，而现实是大江奔流。

2020 年全民微商的魔幻开场，让不确定性成为常态，品牌传播背景噪声指数级上升，如何理解“孤独经济”和“宅文化”？当增长成为新焦虑，品牌作为“心智货架”如何做到“品效合一”？私域流量 + 直播带货 + 社区零售该怎么玩转？

新冠肺炎疫情暴发后国人每日网上消耗总时长从 50 亿小时增长到 60 亿小时，这 10 亿小时的增量去了哪里？危机是成就伟大的竞技场，你的企业具备价值创造能力吗？品牌如何与剧“共情”？如何利用色彩抢占用户心智？ IP 和品牌周边是新的增长曲线吗？品牌如何把握产品力、品牌力和数字化的铁三角，在“心零售”时代持续进化？为什么说创新才是抗体，而品牌力是终极免疫力？

奥格威说：“最终决定品牌地位的，是品牌文化上的个性，而不是产品之间微乎其微的差异。”本书在回顾经典品牌理论和流派的基础上，以现代之眼、市场之眼，从零售和流量变迁视角来看新商业想象力，思考流沙社会形态[①]下的品牌价值和品牌进化：以前人随物动，现在物随人心，当零售从一个交易的时代进入到一个关系的时代，如何创造产品的 Aha Moment，如何掌握“编辑权”，如何将品牌的文化、创新、情怀及零距离服务，释放为让用户心动的信号，这些都是品牌主需要思考的问题。

本书将用大量当下发生的品牌案例，呈现这个时代成功品牌所具有的充盈生命力，它们在忠于品牌 DNA 的同时，拥抱“后浪”，在不同的渠道、社群和触点维度上，针对用户多元化的需求，用灵活且有创意的方式做出反馈。

---

① 流沙社会形态指的是，当商业由生产者主导变为由消费者主导，当“时间轴”代替“空间性”成为商业的核心要素，当非线性成长代替了线性成长，企业唯有快才能生存，商业逻辑从构建帝国嬗变到顺应流沙。

目录

第1章 品牌：造梦的艺术

第2章 个性：人格化的温度

第 4 章 产品：比我更懂我的需求

第 5 章 用户：圈层仪式感

第 1 章

品牌：

造梦的艺术

品牌、杂志、电影、奢侈品，

都是造梦的艺术。

林夕写给王菲的《萤火虫》里有一句："让我漫无目地闪亮，粉饰这宇宙橱窗。"我们对生活的掌控力，来源于固定、日常和重复，但生活的乐趣，往往来源于未知、意外和不确定。只有合理组合这两者，才能使我们的生活在无聊和动荡中，获得动态的平衡。

世界上哪里有那么多离家出走、为爱走天涯或者炒老板鱿鱼的非凡经历？但街心公园、花店、电影院、书店，美食、杂志包括自己心仪的品牌，却可以承载这种对未知、意外、惊喜和不确定的期待，让我们去对抗那日复一日的庸常。

在某节奢侈品课堂上，LVMH 集团副总裁说，假设一个女孩花几万块钱买了一款路易威登包袋，如果有一天你告诉她这个包袋原来卖 2 万元，现在降价促销只要 5000 元，你觉得这个女孩还会买吗？同样的品牌、同样的设计、同样的品质，为什么一打折就不买了呢？

因为打折不只是关于一个包袋的事情，而是等于打碎了她的一个梦想。路易威登集团副总裁说很多女孩攒钱买到自己人生的第一个路易威登包袋，其实也是买到了一个梦想。在奥特莱斯看不到路易威登产品的打折店，路易威登全球的门店都很少打折，它们正是在守护这个梦想。品牌塑造就是一个造梦的过程，优秀品牌的使命就是先打造出一个梦想，再帮你保护好这个梦想。

1.1 品牌的定义

托马斯·迦得在《品牌化思维：引爆用户购买力的十五大品牌逻辑》中指出，品牌的最佳定义是“人类思维的认知管理”，即通过占有某种产品，来获取它所附加的故事、情感、认同、归属感等“符号价值”，从而让自己向某种理想中的形象靠拢。

1.1.1 品牌源起：差异化符号

“品牌”这个词来源于古斯堪的那维亚语“brandr”，意思是“燃烧”或“烙印”。这一词最早的使用，据说是源于两个牧民在同一片草原放牧，在放牧的过程中，两家的牲畜混在了一起，难以区分。后来这两个牧民就想出一个办法：用烙铁在自家的牲畜身上烙上不同形状的符号，用来区分各家的财产。

另一种说法是，最古老的品牌产生于印度，其在吠陀时期（9000—10000 年前）被称为“Chyawanprash”（以受人尊敬的哲人 Chyawan 的名字命名），后来被广泛应用于印度和其他许多国家。意大利人最早在 13 世纪以水印的形式使用品牌。1266 年，英国法律要求面包师在每一款面包上做出记号，目的是如果发现缺斤短两，马上就可以知道是谁做的。

从品牌的起源及其最初的使用场景不难看出，品牌实质上是刻意构建的一种差异化符号，用来区分不同的物品。随着品牌的不断演化和发展，这种差异化符号就从最初简单的图形发展成为包含图形、文字、色彩、声音、气味等诸多因素的一整套体系。

1960 年，美国营销学会（AMA）给出了对品牌较早的定义：品牌是一种名称、术语、标记、符号和设计，或是它们的组合运用，其目的是辨认某个销售者或某销售者的产品和服务，并使之同竞争对手的产品和服务区分开来。

艾·里斯先生和劳拉·里斯女士在《品牌的起源》里指出：商业发展的动力是分化；分化诞生新品类；真正的品牌是某一品类的代表；用户**以品类来思考，以品牌来表达**；品类一旦消失，品牌也将消亡；企业创建品牌的正道是把握分化趋势，创新品类，创建品牌，发展品类，壮大品牌，以多品牌驾驭多品类，最终形成品牌大树。

现代营销学之父菲利普·科特勒在《市场营销学》中也给品牌下了定义：品牌是销售者向购买者长期提供的一组特定的特点、利益和服务。品牌是给销售者带来溢价与增值的一种无形的资产，它的载体是用于和其他竞争者的产品和服务相区分的名称、术语、象征、记号或设计及其组合，溢价和增值则来源于用户心智中形成的关于其载体的印象。

品牌承载的更多是用户对品牌商产品和服务的认可，是一种品牌商与用户之间相互磨合衍生出来的产物。小马宋认为，品牌就是一种信用，但这个信用需要用行为来维护，一旦你的行为没有维护这个信用，那就是信用破产，品牌也就不复存在。用户之所以忠实，是因为认可你过去积累的“信用”，但一旦你的信用破产，忠实也就立刻消失。

1.1.2 品牌法则：“心智容量有限”

1956年，哈佛大学心理学家乔治·米勒发表了轰动世界的文章《神奇的数字 7±2》，他通过实验发现，一般人的大脑在短时间内能记忆的项目通常为 7±2 项，如 7 个字母或数字等，超过 9 项大脑就开始陷入紊乱、频频出错。所以 7 是一个神奇的数字。

特劳特进一步发现，随着竞争的加剧，大脑最终连 7 个品牌也容纳不下，只能给 2 个品牌留下空间，这就是所谓的“二元法则”。在移动互联网时代，特劳特强调“二元法则”并将其演进为“只有第一，没有第二”的规律，这也是市场中不断掀起并购浪潮的根本原因。

人们只看自己愿意看的事物，人们排斥与自己消费习惯不合的事物，人们对同种事物的记忆是有限度的。基于此，企业只有压缩信息，实施定位，为自己的产品塑造一个最能打动用户的形象，才可以走得更远。另外，正是因为“心智容量有限”，所以用户一旦接受某个品牌，其心智就很难改变。心智是定位金字塔体系的根基，也是定位体系的逻辑起点。正是将“心智容量有限”“心智很难改变”等人性作为逻辑起点，定位理论体系才可以在中外企业经营中得到广泛认可和应用。

定位是指企业在市场和产品的基础上，对特定的品牌在文化取向及差异性上做出的商业性决策，其本质是建立一个与市场和产品有关的形象。定位使潜在用户对品牌产生正确认识，进而产生品牌偏好和购买行为。使用和体验产品、建立品牌认知和认同、对品牌产生忠诚度，是品牌成功通向潜在用户心智的最佳捷径。

根据“心智容量有限”这个结论，品牌定位必须遵守两条黄金原则：

第一,一个品类，只能容纳极少数品牌成功

一个品类的市场通常会被前两名头部品牌瓜分，我们会看到很多一时瑜亮的品牌，比如肯德基与麦当劳、可口可乐与百事可乐。这种赢家通吃的现象，也被称为马太效应。在市场充分发展的时代，某品类的腰部及以下品牌大约只能瓜分剩下的二三成市场。当然，也会有新品牌以降维打击的方式来重新定义品类。比如小米电视将自己定义为互联网电视。

第二,一个品牌，通常只能代表一个品类

一个成功的品牌已经在用户心智中扎下了根，而且可以代表某个品类，比如嘉士伯啤酒，它如果出一款白酒，会不会很奇怪？同样地，茅台出啤酒，也一定不会成功。还别说，茅台还真曾短暂涉足啤酒领域，推出了走高端路线的茅台啤酒，但最终给华润雪花托管，没了下文。对企业来说，恰当的做法是“做强主业，相邻发展”。比如云南白药推出云南白药牙膏、滴露消毒液推出滴露洗手液。

1.2 经典品牌理论及流派

关于品牌，有常见的三种理论：USP 理论、品牌形象理论、定位理论。在这些理论的影响下，出现了很多优秀、成功且广为流传的广告语，比如白加黑的广告语“治疗感冒，黑白分明”，舒肤佳的广告语“有效除菌护全家”等。

1.2.1 USP 理论

罗瑟・瑞夫斯（Rosser Reeves，1910—1984）是广告界大师，也是进入“纽约广告名人堂”的 5 位广告人之一（其他 4 位是威廉・伯恩巴克、李奥・贝纳、乔治・葛里宾、大卫・奥格威）。瑞夫斯曾任达彼思的董事长，并在 20 世纪 50 年代初提出了著名的 USP 理论，即“独特销售主张”（Unique Selling Proposition）。

USP 理论认为广告有三个特点：第一，必须包含特定的产品特点，即每个广告都要对用户提出一个说辞，给予用户一个明确的利益；第二，必须是唯一的、独特的，是其他同类竞品不具有或没有宣传过的说辞；第三，必须能够引起销售，即说辞一定要强有力，能引来以百万计的用户争相购买。

对一个新品而言，拥有独特的销售主张是非常重要的，比如白加黑的销售主张“治疗感冒，黑白分明”。1995 年，白加黑上市仅 180 天销售额就突破 1.6 亿元，在拥挤的感冒药市场上分割了 15% 的份额，登上了行业第二品牌的宝座。

1992 年 3 月进入中国的舒肤佳，以“除菌”为轴心概念，以“有效除菌护全家”为诉求，在短短几年时间里就把早在 1986 年就进入中国，并牢牢占据香皂市场第一的力士拉下宝座。根据 2001 年的数据，舒肤佳市场占有率达 41.95%，比位居第二的力士高 14 个百分点。

然而，在市场竞争激烈的情况下，当一个品类变得成熟，有越来越多竞品涌入，USP 的护城河效应就会下降。此时如果只诉诸功能，那么将无法支撑品牌往更高的地方前进。

1.2.2 品牌形象理论

20 世纪 60 年代，随着科技的进步，各种替代品和仿制品不断涌现，寻找 USP 变得愈发困难。同类产品的差异性越小，品牌之间的同质性越大，用户选择品牌时所运用的理性就越少，因此描绘品牌的形象要比强调产品的具体功能重要得多。

大卫·奥格威提出了品牌形象理论：不要总是纠缠在功能性的层面，应该多看看情感和内心的层面，看看如何同用户的“自我”产生更多的关系，给用户安慰、憧憬、鼓励和归属感等方面的价值。

大卫·奥格威所创办的奥美广告公司认为在产品功能利益点差异越来越小的情况下，用户消费时看重的是实质利益与心理利益之和，而形象化的品牌就可以为用户带来心理利益。任何一个广告都是对品牌的长程投资，广告应该牺牲追求短期效益的诉求，而去尽力维护一个好的品牌形象。按照大卫·奥格威的看法，产品的品牌形象一旦培植到出众的地位，生产该产品的企业就将以最高的利润获得最大的市场份额。

之后广告界刮起了品牌形象理论旋风：想到一个品牌就可以想到一个形象（符号）。这个理论背后有很多符号学和心理学研究的支撑。奥美也做出了惊世骇俗的系列广告（万宝路、可口可乐、麦当劳、劳斯莱斯等），让自己成为广告界殿堂级的存在，引领了一个品牌时代。

1924 年万宝路 (Marlboro) 在美国诞生之初，试图取悦女性烟民，Marlboro 就是组成“Man always remember love because of romance only”（男人只因浪漫铭记爱情）这句话的每个单词的首字母的缩写，广告口号是“像五月的天气一样温和”。万宝路并未如它期望的那样在广大烟民中产生强大的号召力。1954 年，万宝路改变方针，把主要品牌符号改成硬铮铮的西部牛仔、彪悍的马匹、粗壮多毛的手臂，广告词为 Where there is a man, there is a Marlboro（哪里有男士，哪里就有万宝路）。万宝路的广告创作，充分抓住了美国人渴望通过某种方式表现自己男子汉气概的内心诉求。消费者购买这些香烟也正是为了购买这些气概。形象改变仅一年，其销量就增长了 3 倍，1975 年，万宝路摘下美国卷烟销量第一的桂冠。20 世纪 80 年代中期，万宝路成为世界烟草业的领导品牌。

早期万宝路香烟的形象

大卫・奥格威在为劳斯莱斯创作的宣传语里这样写道："在时速 60 英里①时，劳斯莱斯汽车上最大的噪声来自电子钟。"这一宣传语向人们展示了劳斯莱斯汽车噪声小的优越性能。麦当劳和肯德基也分别以"麦当劳叔叔"和"肯德基上校"的人格化形象来体现自身特点。

1.2.3　定位理论

1969 年，两位美国年轻人特劳特和里斯提出了定位理论（Positioning），他们给定位的定义是："定位不是你对产品做的事，而是你对潜在用户做的事。也就是说，你要在潜在用户的头脑里给产品定位。"

后来的万宝路香烟的形象

定位理论强调随着竞争激烈化、产品同质化的日益严重，企业需要创造心理差异、个性差异。同时还主张从

① 1 英里 ≈ 1.61 千米。

传播（用户）的角度出发，确保产品在用户大脑里占据一个真正有价值的地位。

定位理论坚持**以打造品牌为核心，以竞争导向和用户心智为关键点**。基于此，企业需要研究和了解用户的所思所想，通过调研找到一个独特的市场位置。在定位时，企业应该细分心智，寻找一个分类，并试图把自己定义为这个分类中的第一。

特劳特和里斯主张不仅要在现实商业世界里打竞争战，更要在用户心智中打竞争战，以抢占有限的心智资源，占领用户的潜意识，成为用户的第一选择。

1996年，特劳特等人又出版了《新定位》一书，书中提出了用户的五种心智模式：

（1）用户只能接收有限的信息；

（2）用户喜欢简单，讨厌复杂；

（3）用户缺乏安全感；

（4）用户对品牌的印象不会轻易改变；

（5）用户的心智容易失去焦点。

作为持续发展了50年的理论，定位理论并不是大部分人刻板印象中过时的营销套路，它本质上讲的是人性。随着时间的推移，我们已经掌握了对于产品、品牌或认知“定位的方法”。除此之外，在数字化时代，我们已经慢慢懂得认知必须反映事物本质，而非引起欲望或提供诱饵。因为在今天的市场上有太多渠道可以接触真实数据，了解事实真相，所以公司根本不可能像20世纪70年代那样，单凭广告就能影响认知。

从诉诸功能到投射形象再到占领心智，越是信息纷杂的今天，企业越需要精准定位。如果说产品的逻辑是入眼，品类的逻辑是入脑，那么品牌的逻辑则是入心。

1.2.4 代官山茑屋书店的品牌打造之路

1973年，增田宗昭进入铃木公司工作；1985年，34岁的增田宗昭独自创立Culture Convenience Club（简称CCC）；2003年，跨业种通用积分服务“T积分”正式推出，当时T-card会员数量达到6000万人，可谓是日本国民级的存在；2011年，以代官山茑屋书店为核心的商业设施“代官山T-SITE”落成，带来了生活方式的革命。

“代官山T-SITE”的经营理念是：越是在网络时代，由人传达的价值就越重要。基于这种经营理念，“代官山T-SITE”对一些问题的观察超过了绝大多数企业，甚至是行业巨头。例如，他们非常关注这类问题：会员是谁？他们过着什么样的生活？他们需要什么？

因为日本已进入老龄化社会，所以“代官山T-SITE”将代官山茑屋书店定位为一家对老年人有吸引力的书店。即使是在网络购物横行的时代，该书店依然能日进600万日元。

为了吸引顾客来到地段不好的店面，CCC决定打造一座像美术馆一样的标志性建筑，于是策划了一场创业以来从未尝试过的建筑设计大赛，最终如愿建成一座漂亮的建筑，并使之逐渐成为代官山的知名去处。

为了喜欢早起的老年人，代官山茑屋书店将书店和咖啡馆的开始营业时间设定为早上7点；为了喜欢摄影的老年人，代官山茑屋书店设置了相机专卖店；为了腿脚不便的老年人，代官山茑屋书店设置了助力自行车专区；为了让老年女性活得更加美丽，代官山茑屋书店开设了美容院；杂志最能代表“生活提案”，代官山茑屋书店打造了一个世界知名的杂志卖场；为了方便有钱的老年人给孙儿买礼物，代官山茑屋书店引入了国外环保玩具专卖店。

老年人更在意死亡，于是代官山茑屋书店设置宗教、哲学及讲述不同人活法的传记类书籍专区；老年人的孩子多已成家，为了减轻他们的孤单感，代官山茑屋书店引入了带宠物医院的宠物店；因为服务老年人，代官山茑屋书店深挖“健康”主题，打造了日本最全的烹饪（医食同源）书籍卖场。

在《茑屋经营哲学》一书中，增田宗昭指出，日本文化中的待客之道其实是利他心形式化的产物。“店铺是为顾客而存在的，赚钱只是结果。”

（部分内容参考《知日》第39期特辑《谁是增田宗昭？只有梦想值得实现！》，中信出版集团出版。）

1.3 品牌“人设”：品牌基因与DNA

这是一个“无定位，不品牌”的时代，但对于品牌来说，仅仅有定位就够了吗？定位是一个战略性的选择，但是它并不能解决所有问题。品牌本身并不是一个完全抽象的概念，它是有价值观的，因此它的“人格化”就很重要，我们应该赋予它态度、性格和温度。

美国社会学家、符号互动论的代表人物欧文·戈夫曼（Erving Goffman，1922—1982）在《日常生活中的自我呈现》一书中写道：“社会就是个大剧院，必要时刻我们每个人都需要‘带妆’上场，用一些巧妙的修饰，来丰富自己的形象，从而去影响别人对自己的看法，或更好地捕捉你要传递的信息。”这段话可以形象地表达个人/品牌建立人设的根本原因：个人/品牌都试图通过选择性的形象输出来建立人设，进而展现自身的特点和魅力。

1.3.1 品牌、符号、商标、LOGO

品牌是一个或一系列识别符号，它的表现形式是特定的名称、标志、图案。世界工业产品组织认为：“品牌是区分产品和服务的标志。”从某种意义上来说，品牌的核心功能是帮助用户快速了解产品，提高用户的决策效率。品牌最持久的含义和实质体现在价值、文化和个性上，它是企业长期努力经营的结果，是企业的无形载体。

符号是一种可以指代一定意义的意象，它的表现形式是图形图像、文字组合，或是声音信号、建筑造型，甚至是一种思想文化、一位时事人物。例如，“=”在数学中是等价的符号，“紫禁城”在政治上是中国古代皇权的象征。如今，无论是品牌名称和标志，还是为产品设计的包装，其实质都是设计符号。无论是一场公关活动，还是一个广告作品，其实质都是不断向用户传递符号及符号所代表的价值和信息。

商标是企业将自己的产品或服务区别于其他产品或服务的标记，它的表现形式是文字、图形、字母、数字、三维标志、颜色组合等。企业如果要使用商标，必须标明“R”或“注”，其含义是注册商标。

LOGO 是一个产品或企业的标志，通常用简单、有趣、容易记忆的图形来表示。很多知名企业的 LOGO 用的都是大家熟悉的事物，例如，苹果用的是被咬了一口的苹果，天猫用的是猫，京东用的是狗，搜狐用的是狐狸，去哪儿网用的是骆驼，腾讯用的是企鹅，得到用的是猫头鹰。

品牌与符号的区别：品牌体现了一种无形的感受，承载了文化、价值观和个性，企业可以通过产品、服务及营销活动，向人们传递和分享该文化、价值观和个性；符号是附着在产品之上的，可以促进企业与用户之间的沟通。产品是企业的主体，符号只是辅助角色。在用户认知和识别品牌的过程中，符号和产品是不分离的，是一个整体。同时，企业也必须将符号和产品作为不可或缺的两个要素来进行品牌的整体管理与运营。

LOGO 与商标的区别：在现代企业中，LOGO 通常体现企业的形象，而商标则体现产品的形象。一个企业一般只能有一个 LOGO，但一个产品却可以有多个商标。LOGO 作为美术作品不需要注册登记，创作完成即自动获得著作权；商标必须经过国家相关部门注册才能使用。

LOGO 受《中华人民共和国著作权法》保护，商标受《中华人民共和国商标法》保护。LOGO 的设计者和所有者很可能不是同一个人，而商标只属于商标权人所有。LOGO 作为美术作品受保护的期限一般是 50 年，而商标则可以永久受保护。LOGO 可以注册为商标，一旦注册成功，那么这个 LOGO 便同时受《中华人民共和国著作权法》和《中华人民共和国商标法》

保护。

品牌与商标的区别：品牌与商标都是产品的标记，但品牌是一个经济名词，而商标是一个法律名词。品牌只有打动用户的内心，才能产生经济效益，同时品牌只有登记注册后才能成为商标，才能受法律的保护，才能避免其他任何个人或企业侵权、模仿和非法使用。

商标是品牌的一个组成部分，它只是品牌的标志和名称，有利于用户识别和记忆。但品牌不仅仅是一个标志和名称，更蕴含着生动的精神文化层面的内容，它可以体现价值观，象征身份，抒发情怀。

如果把品牌比作一个巨大的冰山，商标只是冰山露出水面的一小部分。从归属上来说，商标掌握在商标权人手中，而品牌植根于用户心里。品牌是身份 ID，具有比较强的差异化，可以代表产品个性和服务承诺。**没有完成心智预售的品牌，充其量只是一个商标。**

1.3.2 何为人设

“人设”是“人物设定”的简称，这个概念源于二次元动漫圈。在动漫创作中，首先需要规划好每个人物的大致轮廓，包括人物的姓名、年龄、身高、出生背景、成长背景及个性、兴趣等，简单来说就是塑造一个完整的人物。

人设就相当于标签，有了人设，个性才会鲜明，才更容易被受众识别和记住，这就相当于定位理论中讲的建立用户认知。美丽的皮囊千篇一律，有趣的灵魂万里挑一。

建立人设有两条黄金定律：一是要尽可能抢占一个能讨好大部分人的人设，也就是要“抢占品类第一属性”。比如赵丽颖的“吃货”人设就很有记忆点，李佳琦的“口红一哥”、霍建华的“老干部”等人设也让人印象深刻。对明星来说，扮演好了粉丝理想中的人设，就像玩游戏有了 buff（提升能力的魔法或效果），可以使商业价值和人气齐齐开挂。比如“雨神”萧敬腾，比如家境贫寒、全村希望、能力平平，但对改变自己命运抱有强烈渴望的杨超越（当然她更重要的人设是“锦鲤”）。“在还不理解我的产品或理念前，先喜欢上我吧”，一些互联网大佬也在有意无意地打造自己的人设，比如“乡村教师”马云、“钢铁侠”马斯克、“任性总裁”丁磊等。

二是人设要量身定制。首先，人设要符合事主的特质；其次，人设必须要是真实的、贴切的，而不能什么好就是什么，或是编造人设。欧文·戈夫曼提出“污记说”，认为先赋或自致的污记会贬低个人或群体的价值，也会限定他们的社会地位。人们一旦给异常行为者标上污记，他们就走入了“越轨生涯”，结果是异常行为被强化。

可见人设是一把双刃剑，你之前打造的人设有多成功，到了“人设崩塌”的时候，给你带来的损伤就有多大。这两年娱乐圈有太多“人设崩塌”的案例，由此带来的严重后果我们真真切切地看在眼里，记在心里。

1.3.3 品牌人设

社交媒体时代，最大的改变就是用户主权的反转。传统大众媒体强制灌输式的传播遭到受众的反感和抵制，新生代用户更喜欢“有个性、有温度、没距离、能互动”的品牌，而人设正是通过赋予品牌人格化特征的方式满足了这些新生代用户的所有要求。

通过赋予品牌人格化特征，与受众建立情感连接，让受众感受到品牌是有个性、有温度、没距离、能互动的。这其中一个重要的前提就是“品牌要说人话”，要有人的情感特征，要让受众产生亲近感。这几年表现抢眼的品牌基本上都是能放下架子与用户打成一片的，会玩、会“撩”的品牌。

品牌一定不能打官腔，要把自己当作有血有肉的人，不要害怕暴露一些缺点，有缺点才够真实。比如前段时间 kindle 青春版新品发布的广告语“盖 kindle，面更香”就非常接地气，同时也体现了品牌人设打造中很重要的一点——品牌情商：用幽默的方式反转用户的吐槽。

伴随着“王安石谐音 Vans”这句调侃在网络上的热度高居不下，Vans 干脆发起了“你心中的 Vans 王安石”的原创活动，并且邀请用户以涂鸦、动画、说唱等形式进行艺术创作，鼓励年轻人用创意作品来展示自我，活动也体现了 Vans 的“Off the walll”（超越想象）精神。谐音梗没玩够的 Vans 后来还把王安石的诗句印在了鞋上。

一流企业卖产品，超一流企业卖品牌人设：可口可乐被戏称为“肥宅快乐水”、Keep 被打趣为“鸡胸肉推销员”……通过这些人设，品牌的特色能够更好地被用户记住，从而在市场竞争中建立起差异化的竞争优势。

人设能拉近品牌和用户之间的距离。故宫博物院前院长单霁翔用“雍正比剪刀手”的动画，把曾经高高在上的皇帝拉向了普通人。他为故宫打造了“萌态可掬”的人设，以“卖萌”的姿态颠覆了大众的认知。他也通过调皮的画风、跨界出周边等年轻化营销方式，让故宫这个 600 岁的老字号一跃成为新晋网红。

还有卫龙的“戏精”风格：卫龙为了模仿苹果，制作了一系列“苹果风”宣传物料，甚至还在线下开了一家“苹果风”旗舰店。这个旗舰店从产品摆放到装修设计、海报展示都模仿苹果，走起了“高大上”的路线。

人设在品牌营销中的作用不言而喻，除了“抢占认知”，它还能顺应移动社交媒体的变化及由此带来的用户接受习惯的变化。例如，江小白的人设就是热爱生活的文艺青年，就像你多年的老友一样，懂你的情感诉求，能在你孤独、失意的时候做你的精神伴侣。

承认吧，这是一个需要活在人设里的时代。身为创业者和老板，你所处的位置使你早已经成为一张 Public Face（公众面孔），你需要为公司发声、为自己代言。今年的“618 购物节”，总裁们纷纷亮相直播间，用自己的人设，为品牌代言，为产品带货。

社交网络已经为你铺好传播通道，无论你是否愿意，总有些时刻，你不得不按照预设目标展示自己被塑造的人格。品牌有了人设，才能在用户心里软着陆。要想为品牌找到恰当的人设，你必须先了解品牌原型理论。

品牌原型理论由美国学者玛格丽特·马克和卡洛斯·皮尔森共同提出，该理论认为，有生命力的长寿品牌是具有人格的。这里所说的人格可以分为以下四类——

（1）独立动机类人格：纯真者（麦当劳）、探险家（Discovery 频道）、智者（知乎）。

（2）征服动机类人格：英雄（耐克）、亡命之徒（苹果）、魔法师（Uber）。

（3）归属动机类人格：凡夫俗子（Facebook）、情人（香奈儿）。

（4）稳定动机类人格：照顾者（大姨吗）、创造者（微软）、统治者（美国运通）。

要建立品牌原型，必须经过以下五个步骤：

第一，寻找品牌的灵魂。

品牌由谁创立？为什么创立？品牌曾经最让人津津乐道的是什么？用户对这个品牌有什么联想？以后又会有什么联想？这些问题将成为未来很长一段时间内，品牌和用户之间的情感纽带，同时也是用户愿意想起品牌、谈论品牌、追随品牌的关键点。

第二，寻找品牌的内涵。

品牌属于高度参与类还是低度参与类？是大众化的还是小众化的？品牌的主要功能或价值是否能够清晰地口口相传，让用户都明白并且认可？如果品牌只是用户可以接受的众多品牌之一，那么品牌在内涵或价值上又有什么能赢过对手？

第三，寻找品牌竞争的爆破点。

差异化就是品牌竞争的爆破点。你的差异化在形象、产品、视觉及门店终端方面有哪些颗粒化呈现？这些颗粒化呈现是否可以被用户感知？这些问题你必须想清楚。

第四，了解你的用户。

如果说品牌方不认识自己的用户，也许很多人都要笑。事实上，很多品牌都是为老板臆想出来的用户创造和制作产品的，缺乏真正深刻的用户洞察。

第五，塑造好“品牌银行”。

任何打着品牌旗号的行为，无论是短期降价以吸引新用户，还是产品改革、产品线扩张等，都是在强化或培养这个品牌在用户心中的基本原型。

1.4 品牌 Slogan：语言的钉子

Slogan 是口号、广告语，它强调的是企业 / 品牌及其产品最为突出的特点。换言之，Slogan 要将企业的核心竞争力（往往是也是创始人创建企业的核心竞争力）转化为可以帮助用户解决问题的话语（用户使用了产品会有怎样的结果）和价值感受（可以带来什么样的体验、体会和社交炫耀感）。所以我认为，**好的 Slogan 意味着品牌的“信念可视化”。**

如果品牌塑造是个系统工程，那么 Slogan 就是这个系统工程的重中之重。如果Ⅵ（标志）代表品牌的颜值，那么 Slogan 显然就是对颜值的具象化描述。

纵观国内外的优秀品牌可以得出一个结论：凡是生命周期到一定阶段的品牌，其 Slogan 必然要脱离产品材质、属性、外观、带给用户的功能价值等浅显层面，上升到情感 / 象征等高级层面。这是品牌的表达：品牌不仅带给你使用价值，还教会你如何看待世界、看待生活。

比如：

Apple（苹果）——Think different（与众不同）。

Johnny Walker（尊尼获加）——Keep walking（不要止步不前，继续走下去）。

Airbnb（爱彼迎）——Belong anywhere（四海为家 / 家在四方）。

为了易于传播，Slogan 要坚持“**kiss 原则**”，即“keep it simple and stupid”，简单粗暴，最好一句话能概括。另外，Slogan 是品牌对用户的承诺，品牌只有对用户兑现承诺，做到言行一致，才能真正立身，在历史的长河中屹立不倒。

一般来说，基于创业者的格局、品牌的发展阶段、品类及用户沟通特点等维度，Slogan 有三重境界：强调利益、诉说功能的小我境界，强调价值、诉说情感的大我境界，去除偏执、寻求共鸣的无我境界。其实这和做人的境界有异曲同工之妙。

1.4.1 强调利益、诉说功能的小我境界

三百年，九芝堂。

农夫山泉有点甜。

提神喝乐虎。

有问题上知乎。

特步：非一般的感觉。

汤达人：好面，汤决定。

上天猫，就购了。

BOSS 直聘：找工作和老板谈。

网易严选：好的生活，没那么贵。

不是所有牛奶都叫特仑苏。

饿了别叫妈，就叫饿了么。

豆瓣电台：与喜欢的音乐不期而遇。

康师傅：红烧牛肉面，就是这个味儿。

西贝莜面村：闭着眼睛点，道道都好吃。

喝了娃哈哈，吃饭就是香。

上面这些都是我们非常熟悉的品牌和宣传语，它们能够广泛流传，就是因为打造出了小我境界。作为一个成熟品牌，海飞丝也专注于在“小我”的状态下强调去屑功能，这可以唤起用户的记忆点，从而在更大的情感层面吸引新生代的用户。

小我境界里面还有一些非常经典的 Slogan，比如人头马的**“人头马一**

开，好事自然来”，这个 Slogan 无论在修辞的韵味还是口语感的流畅度上，都浑然天成，在汉语的语境里值得细细品味。

同样值得细细咂摸的还有**“携程在手，说走就走”**，这个 Slogan 没有一味强调穷游、性价比，而是更多地在诉说携程产品和服务的便捷性，让人省事省心。

“只溶在口，不溶在手”，这个 Slogan 言简意赅、朗朗上口，一语道破糖衣巧克力带给用户的独特利益：不脏手。

最经典的是戴比尔斯的**“钻石恒久远，一颗永流传”**。这句广告语具有独特的魔力，让戴比尔斯成为超级垄断商，一度掌控全球 60% 以上的钻石贸易产业链。

1.4.2　强调价值、诉说情感的大我境界

联邦快递：使命必达。

豆瓣：我们的精神角落。

天猫：理想生活，上天猫。

GE：Imagination at work（梦想启动未来）。

红牛：你的能量超乎你想象。

优衣库：LifeWear（服适人生）。

阿里巴巴：让天下没有难做的生意。

飞利浦：Sense and simplicity（精于心 简于形）。

Twitter：Follow your interests，discover your world（从世界各地，分享并发现新鲜事物）。

Adidas：Impossible is nothing（没有不可能）。[2010 年改成 Adidas is all in（倾尽全力）。]

李宁：Anything is possible（一切皆有可能）。

上面这些都是基于价值、情感塑造出来的 Slogan，这些 Slogan 都在一定

程度上为用户展现了一个大我境界。其实大我境界中还有一个谜一样的存在：知乎。

“发现更大的世界”是知乎在2012年就提出的Slogan，使用这个Slogan一年之后，知乎取消了用户邀请制，变为开放注册，随后，知乎便将Slogan更换为**“与世界分享你的知识、经验和见解”**，2018年，知乎又重新使用**“发现更大的世界”**。

很早以前知乎还使用过一个Slogan，是**“让好奇心不再孤单”**。我觉得这个Slogan也挺好。现在知乎又将Slogan变为**“有问题 上知乎”**。知乎这种将Slogan换来换去的操作实在是让人感到困惑。其实像王品牛排这样自始至终使用一个Slogan**“只款待心中最重要的人”**的做法，也可以令人印象深刻。

1.4.3 去除偏执、寻求共鸣的无我境界

宝马：悦。

耐克：Just do it（想做就做）。

MINI：Not normal（不甘平庸）。

苹果：Think different。

Keep：自律给我自由。

Chivas：活出骑士风范。

尊尼获加：Keep walking。

微信公众号：再小的个体，也有自己的品牌。

百达翡丽：没人能拥有百达翡丽，只不过为下一代保管而已。

小我入市，大我立市，无我普世，上述Slogan就体现了无我境界，有利于将品牌牢牢地“钉”在用户心里。Think different是广告公司TBWA\Chiat\Day纽约分支办公室于1997年后期为苹果创作的Slogan。1997年，重回苹果担任CEO的乔布斯推出了著名的“Think different”广告，来传递苹果的价值观：“能够Think different的是什么？是那些具有独立的思想

的人；是那些有勇气抛弃世俗的眼光特立独行的人；是那些具有“空杯心态”愿意学习新事物的人；是那些不甘庸庸碌碌、为了追求个人理想而不懈努力的人；是那些想改变世界的人。”

Think different决定了苹果的目标用户，即“具有Think different价值观的人”。于是，苹果将全部精力放在这些人身上，致力于满足他们的极致体验。另外，沃尔沃的定位是安全，所以它的品牌口号很简单，“For life”（关爱生命，享受生活）。路易威登的宣传影片*The journey*用影视化的方式，诠释了品牌的最高格局。

品牌案例 上海交通大学的人设年轻化与家居品牌的人设人性化

1. 上海交通大学

“本科技术哪家强，上海交大在闵行！”

“美容美发、汽修、厨师、挖掘机等全球热门专业，我们都没有！”

“你考多少分，只决定了你在哪所学校打游戏，在哪里收快递。既然大家都是600多分，为什么不选择上海交大”……

“蓝翔式”的文风，加上旧版的广告风格，再配以风趣的文案和浑厚的主播嗓，上海交通大学发布的招生宣传视频引发了无数网友爆笑，在向来严肃的教育界，显得自成一派。就是这个短短两分钟的视频，包袱频出，让人看一遍就过目不忘，着实刷新了人们对上海交通大学的一贯印象。

品牌若是像上海交通大学这样重新设定自己的社交形象，与年轻人玩在一起，自然会受到年轻人的青睐。久而久之，品牌也可以在增加曝光率的同时，强化情感磁场，提升用户黏性。

2. 欧派家居、索菲亚、尚品宅配、博洛尼

以市场占有率、产品创新、资本力量等权重指标来衡量，欧派家居、索

菲亚、尚品宅配位居“2019 年度全屋定制家居品牌价值 TOP50”前三强。下面来清晰感受一下这些品牌的人设：

欧派是一个带头大哥，自傲，有钱任性，经常搞事情，喜欢花式露脸和尝试新事物，有很多膜拜他的小弟。虽然这个大哥有点傲气，但能力出众，不服不行。

索菲亚是一个知性的职场女性，家庭条件不错，有修养但不张扬，不惹事但也不怕事，身边有很多有默契又讲究生活品质的好朋友。

尚品宅配是一个阳光理工男，成绩好，爱思考，自信又实在，想做好的事情绝对会做好，虽然看上去有点平凡，但骨子里有那么一股杀气。

还有一个不得不提的是博洛尼，“他”是一个孤独的男性艺术家，很有艺术天分，成名早，有风格，有自己看重的事情，但有点阳春白雪，对流行和商业保持距离，饮尽那一份自在和孤独。

还有一些全屋定制的优秀品牌，比如好莱客、皮阿诺和我乐家居，大家可以自行探寻这些品牌各自的人设。

第 2 章

个性：

人格化的温度

品牌的出生证上写出了自己的差异化价值。

你是什么？有何不同？何以见得？

这是写在品牌的出生证上的问题，也可以变成品牌人每日三省的问题。互联网营销已经进入下半场，流量红利消失，获客成本提高，转化也越来越难，用户一言不合就“分手”。

为什么要做品牌？因为有了品牌的加持，企业才可以踏上通往头部的道路，只有头部的道路才是企业的活路。品牌的诞生有两个驱动力：一是信任感，解决的是安全问题；二是归属感，解决的是情感认同问题。

创建一个品牌需要一种精神，需要让用户变成你的朋友，让他们信任你、依赖你、替你传播。一位成功的企业家必须同时是一位哲学家，这样他才可以用自己独特的思维方式创建有人格魅力的品牌文化。

在未来的营销大战中，企业会利用品牌争夺市场主导地位，因为品牌才是企业最有价值的资产。拥有市场比拥有工厂更为重要，而拥有市场的唯一方法就是拥有可以主导市场的品牌。品牌可以产生飞轮效应（为了使轮子转动起来，一开始必须使出很大力气，当轮子高速转动起来以后，它本身巨大的动能可以克服较大的阻力，并保持高速转运）。

2.1 品牌是企业家精神的物化

品牌的成功本质上是企业家精神的成功，富有企业家精神的企业家的一言一行，都在塑造和展现着一个品牌的价值观。所谓价值观就是驱动价值实现的观念。总是穿着黑T恤、牛仔裤的乔布斯、永远一副学生模样的扎克伯格、不知疲倦的“钢铁侠”伊隆·马斯克，还有酷酷的埃文·斯皮格尔……他们已然做到了个人品牌化、品牌个人化。当企业家成为企业和产品的一部分时，品牌的创建将更加顺利。

2.1.1 企业家与企业家精神

“企业家”一词源于法文，有“冒险家”的意思。“企业家”的概念最早由法国经济学家理查德·坎蒂隆（Richard Cantillon）在1800年提出。企业家是一种稀缺的社会资源，只有那些有创新思想和创新业绩并具备“企业家精神”的企业领导者才能称得上是企业家。

“企业家精神”是企业家组织建立和经营管理企业的综合才能的表述，它是一种重要而特殊的无形生产要素。约瑟夫·熊彼特（Joseph Schumpeter）的**“企业家是从事创造性破坏的创新者”**的观点，突显了企业家精神的实质和特征。

一个企业最大的隐患就是创新思想的消亡。一个企业，要么增值，要么就在人力资源上报废，创新必须成为企业家的本能。但创新不是“天才的闪烁”，而是企业家艰苦工作的结果。有创新思想的企业家更像是一名充满激情的艺术家。

彼得·德鲁克继承并发扬了熊彼特的观点。他提出**企业家精神中最主要的是创新**，进而把企业家的领导能力与企业管理等同起来，认为“企业管理的核心内容，是企业家在经济上的冒险行为，企业就是企业家工作的组织”。

长盛不衰的企业大都十分注重创新，即使在处于市场主导地位时也不止步，而是主动推进各方面的变革和创新，以获得持续的竞争优势。

法国作家圣·埃克苏佩里在《小王子》里的一段话恰当表述了何为企业家和企业家精神："如果你想造一艘船，不要鼓励人们去伐木、去分配工作、去发号施令。你应该做的是，教会人们去渴望大海的宽广无边和高深莫测。"

从产品创新到技术创新、从市场创新到组织形式创新，创新的实质是"做不同的事，而不是将已经做过的事做得更好一些"。沃尔特·迪士尼（Walt Disney）最伟大的创造不是《木偶奇遇记》，不是《白雪公主》，甚至不是迪士尼乐园，而是使观众快乐的超凡能力；萨姆·沃尔顿（Sam Walton）最伟大的创造不是"天天平价"的沃尔玛，而是一个能够以最出色的方式把零售要领变成行动的组织。成功的企业家总是能够认识规律，遵从基本的商业原则，发现并应对用户需求的改变，实现产品和服务的迭代升级和企业的持续进步。

积极心理学之父马丁·塞利格曼（Martin Seligman）指出，幸福分为三种状态：过愉悦的生活（享乐主义的、肤浅的）、过良好的生活（有家庭与朋友的支持）和过有意义的生活（寻找目标、超越自我、朝着更好的方向努力）。好的企业家向来都不快乐，因为他们总在追求下一个目标；好的企业家天生好奇，永远不会满足于现状。结合企业家精神和对不朽的追求来理解，或许就会觉得他们有这样的行为和想法理所当然。

《不朽》是米兰·昆德拉的一部长篇小说，他在这部小说里探讨的就是人类的自我实现问题：我在这个世界上是一个独特的存在吗？我的生命的价值和意义在哪里？人的一生，首先要发现自己身上的不同，然后去不断强化它，使其更为精进。

所有事归结到最后似乎都只有这一件：不断擦亮自己的名字，使它闪烁如钻石，使它穿越黑暗的时间长河，仍然熠熠闪烁，即使这个名字所指代的生命本身早已经烟消云散。这就是不朽，是另一种永生，是对人类的终极诱惑。不朽，是特别成功的自我实现的结果。

在遵循摩尔定律的信息时代，只有偏执狂才能生存，只有坚持不懈持续创新，咬定青山不放松，才能为别人创造价值。人们拼命努力，想做出一个特别的东西，把信仰和自我实现都寄托于其上，希望通过它的成功，来赋予自己与众不同的才华或品格。创业是为了赚钱吗？当然是，但根本目的还是为了自我实现，为了不朽。这也能解释为什么成功的企业家即使已经福泽三代，也依然在岗位上搏杀，自我实现背后的对不朽的追求或许就是最好的答案。

2.1.2 企业家是品牌和产品的一部分

品牌追求的其实就是做人的成功：要有价值、要有魅力、要有感召力、要有想象空间、要成为人群中的领导者，而且，还要说人话、接地气。企业的价值主张是什么？同竞争对手相比，企业的定位是什么？应该以怎样激动人心的方式讲述企业故事？

Cool（酷）是亚马逊创始人兼 CEO 杰夫·贝佐斯的人生关键词，他的招牌动作是：神经质地大笑、暴君式地咆哮。亚马逊也由此形成了 Cool 的公关风格，以及一套“贝佐斯传播理论”：CEO 亲自拿起红笔在新闻稿、演讲稿甚至产品说明上，删去所有他认为不重要的字句，只为给外界传递删繁就简后的信息。

作为“90 后”，Snapchat 创始人兼 CEO 埃文·斯皮格尔一向是怎么新颖怎么来，这离不开他本人爱玩爱炫的性格。出身富贵之家、拒绝 Facebook 收购、迎娶“维密”超模等一系列标签让斯皮格尔备受争议，也让他得到了极高曝光度。斯皮格尔的大红大紫或许昭示着陈旧人设的没落：成功人士那种过于权威、完美的英雄式出厂模板已经很难奏效。

人物形象更丰满、更具娱乐特质的 CEO 反而能够让人耳目一新。所以你看到，埃隆·马斯克在《钢铁侠 2》中“打了个酱油”；贝佐斯在《星际迷航：超越星辰》中体验了一回上天的感觉；行事风格最奇特的马克·扎克伯格则在《辛普森一家》中以卡通形象出现，用自己的辍学经历开玩笑；Instagram 掌门人凯文·斯特罗姆经常在自己的账号上晒妻子照片，强化自己爱家的人设；Facebook 的 COO 谢丽尔·桑德伯格推出书籍《向前一步》，大谈女性力量等。

千万不要以为他们只是随意“玩票”，这是他们在花式输出人设，在乔布斯讲出“Stay hungry, stay foolish”（求知若渴，虚心若愚）后，扎克伯格在哈佛演讲中的十大金句、马斯克鼓舞人心的创业名言都一度风靡社交网络。这背后都是专业团队的精心打造。

扎克伯格为了经营自己的 Facebook 主页，专门雇了一支 12 人的团队，其中包括著名摄影师查尔斯 • 奥曼尼（Charles Ommanney），他负责捕捉珍贵瞬间。除了斟酌推文、删除负面消息、回应评论等日常工作，这支团队还试图将扎克伯格的个人形象和 Facebook 的企业形象进行巧妙结合：发布业务相关信息的同时，也会晒出扎克伯格的私人生活动态，从女儿学步到妻子的新帽子，与粉丝分享着他的各种“小确幸”。难怪陈丹青说：“真正的精英人士，总能在最简单的事物中挖掘出惊喜，让生活的质感变得与众不同”。

作为“行走的价值观”，企业家的一言一行都和企业形象、品牌三观密不可分。人们像消费明星花边新闻那样对大佬们的奇闻逸事津津乐道。将品牌的目标、使命、愿景等可视化、颗粒化、可感知化，对外传播领袖生动化、人格化的形象，使其成为品牌的接触点，这被称为是企业的公关软实力。这也就是越来越多企业开始重视企业领袖包装的重要原因。

2.2 敢于伟大：不做第一，就做唯一

2.2.1 赢家通吃

亚马逊 CEO 贝佐斯在 1997 年致股东的信里说：“市场领导地位可以直接转化为更可观的收入、更强的盈利能力、更快的资本流动速度，以及相应的更高的资本回报率。”决定企业长期价值的关键是由规模决定的市场领导地位。

此后，亚马逊把规模扩张放在企业战略的首位，核心资源能力的培育、配置和安排，如基础设施投资等均围绕着达到市场领导地位这一目标进行。在出色的短期财务回报和规模扩张不能同时实现的情况下，规模扩张优先。

亚马逊一骑绝尘的发展回报了贝佐斯的这一远见。

"心理衍射论"指出：人的注意力是有限的，在同一个时间，你关注一件事情，就一定会忽略其他事情。而人的大脑又常常容易为一些不相关的小事纠缠，导致坏了大事。

尼采曾经说过："与恶龙缠斗过久，自身亦成为恶龙。凝视深渊过久，深渊将回以凝视。"我们每个人一生的精力都非常有限。一个想成大事的人，只有心无旁骛才能走得更快。

正所谓"将军赶路，不追小兔"，商鞅的"力出一孔"说的也是这个意思。《孙子兵法》告诫我们要"先胜而后求战"。先胜是一种格局：敢于伟大，敢于追求第一。成为第一就是企业家的格局。论语有云："取乎其上，得乎其中；取乎其中，得乎其下；取乎其下，则无所得矣。"百舸争流，奋楫者先；千帆竞发，勇进者胜。企业家要敢于伟大！

做第一太难，第一是熬出来的，还要时刻担心被人拉下宝座，比如键盘时代的王者诺基亚、安卓系统曾经的王者 DHC，就在产品更新换代后无所适从。做行业第一品牌与做品类第一品牌之间并无过多冲突，显然，后者是实现行业第一的必经过程。

你知道世界上最危险的海上酒店什么样吗？在距离美国北卡罗来纳州海岸线 55 公里的大西洋上有一座酒店，游客只有乘坐摩托艇或是直升机才能到达，而且想要入住房间，还需要徒步穿过由镂空钢板搭成的走廊。这些还只是前菜，之所以说它是世界上最危险的酒店，是因为它距离海面足足有 27 米高，如果一不小心掉下去很可能会失去生命。所以你看，成为唯一是巧思和智慧的结果，相对来说，它是可以短时间内制造出来的。

2.2.2 为什么要做第一，要做唯一

篮球之神是谁？你肯定答得出来；世界第一高峰是哪座山峰？你肯定答得出来；第一个登上月球的宇航员是谁？你肯定答得出来；中国第一个获奥运金牌的运动员是谁？你肯定也答得出来。但篮球第二高手是谁？你知道世

界第二高峰吗？中国第二个获奥运金牌的运动员是谁？第二个登上月球的是阿姆斯特朗的助手，但是大众只记下了阿姆斯特朗的名字，却全然不知他的助手叫什么。

在商战中经常说“第二名和最后一名没什么区别”，因为人们往往只记得谁是第一名。只有深刻了解用户的心智模式，才能将企业的品牌植入到用户心中，品牌才能长青。品牌要么在某个已知领域成为第一，要么开辟新的细分领域成为唯一。

1994 年，华为推出 C&C08 机，刚刚在通信行业立稳脚跟，任正非就发出了“10 年之后，世界通信行业三分天下，华为将占一分”的宣言，并始终围绕这个目标艰苦奋斗。2013 年，华为的销售收入达到 395 亿美元，正式超越爱立信成为全球通信行业的老大。

拜耳（Bayer）的阿司匹林，化学成分上与普通阿司匹林完全相同，但价格是普通阿司匹林的 2 倍，这就是第一的力量。

中国台北销量最好的矿泉水是味丹旗下的一款瓶装矿泉水，它的宣传语居然就是一句暖心的话：多喝水。这句话天然具有社交感。

云南白药牙膏的战略目标是做中国口腔护理保健品的第一，而非要做中国口腔护理品的第一，这就是唯一战略。

褚橙宣传自己是最符合中国人甜度偏好的橙子。还有以极简冷淡著称的无印良品，一说服务热情周到，大众第一个想起来的海底捞，排长队一度成为其不二标签的喜茶，都是唯一战略的贯彻者。

第一的背后一定有“修合无人见，存心有天知”的用心：寿司之神小野二郎对寿司制作技艺几十年如一日的精进、同仁堂对“炮制虽繁，必不敢省人工；品味虽贵，必不敢减物力”的长久坚持，都是其用心的证明。

提姆·凯利（Tim Kelly，美国心理学家、使命探寻导师）总结出七个问题，帮助组织找准成为第一或唯一的领域：

（1）什么是我们做起来最得心应手的？

（2）我们对最成功的用户的影响是什么？

（3）组织让你最爱的是什么？让用户爱我们，需要做些什么？

（4）在有无限多资源、时间的条件下，最重要和最有意义的事情是什么？

（5）未来 100 年，我们最希望达成的成果是什么？如果不失败，能做什么？

（6）我们善于解决的社会问题、全球性问题、环境问题是什么？

（7）组织要做什么才能让你自豪？

2.3 共鸣：从有口皆碑到“心动信号”

品牌 CSI 模型强调好奇心、诚挚、互相连接。心动是一种心流体验，它可能来自品牌的可视化表达，也可能来自企业的广告语，还可能来自门店播放的音乐、氤氲的香氛或收到产品时看到的包装及对产品的使用体验。但最深刻的心动，显然来自对品牌的深度参与和认同。

2.3.1 你上一次被夸奖是什么时候

长大后的我们很少会被夸奖。人与人之间似乎更擅长“打击式相处”，“你今天真好看”“你做得很棒”“你的工作完成得很好”，此类夸奖都像是奢侈品，我们难以拥有。所以成年人的世界其实是相对冷漠的，这也是 2019 年“夸夸群”会突然火爆起来的原因。

美国心理学家彼得•莱文（Peter A. Levine）曾经通过实验得出结论：“人们感受到的善意，并不会因为它隐藏在谎言里就打折扣。”在“夸夸群”里，我们通过运用“谎言”鼓励别人释放善意，也在得到浮夸的夸奖时收获善意。即使是获得戏谑的、恶搞的，或是毫无可信度的夸奖，我们依然乐于打赏并且美滋滋。

有个日本综艺节目，讲的是女生如何在 50 天的时间内，不减肥、不整形却变美。其中一位女生留着齐刘海，戴着黑框眼镜，出门时总是戴着口罩，但当她连续被夸奖 15 天后，便下意识地开始“收拾”自己。

她开始整理自己的卧室，摘下口罩，学习化妆，在被夸奖的过程中，她的发型和穿着也慢慢有了变化。到了第 50 天时，她依然有些害羞，但从容貌和气质来看仿佛变成另外一个人。只是连续被夸奖了 50 天，就可以出现这种“整容式”的变化。

看完节目后很多人发现：我们总是吝啬于夸奖普通人，但往往每一位普通人都需要被夸奖。人都是渴望被赞美、被奖赏的。这是一个充斥着“丧”文化的时代，我们的压力不仅仅来源于外部世界，有时候也来源于对自我的不确定、不自信。纵然很多人认同李诞说的“人间不值得”，但夸奖总是可以让人元气满满。

作为一个品牌，你知道怎么夸奖并且“夸奖”过你的用户吗？古人云：“心者，君主之官也，神明出焉。”要想成为能打动人心的“神明”，就要时刻掂量好“严”“思”“明”这三个字。在我看来，“严”是刻苦钻研的匠人之心，“思”是敢于创新的利他之心，“明”是把握市场的洞察之心。品牌“甜”以待人，就是对用户最好的夸奖。

2.3.2 “偶尔治愈，常常帮助，总是安慰”

“偶尔治愈，常常帮助，总是安慰”，这句话多用于表达人类对现代医学的期许。我觉得也适用于表达品牌之魅。戴维·麦克里兰（David C. McClelland）的“三重需要理论”认为，品牌应满足用户的成就需要、权力需要和亲和需要。品牌常常以讲故事的方式，来扮演这种长情陪伴的角色。

人类喜欢故事，这是一个保持了数万年的兴趣。故事的本质是人心的沟通。某些故事是人类对自身历史的一种记忆，人们以故事的形式记忆和传播着社会的文化传统和价值观念，引导着社会性格的形成。

英国作家罗伯特·勃朗宁（Robert Browning）说：“故事永远是旧的，也永远是新的。”故事虽然讲的是过去的事，但又随时在更新，所以能一直延续。

1988 年，三联书店首次出版房龙的作品《人类的故事》，书中用简单、流畅的故事讲述人类文明史的最基本的知识和最精彩的内涵，一时间掀起了“房龙热”。1994 年，比尔·盖茨坐在 33 万张纸上，手中拿着一张光盘告诉全世界：光盘能记录的内容比这 33 万张纸都多。当时人们对光盘认知有限，但此举让大家瞬间就理解了光盘的能量。

用户在采购时会“设立场”，会有自己想要的画面和故事。广告的本质是讲故事，是高度管理别人的注意力，因而是一种聪明又讨喜的沟通方法。

德芙巧克力说：有两样东西我不会错过——回家的末班车和尽情享受每一刻的机会。

万科地产对用户们说：踩惯了红地毯，会梦见石板路。在强调温度感时，万科地产又说：没有 CEO，只有邻居。

钉钉的文案是：没有人是工作狂，我只是不想输。

杰士邦的文案是：即便有再多“虽然”，你就是我的“但是”。

支付宝也通过讲故事的方式勾勒出形态各异的用户形象，“小时候总骗爸妈自己没有钱，现在总骗爸妈：没事儿，我还有钱”，还有“全世界都在催你早点，却没人在意，你还没吃早点”。

左岸咖啡馆同样靠故事型的文案打响知名度，而它本身也有一个不为人知的故事：如果给你如下四个选项，你会怎么选——

一杯日本竞品咖啡店的招牌咖啡；

一杯英国首相官邸宴会的咖啡；

一杯航空头等舱贵宾专享的咖啡；

一杯法国巴黎哲学家汇集的咖啡馆的咖啡。

最终，接受调研的用户都选择了“法国巴黎哲学家汇集的咖啡馆的咖啡”作为纯正咖啡的代表，这也最终成为左岸咖啡馆的血统和基因。作为统一旗下最成功的品牌，它创造了“馆”这个平台概念，我们可以把它具体化为法国塞纳—马恩省河左岸的一家文人汇集的咖啡馆，这代表着一种场景、氛围和空间，而不仅仅是卖一杯咖啡给用户。大家有兴趣，可以去找中国台湾广告鬼才叶明桂老师的书《如何把产品打造成有生命的品牌》来看。

2.3.3　从前的品牌为了区分，现在的品牌讲究心动

2015 年，SK-Ⅱ发起全球性品牌活动“改写命运”，并发布第一支由其代言人汤唯主演的广告片。80% 的女性坚信她们的命运生来如此，将自己的命运交给运气，从而自我束缚，摒弃自己发展的可能性。SK-Ⅱ则鼓励大家：“请放下顾虑，忘记你不够好，请放下偏见，放下伪装，放下世俗的认可和完美标准。”

真正决定命运的不是运气，而是选择。汤唯在片中坦言：“我不是一个明星，我只是一个热爱表演的演员，以我自己对生活和人物的理解，呈现每个角色最本质和真实的特点。而在生活中，我像其他女孩子一样，喜欢一切美好的东西。”原来，改写命运的力量，存在于我们的内心——“你是谁，只因为你想成为谁”。

2016 年，SK-Ⅱ发布希望女性重拾梦想的广告片《再次梦想，改写命运》，以及关注单身女性的《最后她去了相亲角》，2017 年发布广告片《人生不设限》，2018 年发布广告片《无惧年龄》，2019 年发布鼓励女性主动与长辈沟通自己对婚姻压力看法的现实纪录片《为什么她们不回家过年》。SK-Ⅱ已然将打造“独立女性”人设作为品牌常设项目运营。

“掌握主动权，方能改变命运”，这一直是 SK-Ⅱ想要传递的价值观。不追求让所有人喜欢，只吸引相互认同的独立女性，这就是 SK-Ⅱ作为高端美妆品牌的调性与智慧。美妆品牌除了追求美化外表，还应该思考如何用深远的立意赢得更多女性的认同，充盈女性的精神世界。

有趣的是，SK-Ⅱ的广告中，除了片尾才出现“SK-Ⅱ # changedestiny#”的 Slogan，并未出现过 SK-Ⅱ及其产品的身影，这恰是其独特之处。

品牌通过广告传递自己倡导的价值观，用户无论是恰好认同，还是仅仅被感动，在一定程度上，这些广告都引发了群体的共鸣。在这一过程中，品牌的形象就会逐步建立，从而助力品牌转化为实在的销量。

2016 年的《最后她去了相亲角》不仅为 SK-Ⅱ创造了超高关注度，更

是直接转化为产品销售力。不少网友在刷视频时，虽然并未看到产品，但还是发出了“我永远愿意为 SK-Ⅱ努力赚钱”的评论。在视频播出后的 9 个月内，SK-Ⅱ的销售额暴涨 50%，显示出品牌强化人设，持续价值输出的最直接效果。

2020 年，SK-Ⅱ携手美国著名调查记者凯蒂·柯丽克（Katie Couric）发布了全新系列纪录片《时间轴线》。在上海，凯蒂采访了春夏与她的儿时好友蛋花：即便是从小一块长大的好朋友，对生活的期望也可能完全不同。《时间轴线》鼓励全球女性冲破束缚，勇敢追寻自己的梦想，掌握并改写命运。

截至 2020 年 10 月，“改写命运”这个话题在微博上的实时阅读量达到 6.1 亿，讨论量有 83.1 万。SK-Ⅱ倡导的一些价值观正转化为金句在持续流传，比如“**30，它是个数字，不是产品，也没有保质期**”“女生 # 改写命运 #，或许就差一次听从心的选择”“中国女性 # 改写命运 #，从不是一种抗争和叛逆，只是遵从本心”。

每个人心中都有一团火，而路过的人只能看到烟。希望每个走心的品牌都能“甜”以待人，释放心动信号，因为每个人都很好，配得上所有美好。

2.4 品牌战略、组织、企业文化与培训

品牌战略是企业将品牌作为核心竞争力，以获取差别利润与价值的经营战略。企业的使命与价值观是企业自我认同的基础，是提升凝聚力、战斗力的基石。当企业外部环境极其不确定，发展方向模糊、混沌时，使命与价值观便是品牌战略的评价标准，是组织内部进行行为评价、是非判断的关键点，而培训的作用是将之进行颗粒化表达和强化，塑造向心力。

2.4.1 企业价值 = 品类价值 × 品牌地位 × 团队能力

波兰象棋大师萨维利·塔塔科维（Saviell Tartakower）说：“战术是需要做事时，知道应该做什么；战略是没事做时，知道应该做什么。”对于企业

家来说，**把用户装进心智结构的中心位置，是品牌战略启动的核心步骤。**

从用户的角度来看，品牌战略就是创造可感知的用户价值，并将品牌核心价值植入用户心智的战略；从执行的角度来看，战略就是做正确的事，战术就是正确地做事，有清晰的使命，才有清晰的战略，有清晰的战略，才有清晰的业务方向。

将品牌战略具体展开，大致有用户细分、价值主张、渠道通路、用户关系、收入来源、核心资源、关键业务、合作伙伴及成本结构等模块。企业上下都要弄清楚的一点是，**品牌是企业最大的一笔无形资产，尽管它没有被列入企业的财务报表中。**

目前国际通用的品牌战略模式主要有以下几种：单一品牌战略、多品牌战略、主副品牌战略、担保品牌战略及复合品牌战略。俗话说水大鱼大，如果你的企业是汪洋大海，那么里面一定是有大鱼的，如果你的企业太小，眼界也不宽，那么你也养不了大鱼。

现在优秀的企业都开始将关注点从销售模式转移到价值模式上，关注自己到底能给用户创造什么价值，从而让用户离不开自己。这就是我们所说的生态、社群概念背后的逻辑。

"有些企业看上去是卖玩具的，但背地里却在进行技术研发"，乐高就是这样一家企业，它最大的价值就是创造了一门语言和系统，所有人跟它合作必须用它的语言，融入它的系统里面。这门语言和系统的价值是非常大的，远超玩具本身，这是乐高最值得炫耀的东西。

随着中国品牌登上世界舞台，非常期待中国可以出现更多生态化的品牌群。我们谈论的建立品牌，其实是为品牌建立一套含义明确的内在价值体系和便于识别的外在符号体系。品牌故事不是一个单纯的故事，而是一个人格化的体系，包括载体、表现、内涵和传播。

（1）载体：产品和服务，还有企业和企业家。

（2）表现：识别、认识和行为 .

（3）内涵：品牌精神，是与用户达成共鸣的消费体验。

（4）传播：这一点很关键，只有传播到达用户，品牌才存在。

在充分市场化的格局下，竞争在所难免。通常来说，竞争策略有两种，一种叫竞争之道，另一种叫不争之道。正如老子所说，“夫唯不争，故天下莫能与之争”，最好的竞争是不竞争，即你打你的，我打我的，大家朝不同的方向发展，创造独特价值。

企业要赢得竞争，对外要创造独特的可感知价值，占领用户心智；对内要建立一整套环环相扣、相得益彰的独特运营体系，超越竞争对手。

关于对外，贝佐斯曾写道“It's all about long term”，一切都将围绕长期价值展开。也许大家的起点都一样，但是人和人的战略愿景不一样，战略耐心不一样。关于对内，组织架构、企业文化和培训就变得很重要。

字节跳动由张一鸣创建于 2012 年 3 月，短短 8 年就创造了千亿美元估值，令 BAT 三足鼎立的格局改写。

在一次采访中，主持人问张一鸣：“目前你最关心的事情是什么？”张一鸣表示，组织和文化应该是最应该关心的。为什么这么说？企业市值高，是因为有好的利润、好的收入；有好的利润、好的收入，对于 To C 企业来说，是因为有很多用户；用户满意度高、用户多的前提，是有好的产品；有好的产品的前提，是有好的团队；有好的团队，是因为有好的文化和制度，可以不断吸引好的人。

所以，肯定要从源头上发力，与高管充分讨论，形成同舟共济、共担共创的思维方式，这时候组织的战斗力、凝聚力就会强化，“1 米宽 1000 米深”指的就是这种方式。这就离不开组织架构、企业文化和培训。

2.4.2　关于组织、培训的傲慢与偏见

当面临巨大压力、遭遇重大挫折时，使命与核心价值观是企业能够坚持、敢于坚持的重要支撑力量。那些能够保持长期发展的企业，如腾讯、阿里巴巴、伊利等，都有一个深入骨干员工内心，可以让骨干员工发自内心认同的使命与核心价值观。使命与核心价值观明确了企业存在的终极价值，指

导员工以何种理念对待用户、同事、事业、自我，以及外部变化等。

员工不是通过听管理层说什么来识别企业的信仰是什么，而是通过观察管理层处于两难选择时的决策与行为来识别企业真正信奉的是什么。统一的价值观不是灌输出来的。让员工参与使命与核心价值观形成的过程，并保证管理层的决策、行为的一致性，可以充分保证使命与核心价值观能够真正发挥作用，而不仅仅是挂在墙上。

吸引并留住那些才华卓越、富于创造力的员工，最好通过股票期权而非短期现金激励，使其个人利益与企业的长期价值紧密联系在一起，持续塑造长期主义的企业文化，使员工能够像股东一样坚守长期思维，对长期主义理念得以落地也具有非常重要的作用。

很多人以为培训就是上课，其实这是错误的观点。有一个模型叫 ASK 模型，ASK 是指改变人和组织的三个关键方面：态度（Attitude）、技能（Skill）、知识（Knowledge）。培训本质上是一种改变——对员工、对人的改变，以及对企业和组织的改变。换句话说，如果培训改变不了人和组织，那完全可以不做。

还有个培训理论叫 721 理论，其含义是，培训中应该 70% 是具有挑战性的工作任务，这决定人的成长速度；20% 是身边的榜样；10% 是上课培训。好的培训通过营造好的环境氛围，推动人的内在发生改变，激发人的自我学习，这是培训和环境的关系。

在军事演习中，往往会专门设置一支蓝军扮演假想敌来攻击红军。蓝军知道红军的弱点，他们以攻击并打败红军为目的。这种红军与蓝军相互对抗的军事竞争演习，可以锻炼队伍，弥补组织整体的漏洞。

企业必须建立自己的**蓝军机制**：在内部找到一个小分队扮演自己的假想敌，然后不断进行模拟攻击和竞争。蓝军的责任就是帮助我们看到自己认知上的盲区，看到弱点或致命之处。

除此之外，企业还可以找外部的用户组织一个“吐槽大会”，让用户主动提出意见。过去很多企业虽然建立了所谓的由专家学者或者媒体朋友组成的顾问团，但他们的主要作用是用各种方法来证明 CEO 的决策是正确的，即使偶尔会提点建议，也只是隔靴搔痒。

真正的媒体监督来自用户，他们的责任是只准批评不许赞美。批评会让企业明确知道自己的问题所在，驱动自己不断改正。有洞见的用户甚至可以深度参与到产品的研发中来，真正实现“品牌是用户的品牌”，这其实也是创新的来源之一。

品牌案例 失速点：从和民、许留山到维多利亚的秘密、新秀丽

著名的商业报告《失速点》中有一个结论，企业一旦达到失速点，业务停止增长，往往只有 4% 的概率能够恢复业务增长。从长的时间跨度来看，任何一个企业最终都会走向衰落并破产，我们生活的这个时代最大的特征就是不确定性。但不管时代如何变化，对品牌来说，有一样东西永远不会变，那就是对用户价值的追求。

和民和许留山的渐行渐远

在诺基亚将手机业务卖给谷歌之后的某次记者招待会上，诺基亚 CEO 约玛·奥利拉说过一句话：“我们并没有做错什么，但不知道为什么我们输了。”时代淘汰你，从不和你说再见。

和民是日本知名的大众居酒屋连锁品牌，在日本拥有约 730 家门店。2001 年，和民在香港开了第一家海外门店，2005 年又陆续在深圳、上海等城市建立门店。2014 年巅峰时期，和民在中国的门店已经超过 40 家。

2020 年 3 月，和民关闭了其在中国的最后一家门店——深圳万象店，这也使其成为新冠肺炎疫情下首家退出中国的日本企业。很多像和民这样的连锁品牌在日本其实也在艰难求存，表面原因是用户的审美疲劳，但深层次原因是市场上很多小而美的爆款餐饮门店正在与其竞争。

2020 年 3 月 12 日，“许留山倒闭”的消息开始广为传播。多家媒体援引

香港媒体的报道：许留山遭权记玩具入禀香港高等法院申请清盘。报道还关联了一则旧闻——许留山在香港因拖欠租金被告上公堂。作为最早进入内地的港式甜品品牌之一，许留山的倒闭让怀旧伤感的情绪在社交网络上蔓延。有网友评论："人生进入送别模式。"

20世纪60年代，港人许慈玉以其父亲许留山之名创办品牌。早期的许留山只是通过停在街头巷尾的手推车，售卖古方龟苓膏和凉茶。1992年，许留山推出独创的"芒果西米捞"，在港式甜品界立起一块金字招牌。2008年，许留山进军内地。2016年，黄记煌的母公司宣布完成对许留山的全资收购，交易金额超过1亿元。

但在日新月异的市场环境里，许留山难掩老态。2019年开始，许留山所有门店都缩水"瘦身"。过去碗装的甜品也被一次性杯装的甜品、饮料代替，令人唏嘘。

维多利亚的秘密和新秀丽的突围破局

2001年，维多利亚的秘密（Victoria's Secret，以下简称"维密"）秀首次在ABC播出，收视人次高达1240万（出道即巅峰）。随后连续15年，维密秀都在CBS播出，并分别在2002年、2010年和2011年突破1000万人次的收视大关。但最近几年，维密秀的收视人次却跌破500万，2018年更是只有327万，创下历史最差成绩。

维密是曾经风靡的社会美学，是性感的代名词，于1982年在美国纽约交易所上市，一度跻身美国知名内衣零售商的行列。超模、魔鬼身材一向就是维密的标签，导演迈克尔·贝（Michael Bay）曾经为维密拍摄过一支电视广告：身着内衣的模特在直升机、摩托车的爆炸现场昂首阔步——但是这只是老套的男性幻想。

在新消费圈层形成和女性权利意识觉醒的背景下，维密这套对性感的定义已经不管用了，"不性感"的业绩就是明证。创意平台Yard NYC的联合创始人露丝·伯恩斯坦（Ruth Bernstein）表示，内衣市场的新关注点是女性到底想要什么。答案是包容性、舒适性，这一切与维密的陈旧性感背道而驰。

2018 年维密的市场份额为 24%，与 2013 年的 31.7% 相比，可谓一次大跳水。Me Too 运动后人们观念的变化、新兴内衣品牌的崛起及维密秀收视的下滑是维密“螺旋式衰落”的三大原因，这也直接导致了 2019 年的维密秀取消。

运动内衣打着“重新定义性感”的旗帜，年复合增长率达 10.8%；性感天后蕾哈娜也亲自创立了内衣品牌 Savage × Fenty，她说：“突破界限，同时也要创造出让女性能够看到自己的界限，这对我来说很重要。”看来内衣的新理念是“悦己、舒适、自在”。

2020 年 4 月 22 日，维密高调解锁自己新的“大中华区品牌代言人”——周冬雨，这是维密在中国首次启用明星作为自己的代言人。一向古灵精怪的平胸少女周冬雨和维密联系在一起，多数人的第一反应是一个大大的问号。而这背后，显然是维密在继尝试大码和跨性别者模特等“非常规”审美之后的又一次多元化转型，其自救的态度还是诚意满满。

全球最大行李箱制造商新秀丽（Samsonite）正面临债务危机。新秀丽在全球拥有 1300 家自营店，六成收入来自行李箱，2019 年毛利率维持在 60% 左右。亚洲市场销量占新秀丽全球市场销量的 1/3，其总收入中约有 8% 来自中国。

对于高毛利率的新秀丽来说，新冠肺炎疫情造成的影响本不致命，但祸不单行，供应链长期受损（工厂倒闭，货款难以收回）和全球销售额增长放缓的双重打击，降低了其偿债能力。新秀丽需要偿还的债务规模约为收入规模的三倍，部分债务来自2016年花费18亿美元收购商务箱包品牌Tumi的行动。

相关数据预测，到2024年，全球箱包市场规模有望突破1900亿美元。但新冠肺炎疫情引发了用户出行恐慌，对旅游业带来巨大冲击，波及旅游用品市场。互联网箱包品牌Away通过社交媒体运营和传播，快速获得种子用户和明星青睐，2019年估值约14亿美元，同样为新秀丽带去不小的竞争压力。

用户价值驱动第二曲线

以用户价值追求为先导的驱动增长方式主要有三种：**红利、管理和创新**。在今天，红利基本消耗殆尽，管理也逐步走向极致，创新成为驱动增长的唯一方式。以用户价值为内核，创造出新的产品/服务，获得第二曲线，也可能赢得指数型增长。

最熟知的例子有：依靠QQ软件起家的腾讯，由张小龙创新出第二业务微信，并将自己的资源、人才、资金都放在微信上，从而获得指数型增长；美团最早是“千团大战”中的团购佼佼者，后来重新寻找定位，在阿里巴巴主流业务的边缘市场中创新出外卖业务，获得爆发性增长。

对四肢纤瘦、胸部丰满的审美偏好，由羽毛、闪片堆砌出来的梦幻奢华感，令不少人质疑维密充满了“男性凝视”。美国互联网内衣品牌ThirdLove、Lively、MeUndies、TomboyX和Aerie这些后起之秀向女性赋权，尺码具有包容性，注重内衣的舒适度，而非像维密那样注重内衣对男性的“诱惑”，这使它们成为瓜分内衣行业市场份额的新生力量。

而在日本，虽然类似和民的很多连锁品牌在节节败退，但也有很多老字号开始自救。为摆脱老字号居酒屋带来的陈旧形象，“養老乃瀧”将门店从1000多家锐减到400家，并开创了一个年轻化新品牌“一軒め酒場”（寓意是你下班后要去的第一家居酒屋）。

養老乃瀧在门店入口处开辟了一块地方，推出会说话的机器人。每到饭点，很多上班族会过来排队购买由机器人调的酒。“机器人的俏皮话太逗了，忍不住要过来撩一下”，这是广大上班族最真实的心声。

东京池袋还有一家每天爆满的居酒屋，名叫“茶割”（寓意是在酒里混进茶）。菜单由100个格子组合而成，分别是横向10种茶的选项，竖向10种酒的选项，你可以在100种味道中选择自己喜欢的特饮。特饮400日元起，不同组合会有不同费用。

“茶割”还提供100种味道的炸鸡选择，你可以从10种鸡肉的部位和10种调味料中选择为你定制的“炸鸡”。茶割店长表示，100种味道的特饮加100种味道的炸鸡，会让客人有种要挑战所有味道的冲动，客人的新鲜感会保持很久。

市场心理学教授基特·亚罗（Kit Yarrow）在《解码新时代消费心态》一书中列出了一家值得信赖的企业应该具备的四种品质：

（1）关心用户而非处处设防，有勇气和信心去倾听；

（2）真诚地表达对用户的需要和感谢；

（3）以清晰、坦率和公开的方式体现企业的正直；

（4）拥有独特的个性和受众。

第 3 章

包装：

颜值即正义

有颜有料成为当代品牌突出重围的不二法则。

在追求个性的时代，审美红利逐渐显现，它可以在品牌与用户之间创造一种情感的连接。用户的追求已从功能层面到达精神层面（精神追求），从品质到达精致（审美表达），从需求到达想要（心灵呼应），从从众到达出众（自我风格）。用户除了是产品及服务的购买者、使用者，更是品牌审美的体验者。

从产品功能的角度来看，美学能为用户带来需求的满足及使用时的愉悦感受；从传播的角度来看，美学能给用户带来身份感、尊贵感及文化价值认同感。当有颜、有料成为刚需，品牌从业者应该少关注流量红利，多关注审美红利。

3.1 美术，美是 1，术是 0，先要有美

美学是哲学的分支学科，最早由德国哲学家鲍姆加登在 1750 年提出。他认为需要在哲学体系中给艺术一个恰当的位置，于是他建立了一门学科，用以研究感性的认识，并称其为“Aesthetic”（感性学）。

因为是哲学下级学科之一，因此美学既是一门思辨的学科，又是一门感

性的学科，与文艺学、心理学、语言学、人类学、神话学等都有着紧密联系。**美学的观点是一个客体的价值正在于它以感性存在的特有形式呼唤并在某种程度上引导了主体的审美体验。**

清末民初，王国维先生将西方美学的思想、方法、体系引入中国。之后以朱光潜先生为代表的一批美学家进一步将西方美学理论介绍到中国。从德国留学归来的蔡元培先生提出了“以美育代宗教”的主张，使美学在中国得到了广泛重视。20 世纪 80 年代出现美学热，以李泽厚先生为代表的实践美学成为中国美学的主流。

中国美学的核心概念不是美而是意境。商业发展到一定阶段就倒逼我们要拥有自己的审美体系和美学理念。

在品牌端，优秀者已经极具风格特征，如中国著名女装设计师、欧柏兰奴和 LUO ZHENG 创始人、中国时装设计最高奖“金顶奖”得主罗峥在国际 T 台上，用非主流的东方文化元素，打动和征服了西方文化占主导地位的国际主流时尚圈。

罗峥旗下的很多衣服都以特有的东方美学作为设计理念，运用清新、典雅的色彩和轻盈、飘逸的面料，极具灵性和美感，让人不禁产生错觉：这似乎这不是一件衣服，而是一幅充满东方意韵的水墨画。水墨画在你面前徐徐展开，将会是诗意而浪漫的景象。

“我希望与众多的中国优秀设计师一起，把中国传统文化中这些不可复制、不可再生的艺术瑰宝，化为自己独特的设计语言，创造出新东方浪漫主义美学思想。我想它并不仅仅属于中国，它属于全人类。”罗峥说。

很多人认为，当下不再是一个诗的时代，而是一个散文的时代。所谓诗的时代，就是人与世界万物融为一体的时代，也就是生生不息、充满意味和情趣的时代。散文的时代则是功利和理性统治的时代，世界对于人是一个外在的、物化的、对象化的世界，审美意象和艺术活动似乎都被感官化、功利化了。

审美落伍和我们的审美断层有着不可分割的关系，这个问题的解决道阻且长，需要我们共同努力。花费这么多篇幅讲述美学在中国的历程，就是想强调对美要尊重、对美要有认知，这是当下最重要的能力。美术美术，美永远在术的前面，美永远比术要紧。**美是 1，术是 0，美有了，美后面的那些 0 才有意义。**

3.1.1 好的品牌都具备感性智慧美学

1872 年，皮特·蒙德里安（Piet Mondrian）出生在阿姆斯特丹的一个教师家庭。他的父亲在年轻时是个喜欢画画的文艺青年，但一生都没能在爱好上学有所长，所以就把希望寄托在儿子身上。

蒙德里安辗转研习了众多画派，以寻找自己的风格，1930 年，他创作出了抽象派画作《红、黄、蓝的构成》。

在该画作中，黑色线条将画布切成几个大小不同的矩形，这种巧妙的分割与组合使平面变为一个有节奏的动感画面。蒙德里安以红、黄、蓝、白四种简单明快的色彩对画作进行填充，几何图形与色彩冲撞，塑造出“抽象派”独有的梦幻而现实的氛围。

1965 年的冬天，29 岁的伊夫·圣·罗兰（Yves Saint Laurent）召开了迪奥秋冬新装展示会，这位当时年纪轻轻的设计师从《红、黄、蓝的构成》中得到灵感，开创性地将艺术引入时装，创作了著名的格子裙，用黑线加上红、黄、蓝、白组成四色方格纹。简单但极富张力的格子裙在模特身上呈现出艺术与时装结合的奇妙效果。这些波普风格的格子裙轰动一时，成为伊夫·圣·罗兰的经典代表作，理所应当地进入了时装史的殿堂。

此后，蒙德里安的四色方格便成为时尚界的万能公式。几十年间，潮流轮番向四色方格致敬。Bottega Veneta（葆蝶家）、Prada（普拉达）、Fendi（芬迪）等大牌纷纷从蒙德里安完美分割的四色方格中找灵感，各种材质、版型、裁剪的格子衣服生生不息地活跃在时尚圈。

奢侈品的英文Luxury源于拉丁文的“光”（Lux）。所以，奢侈品应该是闪光的、明亮的、让人享受的。

Versace（范思哲）的标志是神话中的蛇妖美杜莎，她代表着致命的吸引力。Versace的设计强调快乐与性感，领口常开到腰部以下，撷取了古典贵族风格的豪华、奢丽，又能充分考虑穿着舒适及恰当地显示体形。Versace善于采用高贵、奢华的面料，借助斜裁方式，在生硬的几何线条与柔和的身体曲线间巧妙过渡，其作品以线条为标志，可以性感地表达女性的身体。

Givenchy（纪梵希）的4G标志代表古典（Genteel）、优雅（Grace）、愉悦（Gaiety）、Givenchy，这是当初于贝尔·德·纪梵希（Hubert de Givenchy）创立Givenchy时所要展示的品牌精神。时至今日，Givenchy的4G精神未曾变动过。奥黛丽·赫本、索菲亚·罗兰、玛丽莲·梦露等在世界电影发展史上熠熠生辉的明星都与Givenchy结下过“奇缘”，为时尚界留下了无数美好回忆。

乔布斯说：“并不是每个人都要种粮食给自己吃，也不是每个人都要做衣服给自己穿。我们说着别人发明的语言，使用别人发明的数学，我们一直在使用别人的成果。借助已有的经验和知识来进行创造是一件了不起的事。”

所以，不要为自己偷学伟大的创意而感到惭愧。苹果的Macbook之所以伟大，正是因为它的创意来源于一群音乐家、诗人、艺术家和历史学家。从其他领域的创新高手那里偷来创意并应用到你的事业中是完全可行的。

猫王收音机之所以广受追捧，与其始终如一的英伦复古设计风格息息相关，可以唤起一代文艺青年的回忆。品牌的美感并不以美学为出发点，也不以功能为起点，而是扎根在对组织文化内涵和调性的思考、对用户使用场景和情感的洞察上。唯此，方能产生品牌溢价。

3.1.2 颜值时代，品牌如何“C 位出道”

> 喜欢一个人，
> 始于颜值，陷于才华，
> 忠于人品，痴于肉体，
> 迷于声音，醉于深情。
>
> ——诗人吴桂君《喜欢一个人》

美国著名劳动力经济学家丹尼尔·荷马仕（Daniel Hamermesh）通过 20 多年的深入研究，在其著名的《颜值与劳动力市场》这一论文中，提出了颜值和终生劳动力总收入呈较强正相关性的观点，指出社会上既存在丑陋罚金现象也存在颜值奖金现象。

相关数据显示，颜值最低员工的时薪要比全国平均水平低 9%，颜值最高员工的时薪要比颜值中等员工高 15.2%，颜值最高员工的时薪要比全国平均水平高 18.8%。原来颜值越高，收入越高还真不是一个段子。

在中国古代，有“恸哭六军俱缟素，冲冠一怒为红颜”的典故，在西方，也有因美女海伦而发生的特洛伊之战。颜值高的美人竟然是国家兴衰的导火索，难怪古人甚至用“倾国倾城”来形容颜值的“杀伤力”。

移动互联网构筑的土壤，培育出了时尚网红，街拍达人、美妆达人、时尚博主。外在美不只让人赏心悦目，还能带来经济收益。比如，网红因为颜值收获粉丝无数，在直播时赚得盆满钵满，这便是颜值经济的体现。现在，绝大多数用户都是感官动物，追求高颜值。

美貌是当下最大的生意之一，推动了美妆产业、医美产业的大繁荣，形成了规模巨大、增速可观的颜值经济，甚至带动了自拍杆、美图软件、社交媒体等周边产业的发展。当用户都没兴趣看你时，你就如同在黑夜里给用户抛媚眼，送秋波，难以获得回应。

这个时代，颜值就是VIP。

大数据告诉我们，美颜拍摄类App月活跃用户数量达到近3亿人，渗透率为20.3%，足见用户对高颜值的追求，一个高价值的品牌，首先一定是具备“美感”的。而且这个“美感”一定要基于清晰的品牌思路、策略与精准的调性。

新兴中产阶级、年轻消费群体除了看重产品本身之外，其实更看重品牌想要塑造的生活品位和价值观是否与自己的性格、个性一致，是品牌的审美追求。米盖尔·杜夫海纳（Mikel Dufrenne）说：“审美对象所暗示的世界，是某种情感性质的辐射，是迫切而短暂的经验，是人们完全进入这一感受时，一瞬间发现自己命运的意义的经验。”

有人说，教育就是塑造人的精神长相。家长和教师的使命就是让孩子逐步对自己的精神长相负责任，去掉可能沾染的各种不良习惯，培养孩子身上的精神“种子”，让孩子可以呼吸“高山空气”，可以扬眉吐气。

品牌亦然，在“雅者为王”的时代，我们要对阳光、对美、对痛楚始终保持敬畏之心。除了价值观，世界一流的品牌背后一定有一流的设计。一流的设计背后是一流的用户体验。苹果靠什么征服了世界？它的核心竞争力就是把技术变成艺术，让产品成为作品。

一流的设计是以理解人性、贴近人性、关怀人性为基础的。它的核心竞争力，是感性的智慧，是对美的追求。还是那个道理，美是1，术是0。

3.2 视觉锤：品牌LOGO进化论

认识一个品牌，往往从形象开始。如果品牌的形象没有美感，那么品牌的魅力自然就会减弱。美感除了有讨好市场大众的“感官”价值，更重要的是折射出品牌的自我趣味和为用户的身份标签赋能。与品牌相关的每一个细节，包括字体、颜色、图像、画面、形状、质感、调性等，都是在传达品牌运作的高度和标准。

3.2.1 审美红利：视觉营销的想象空间

品牌向社会环境和市场大众传递的价值信息，包括功能、利益、形象、个性、内涵、承诺、体验、文化等。从品牌建设到品牌传播，视觉形象的作用日益增强。环境心理学专家的研究表明：一个人从外界获取的信息，87%是通过视觉获取的。这告诉我们，视觉表达本身就是一种“语言”——是同用户心灵对话的语言。良好的形象有助于品牌赢得用户的信任，激发用户的购买热情。视觉营销对用户有巨大的影响作用，其最重要的体现就是视觉锤。

原研哉曾经说过：“容器有多大，我们的想象空间就有多大。”吴声老师则干脆说：“形式本身就是最大的内容。”

LOGO 对一家企业来说是非常重要的，它既是品牌活力的象征，又是其长久积累的品牌力的代表。本节我们不讲 LOGO 的设计规范、字体、主色调、辅助色等，这些知识大家都可以通过很多专业书籍去获得。我想分享的是，当用户已然“全息化”，在新的传播和社交语境下，品牌为什么要在形象方面做一系列改变？是什么让众多优秀的知名品牌，如支付宝、宝马、顾家家居、大众、Zara，甚至 Burberry（巴宝莉）都加入了这个“超级符号进化”大军？

2018 年 8 月 4 日，英国知名品牌 Burberry 宣布启用新 LOGO，换掉了之前使用了 162 年的骑士 LOGO。新 LOGO 由英国平面设计师彼得·萨维尔（Peter Saville）和意大利时装设计师、Burberry 首席创意官里卡多·堤西（Riccardo Tisci）合作完成，设计仅用时四周。

长久以来，大家对 Burberry 的印象都一直是单调的风衣和格纹，新 LOGO 采用了无衬线字体，它取代了巴宝莉自 1901 年以来一直使用的马术骑士和 Bodoni 字体的组合标志。

Burberry 原 LOGO　　　　Burberry 新 LOGO

同时 Burberry 还公布了最新的 Monogram（品牌标志图案）：以字母“TB”为元素的品牌图案——“TB”是品牌创始人 Thomas Burberry 名字的缩写，采用了米白、珊瑚红、蜂蜜茶这三种年轻鲜亮的颜色组合，既有新鲜元素，又传承了经典。是更开放和年轻化的象征。在这个年轻人消费能力逐渐提高的时代，一个简洁明了的 logo 更容易让人记住。

事实上，2018 年是奢侈品界更换 LOGO 的“大年”:Rimowa（日默瓦）、Fendi、Berluti（伯尔鲁帝）、Celine（赛琳）、Balmain（巴尔曼）都先后换上了新 LOGO。这些新 LOGO 有着极为相似的外观：摒弃原先带有品牌故事的字画、采用无衬线字体、缩小字母间距等，也遵循着同样的原则——向简洁的高级感进发，顺应“千禧一代”消费群体的喜好。

2019 年 1 月，随着 2019 年春季广告上线，西班牙快时尚品牌 Zara 时隔 8 年，终于更换了新 LOGO：保留衬线字体，字母变得细长而紧凑。Zara 的包装袋也从墨蓝色换成了看起来更高级的牛皮纸。

同样是在 2019 年 1 月，今日头条宣布更换新 LOGO，在保留原有造型的基础上，将沿用了 6 年多的灰色条纹元素正式从背景板中移除。今日头条对 LOGO 的字体、配色及图形比例都做了全新调整。此外，优酷、大麦网、中关村在线、百度、讯飞输入法、快手、腾讯游戏、德邦快递、口碑网、美团、LILY 商务时装、百丽、哈尔滨啤酒、雪碧、网易严选、百果园、华大基因、东方卫视、CCTV2、阿里云、立白等品牌和机构也都更换了新

LOGO。

2020年3月3日，宝马第六代LOGO亮相，这是自2007年以来宝马首次更换LOGO。新LOGO对角中的蓝色与白色更为纯净清澈，外圆环黑色部分以透明形式呈现，展现出简洁、开放的扁平化设计理念。同时，新LOGO也象征着宝马在未来出行和驾驶乐趣中的前瞻意义。

2020年3月10日，支付宝的LOGO也“变身”了，由温和IT蓝更新至夺目的亮蓝。支付宝自己的说法是新的颜色更亲和、明快。Slogan也从“支付就用支付宝”升级成“生活好，支付宝”，这反映了支付宝的定位不再是金融支付平台，而是数字生活开放平台。蚂蚁金服CEO胡晓明称这次改版为“支付宝创立15年来最重要的一次”。

2020年3月18日，一加手机通过官方微博宣布正式启用全新品牌，宣传语为“全新LOGO，‘ONE’物更新”。此次变动在保留经典的OnePlus字符的同时，将数字图像进一步简化，增强了数字图像与“+”号的关联性。

2020年3月21日，顾家家居在各大平台宣布：正式启用新形象。新形象在保留原有品牌资产“顾家红”和方块图形的同时，让品牌认知上了一个新台阶。

2020年更换LOGO的品牌名单还有很长：脉脉、Adobe、脉动、杜蕾斯、杜比音效、抖音、中国邮政等。

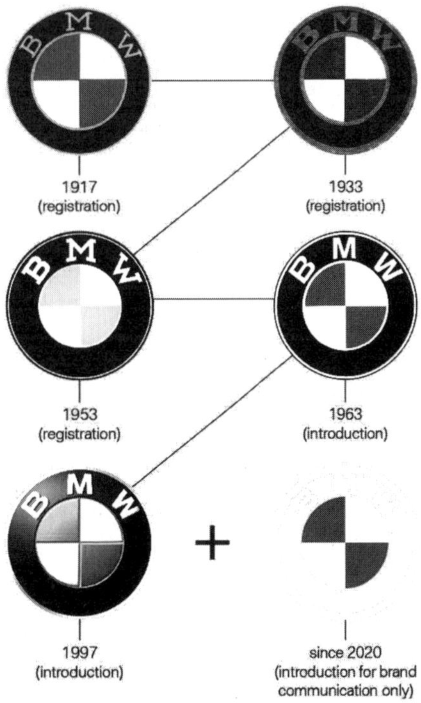

宝马LOGO演变

3.2.2 为什么一时间，品牌更换新 LOGO 成为潮流

移动互联网的深度普及和自媒体的发达让人们每时每刻都在接收各种信息，这种环境会影响人们看待和处理事物的方式。观看先于言语，LOGO 作为品牌高度浓缩的“超级符号”，是用户对品牌的第一印象。

在品牌形象的设计中，每个细节都蕴藏着强大的“营销力”，在品牌传播、品牌体验的同时，品牌视觉形象具备“语言功能”，进而发挥着视觉锤的作用。

品牌更换 LOGO 有以下原因：

（1）顺应趋势。随着智能产品的迅速发展，人们的审美却出现了回归：过多的视觉效果被设计师放弃，追求简单、干净，以内容为中心的“扁平化”设计重新火热了起来。2019 年 10 月，大众点评化繁为简，将 LOGO 从 3D 降回 2D，就是顺应趋势。宝马副总裁詹斯·蒂默（Jens Thiemer）表示，去掉 LOGO 周围的黑环，表达了我们对年轻的购车者更加开放的态度，以及更好地迎接数字化的意愿。

（2）业绩压力。比如上面提到的 Burberry 和 Zara，除了顺应时代实现年轻化，更新 LOGO 更重要的原因是业绩增长的逐渐放缓，让它不得不寻找新增长点，并优化用户体验。

（3）业务升级。今日头条升级为字节跳动就是很自然的行为，毕竟抖音的名声都已经超过今日头条了。汉庭升级为华住集团，也是因为旗下已经有了很多其他不同层次的品牌。

（4）提升层次。原来面向低端市场，现在希望中高端市场也能够买账。拼多多就面临这样的品牌升级挑战。

（5）广告效应。讲个新的故事以吸引匹配的用户群，顺便激活组织战斗力。大品牌更换 LOGO 会引起市场、行业和用户的关注。

（6）价值主张。品牌升级本质上是对企业价值描述的升级。支付宝的口号从“支付就用支付宝”变成“生活好，支付宝”，其价值主张从认知型转

向了情感型。

发布新 LOGO 是成本最低且自带流量的一种品牌升级方式。对顾家家居来说，相比以往强调权威和稳重严谨，新的 LOGO 更加简洁、轻盈，追求自然。同时，新 LOGO 的扁平化设计，更适合顾家家居和年轻人对话。英文 KUKA 放到中文“顾家家居”之上，遵循了国际惯例。作为头部品牌的顾家家居更换 LOGO 实际上是抢占未来最重要的年轻消费市场的举动。

本书写作时（2020 年）“00 后”中年纪最大的一批已经 20 岁、“90 后”中年纪最大的一批已步入 30 岁、而 18 ~ 35 岁的年轻人群正在成为消费增量的主力。谁抓住了这个市场，谁就拿到了通往未来的船票。

3.3　进击的包装：成图率与用户旅程接触点

包装作为用户接触产品的第一站，如果给了用户足够的惊喜，必然会带来更高的货架触摸率。如果产品又很不错，用户在获得消费体验峰值的同时，没准就会拍照发朋友圈，完成自己的社交炫耀任务。在食品饮料行业，好的包装设计甚至能拉动整个品牌的销量增长。

3.3.1　艾维的设计哲学

乔尼·艾维（Jonathan Ive）于 1967 年出生在英国伦敦；1992 年，他加入苹果；1996 年，他开始领导苹果的设计团队，参与设计 iPod、iPhone、iPad、Macbook 及 iOS 用户界面等产品与系统。

在参与产品设计长达 10 年后，艾维晋升为设计高级副总裁。2004 年，在 BBC 对文化界人士的调查中，艾维被评为英国文化界最有影响力的人之一。他的设计被认为是苹果成功不可或缺的重要组成部分。

艾维曾经帮助苹果推出了世界上多款最具影响力的产品，包括 iPhone，此外他还设计了苹果的“宇宙飞船”园区——苹果园（Apple Park）。1997 年，史蒂夫·乔布斯重返这家濒临倒闭的企业时，艾维与他建立了密切的工作和个人关系。

他们合作的第一款产品就是1998年推出的iMac。这为这家如今全球非常成功、非常受尊敬的科技企业拉开了壮观的回归序幕。2007年，乔布斯在展示第一代iPhone时，首先给艾维拨打了电话。

2019年6月27日，在苹果效力了27年之后，艾维选择离开，去创办自己的工作室LoveFrom。你猜艾维本人及其设计才能对苹果来说到底有多大价值？美国股市给出了答案：至少90亿美元。我之所以在这里花篇幅提到艾维，是因为他的设计哲学。

艾维在2012年发表言论，强调苹果之所以成为全球最有价值的企业，是因为苹果拒绝追逐利益。他说，苹果所做的许多决定，从财务会计等角度看都没什么道理。苹果花费了更多时间与金钱尽力打造出他们心中满意的产品，希望用户感受得到差异。他说，我们并不天真，我们相信，如果成功创造出杰出的产品，人们自然而然就会喜欢它们，并且购买，"人们可以察觉得出来，产品是否经过悉心设计"。

艾维提到，在一次员工会议上，乔布斯在讲话中提及，当你带着爱和关怀去做某件事时，即使你可能永远不会遇到你为之开发产品的人，你永远不会和他们握手，但只要真正用心，你就是在向人类、向这个物种表达你的感激之情。

艾维相信，只要你用心对待产品、对待用户，就很容易出类拔萃。我们不应该为了不同而不同。你可以今天就开始做一些不同的东西，那易如反掌。真正困难的事情是，精益求精。

3.3.2 包装是用户旅程的第一站

有一次，我在做品牌理论分享课时，有个年轻的创业者问，**初创企业需要品牌吗？**我说，当然，而且必须树立品牌。有个词叫正向反馈。一家初创企业，如果不做品牌战略规划，不探索自己的商业模式和用户价值，不注重自己的品牌形象和产品形象，没有体系化的传播，那么它可能偶尔会有业绩亮点，但它的根基是脆弱的，任何一点市场变动都可能让它倒闭。

今年有多少被新冠肺炎疫情杀死的企业啊？从百程旅行网到日本女装品牌 Majestic Legon，从欧洲最大的廉价航空企业 Flybe 到王思聪曾一晚豪掷 250 万元的 KTV 巨头“北京 K 歌之王”，还有估值一度超过 10 亿元的线下培训机构“兄弟连教育”，以及很多不知名的个体户、路边店都没能等到春天。

具备品牌意识的企业，会在创立之初就为用户、产品注入独特的价值标签，并在后期持续强化和进化，累积自己的品牌资产，获得免疫力和抗体（品牌力就是免疫力，我将在第 9 章展开阐述）。

提问环节的第二个问题是，**如果初创企业要做品牌，可是又没有钱，怎么去做各种推广呢？**看得出大家都对这个问题很感兴趣。我当时分享了艾维的这个著名的观点：“包装就像一个剧场，它能够制造故事。”虽然包装的主要作用是保护产品、抵御暴力运输及露出品牌和产品的基本信息，但今时今日，包装的营销价值越来越突显。

对新品牌来说，发挥好包装的营销价值往往可以收获满满。根据消费心理学，当你还是个不知名品牌时，用户只能“看脸”——用户在选择不熟悉的品牌和产品时，包装的好坏就成为最直接的评判标准——选有品质和打动人心的包装，会让用户认为“里面的东西应该也不会差”。

当你没有很多钱去做研发和推广时，在好产品的基础上，有时你只需要在某些点上让用户感受到你的独特价值和爱，他们就会一直记得你。**买椟还珠正在成为新时代的消费图景之一。**有时候，一个有颜有料的包装，甚至能升华品牌内核。

比如野兽派的包装，我个人就很喜欢，为此我还专门去做了调研，发现它的包装成本占到了整个产品成本的 20% 以上，这恰恰塑造了野兽派的品牌内核和礼品属性。

包装设计不仅要吸睛，更要立足于品牌价值。2019 年 3 月 26 日，路易威登在小红书做了互联网直播首秀，遭遇“群嘲”：土味十足，画质模糊影响款式辨识度；布景简陋，无法形成品牌独特的视觉风格；内容就像是套用了关于流行搭配的万金油文案，无法展示出一个奢侈品品牌引以为傲的设计感。

直播无非两个目的，一是瞄准目标群体，以直播带货，引导销售方向；二是做大众传播，传递品牌质感，提升产品认知度。路易威登选择小红书作为直播平台没有问题，因为小红书的受众偏年轻化，符合路易威登的调性。但路易威登忽略了主播选择、直播间陈列、包装设计等同样重要的因素。而且路易威登也没有找到年轻用户感兴趣的直播语言体系和社交沟通方式。

3.3.3 成图率与社交炫耀任务

成图率是峰瑞资本（投资过三顿半和完美日记）的消费组负责人黄海提出的概念，指 **100 个用户买了你的产品，有多少个用户会自发地拍照并分享在社交平台上。** ROI（投资回报率）是投资之后能换来多少回报，这是一个花钱的指标。成图率是一个不花钱的指标，审美红利与成图率直接相关，成图率能够反映用户的审美倾向，同时也能成为视觉设计师们的 OKR（目标与关键成果）。

信息爆炸的时代，到处都是电梯法则，据说一个资深 HR 看一份简历行不行，只需要三秒钟。这个时代留给用户选择的时间也越来越短，大脑的运转就如同 CPU（中央处理器）的运转，速度特别快，用户根本没有多一秒的时间停留在一个产品上。所以好的产品必须让用户一见钟情，再见留情。

媒体与渠道的融合也导致了内容与产品的融合。对品牌而言，用户至上的理念还需要审美品位和工匠精神来支撑。今天，产品价值评价模式已经发生了改变：产品价值不再只由功能决定，而是会受到审美体验、感觉的深刻影响。

功能是产品价值的基础，消费过程中的审美体验和感觉，则是决定用户是否愿意对额外的附加价值产生持久认同的关键。审美品位要求把文化修养等非物质的人文资本注入产品的构思创造和研发的每一个环节中。

比如，在制造环节需要将工匠精神发挥到极致，对每件产品、每道工序都凝神聚力，执着耐心，在细节上精心打磨，使产品不仅仅是满足用户需求的物理载体，而且是有灵魂、有格调、有特定价值取向、有持久生命力的有机体。

产品内容化就是用内容思维来设计产品，给产品加上故事、人格、表情、价值观、仪式感、话题性、网红力、设计美学、跨界演绎价值……一句话，买完不想拍照发朋友圈的产品，都不是好产品。**好的产品要帮用户完成社交炫耀任务。**内容产品化就是用产品思维来经营内容，把内容当成产品一样去设计，让内容变得可复制、可迭代、可衍生、可持续，通过不断累积粉丝资产和传播动能，不断制造话题热度和关注点，使内容带来高质量的流量，最后进行变现。当我们谈论内容时，其实是在谈论温度和情绪，在谈论“心零售”。所谓的私域流量，换言之就是人即媒体、人即渠道。

设计升级至少包括三个内涵：产品升级、包装升级和营销升级。营销升级会促进生活方式、消费理念的变化，进而推动产品升级和包装升级。当我们买完产品后有三种可能：一是不再买了；二是感觉还不错，会再买；三是不仅自己买，还要分享出去。之所以愿意分享出去，审美是一部分原因，产品是另外一部分原因，两者结合才能实现最好的结果。

3.4 视觉社交时代：七秒定律与色彩营销

美国营销界著名的“七秒定律”，讲的是用户会在七秒内决定是否购买产品，在短短的七秒内，色彩这一因素的作用占到了67%。由此可见色彩对于营销的重要性，色彩能激起用户的心理活动并引起快感与产生审美感受。

色彩除影响用户的心理以外，也会对用户的购买行为产生影响。一位用户扫视超市货架上产品的时间为0.03秒，所以产品的包装色彩要有足够的视觉魅力才能抓住用户的眼睛，同时还要让用户以最快的速度识别你的产品。

色彩与产品、文化一样，都是品牌理念的具象化表达。

3.4.1　颜色之魅

关于颜色的研究最早可以追溯到歌德 1810 年发表的《论色彩学》。歌德公开了第一个色表，认为颜色会对人的精神产生影响。

（1）红色是暖色中给人感觉最强烈的颜色，可以流露出热情、激情、喜庆、热烈、积极、欢乐。人们用红色来表现火热、活力与危险等信息。圣诞、新年和购物网站基本上都以红色为主色调。

（2）橙色象征着奢华与辉煌，也会给人香甜、愉悦的感受，爱马仕橙是爱马仕的品牌记忆点。

（3）黄色给人轻快、时尚的感觉。设计师喜欢用黄色，麦当劳和美团的标志都是以黄色为主。

（4）黑色给人高贵、时尚之感，也与哀悼、神秘、优雅、夜晚有关，是山本耀司最喜欢的颜色。

（5）绿色是生命的原色，象征着平静与安全，代表了青春与嫉妒。以绿色为主的品牌有雪碧和星巴克。

（6）蓝色具有纯洁、理智、反省的意味，与天空和水有关，也有放松的力量，给人冷静、宽广之感。人们用它来表现未来、高科技、思维等意象，百事可乐、惠普、蒂芙尼等品牌都使用了蓝色作为代表颜色。

（7）紫色给人的感觉是高贵、优雅、深奥、冷漠等，有时还带点神秘和幻想意味。

（8）粉色给人甜美、女人味、美味、纯真和温柔的感觉，是浪漫主义和少女心的代表。

根据密苏里大学哥伦比亚分校的研究人员的研究，商标的颜色会在很大程度上影响用户对商标及整个品牌的认知——蓝色的商标表现信心、成功和可靠性；绿色的商标表现环保、韧性、耐久性、男子气概和可持续性；紫色的商标表现女性气质、华丽和魅力；粉色的商标表现青春活力、想象力和时尚；黄色的商标表现乐趣和现代感；红色的商标表现专业和自信。

每年时尚界都会发布年度流行色，再加上潘通（Pantone）这种具有权威性的色彩研究机构的认证，相关的受众就会对流行色进行追求。例如，2020年的年度流行色是——Classic Blue 经典蓝。官方释义，这是一个能够稳定人心的颜色，“永恒不朽的经典蓝，简约中流露优雅，就像是薄暮时的天空，引人深思、令人安心”。

3.4.2　七秒定律背后

“英国伦敦的菲里埃大桥起先是黑色的，常有人跳桥自杀；后来市政府将桥身涂成蓝色，当年跳桥自杀的人数减少了65%。”这是我在2009年10月12日发布的人生的第一条微博的内容，说的是颜色的情绪价值。

Mast Brothers 巧克力即便摆放在全食这样的高端超市里面，人们也能够在货架上的众多巧克力中一眼看见它。Mast Brothers 巧克力真的比其他品牌的巧克力更好吃吗？并不是。但是它每一季新品都能引起大家的购买欲望，因为包装实在是太漂亮了。Mast Brothers 巧克力的创意总监内森·沃肯丁（Nathan Warkentin）加入品牌后，从现代画作、建筑、室内设计、墙壁绘画、家具、时尚服装等各种地方寻找灵感，提取抽象的图案，设计成包装。

前面讲到，用户会在七秒内决定是否有购买产品，在短短的七秒内，色彩这一因素的作用占到了67%。支付宝、饿了么、酷狗、携程旅行、人人网、知乎、Facebook、Twitter 的 LOGO 全部都使用了蓝色系。美国曾经做过一项调查研究，发现以蓝色作为基础色调设计 LOGO 的美国企业占比高达37%，比排名第二的红色高出10%，有40%的男性和36%的女性最喜欢的颜色是蓝色，他们普遍认为蓝色可以给人以安全、可信的感觉。

在美国华盛顿州西雅图市，有一家位于闹市区的咖啡店，它的咖啡味道纯正，服务也很周到，但生意一直不好。后来老板痛定思痛，决定对店内装潢做一番改动：把店门和墙壁涂成绿色，店内也进行了一些色彩区隔，结果用户大增，这家咖啡店就是今天遍布全球的星巴克。

究其原因，据说是因为绿色属于冷色，具有镇静作用，路过的人看到都会想进来喝杯咖啡休息一下。星巴克并没有迎合我们对咖啡店色彩的固有印象，而是大胆使用和咖啡本身并没有什么联系的绿色，某种程度上，这让它在众多咖啡店中脱颖而出。当然，星巴克在发展过程中逐渐找到了“第三空间”的定位，这个因素对其成功更为关键。

奢侈品品牌为了展现自己的高级感属性，经常会选择黑、白这种在设计中没有色相的颜色，以彰显简约的力量感。很多用户也会把黑、白等颜色的产品奉为“永不过时”的经典。香奈儿的小黑裙在时尚界就流行了一个多世纪。

有多少人是因为 RIO 鸡尾酒的各种颜色而买它的呢？兰蔻小黑瓶、三精葡萄糖口服液蓝瓶装、可口可乐的经典红罐、雪碧的经典绿色瓶子，都通过色彩帮助用户区分自己与其他同类产品。日本的饮料品牌宝矿力水特包装全是蓝色的，虽然很多饮料品牌也都爱用蓝色，但是像宝矿力水特如此专一而且成功的很少。因为它的产品是电解质补充饮料，而蓝色正好能够体现出天然、健康的感觉。

最有识别感的蓝色来自蒂芙尼，即蒂芙尼蓝。这个颜色传达了品牌的优雅和真实。蒂芙尼蓝作为颜色商标，在美国是受到法律保护的。

广药和加多宝当年为什么都不肯放弃红罐？可口可乐这么多年包装、图案、明星代言、广告语都不断变化，它的主打色红色为什么一直没变？这都是品牌利用已经占有的色彩资源在强化自己的品牌识别度和价值。

用色彩去传递产品信息和品牌价值的还有 iPod。我们把时钟拨回到那个 MP3 风靡的时代：当时市面上大部分 MP3 的耳机，由于希望不要那么显眼，都使用黑色，iPod 则大胆使用白色耳机。这是一个很好的色彩营销策略——只要别人看到你用白色耳机，就知道你在用 iPod。顺便说一句，乔布斯在介绍 iPod 时说：这是一个“能把 1000 首歌装进口袋的音乐播放器”。这是一个非常有画面感的“语言钉子”，一个画面如果能够用语言描述出来，说明它可以进入用户心智被储存起来，并且成为可传播的信息。

当然，无论是红罐、蓝瓶还是小棕瓶、小蓝杯，**把颜值变成市值，**才是真正的靠颜值吃饭。

3.4.3 颜值力等于营销力

Z 世代指的是 1995—2009 年出生的人，数据显示，2018 年我国拥有 2.6 亿 Z 世代年轻人，在总人口中的占比约为 19%。Z 世代成长于互联网、手机、电脑等科技产品高速发展的黄金年代，他们想法多多、爱好广泛，他们热衷于通过手机看世界，时下流行的小红书、抖音、快手、得物等 App 是他们的主要阵地。

这是一个像素水平不断飞跃的时代，4K 电视已经普及，1 亿像素的手机、10 亿像素的摄影机已经问世，我们对视觉呈现力的追求越来越高。其实我们要的不是高清，不是色泽匀称，不是看清电视剧集里明星额头的皱纹，我们要的是高颜值，更高颜值，更多视觉满足。

Brainrules.net 的研究表明，你听到某条信息后，三天后通常只能记住 10%，如果相同信息以图片形式呈现，那么你能记住 65%。人人都是视觉动物，在奉行“颜值即正义”的 Z 世代眼里，高颜值满足了视觉系统、区分系统和决策系统，同时也打开了付款系统。

喜茶在研发芝芝桃桃这款产品时，为解决桃子氧化变色问题，特地加入了火龙果汁调色；奈雪的茶为了让女性用户拿着产品拍照时效果更好，将产品的杯子设计得更为修长；星巴克推出的独角兽星冰乐，以其“少女系配色 + 季节限定款”优势，成为风靡一时的网红产品。

至于主题店的设计，喜茶、奈雪的茶、ANGSI 昂司蛋糕更是各出奇招，推出了一家家颜值出众的主题店，成为年轻人的热门打卡地。以设计师蛋糕为定位的 ANGSI 昂司蛋糕，在寸土寸金的海岸城，开出了 5000 平方米全球独一份的 ANGSI 昂司蛋糕博物馆，半个娱乐圈明星都光临过它。

戴德梁行商业地产部观察发现，Z 世代的消费态度包括：

（1）重视自身颜值——化妆、护肤的年龄对比“90 后”明显提前；

（2）重视产品颜值——从产品、门店，到 App 的颜值，都会对消费决策产生极大影响；

（3）到高颜值场所消费——可街拍、宜打卡的商业美陈、快闪店受到青睐；

（4）为颜值买单——愿意为能提升自身颜值的服务付费，如猩猩健身房、好色派沙拉。

（5）朋友圈先吃——和食物口味带来的愉悦相比，收获更多的点赞和评论更让他们满足。

广州老字号陶陶居，通过重构装潢、改良菜单、打造记忆点做法，将年轻客群占比从三成大幅提升至六成；致力于打造回忆之城，造就长沙新地标，追求视觉、空间、体验的完美融合的超级文和友，因具备高颜值空间和持续创新的产品，一跃成为网红级 IP。

品牌案例 戴森（Dyson），始于颜值，陷于黑科技，忠于品牌

吸尘器并不是戴森的原创，但戴森一度成为吸尘器的代名词。2016 年，戴森又几乎重新定义了吹风机。戴森没有原创干手器，但在历时 3 年、前后制作了 700 多个原型后，戴森推出了最快 10 秒干手并能有效过滤细菌与降低噪声的干手器。由于其产品设计充满未来感，加上价格昂贵，戴森被誉为家电品牌里的“爱马仕”。

戴森成功的秘密说起来很简单，就是通过持续创新，不断推出真正卓越的产品，使其在性能和设计上远远领先于竞争对手，令用户产生耳目一新的感觉。戴森的产品创新原则也很简单，就是“反传统”，即通过深厚的研发实力和对用户需求的洞察，以一种出乎意料的方式推翻传统设计。戴森的“方式”就是选择那些大众普遍使用的成熟产品，找到这些成熟产品的缺陷，再发挥独辟蹊径的创意，大胆对这些成熟产品进行颠覆式创新。

戴森和苹果的产品理念有相似之处：如果一个企业设计的产品能够满足用户的需要，能够为用户提供卓越的性能，那么即便这个产品的价格明显比

竞争对手高出许多，它也一样有可能获得成功。

苹果能够起死回生乃至走向巅峰，有赖于乔布斯顶尖的艺术品位及嗅觉。乔布斯对产品设计有着极致的追求，凭借这种追求，他打造出极简的iPhone 系列。对于产品的包装，乔布斯也有一套标准，他曾说，苹果产品的包装要让用户在打开的过程中获得仪式感和愉悦感。

詹姆斯·戴森（James Dyson）也是一个设计狂人，他被称为“英国设计之王”。他所发明的双气旋系统被看作是自 1908 年第一台真空吸尘器发明以来，吸尘器设计上的首次重大科技突破，彻底解决了旧式真空吸尘器气孔容易堵塞的问题。

戴森生产的第一代吸尘器 DC01 是英国最畅销的真空吸尘器产品，在该产品投放市场 4 年后，戴森获得了英国家用真空吸尘器 33% 的市场份额。进军美国市场之后，戴森仍然坚持以高端市场为攻克目标。美国是一个推崇实用主义国家，非常注重价格。尽管产品价格高达 450 美元，但不到 2 年，戴森还是打败了盘踞美国市场近 100 年的胡佛牌吸尘器，一举成为美国家用清洁产品市场的老大。

卓越的产品来源于研发上的持续投入。戴森在全球有 2000 多名工程师，每周在研发上的投入高达 500 万英镑，而且从不间断。单是开发环状无叶风扇就花费了 8500 万英镑和 4 年时间。而在戴森所有产品的核心技术即马达技术的研发上，戴森研发人员已经持续投入了 15 年时间，累积花费超 1 亿英镑。

戴森新近开发出的微型数字马达，产能自重比竟然高出用于方程式赛车的最高效微型发动机 5 倍之多，这足以展现戴森极高的技术水平。目前，微型数字马达已经应用到了戴森的微型吸尘器和吹风机中。由于多年来对研发的大幅投入，戴森已经成为英国申请技术专利最多的企业。

是什么使戴森在全球经济下滑的情况下仍能在全球攻城略地？詹姆斯·戴森认为：“唯有创新才能保持持久的动力”。据调查，英国约 92% 的女性经常使用吹风机，美国有 75.5% 的女性和 24.5% 的男性、日本有 97% 的女性和 30% 的男性经常使用吹风机，且大多数人平均每次使用时间为 20 分钟。

“过去几十年来，这个市场里的创新成果几乎为零，”詹姆斯·戴森说，“每天上百万人在用的传统吹风机沉重、低效且噪声大，还会对人的头发造成热损伤。”这貌似不是个大问题，人们对传统电吹风没有太多抱怨，生活不就是这样吗，哪有那么多的如意？詹姆斯·戴森却不这么看，他发起挑战，誓要研究出戴森自己的吹风机。

4 年时间，投入近 5000 万英镑，超过 1010 英里的头发被用于测试，研发人员从发根研究到发尖，了解头发如何抗压，如何使之保持健康，以及如何保持造型，在这一系列的努力下，戴森终于研发出了第九代数字马达。

这款数字马达有 13 片叶片，转速高达每分钟 11 万转，每秒钟产生 13 升空气，直径却不超过 27 毫米。数据显示，这款数字马达的转速达到市面上部分普通马达的 8 倍，而重量却减半，并且智能温控技术保证绝对不会“吹焦”头发。

詹姆斯·戴森表示：“我只是想让物品使用起来更加得心应手。”戴森吹风机本体长 25 厘米，风筒长 10 厘米，重量为 560 克，女孩子一只手便可以轻松拿起。最具有辨识度的是吹风机的中空结构，人们甚至可以把头发放在中间的空间内。吹风机新增了柔和风嘴、智能温控、快速干发等功能，使用者可以独自一人完成造型更是戳到了很多用户的痛点。

谁也没想到不起眼的小家电可以成为“炫酷”的代名词。超酷的黑科技、充满艺术感的造型、3 倍于竞争对手的价格，戴森在高端性能的底色之上，将简约、时尚、科技融为一体，打造出独树一帜的高颜值产品，成为中产阶级的心头好。

颜值是第一印象，但不是最终印象。品牌如人，一个人在社会上取得成就、受人尊重，还是得靠自己的才华和努力。一个品牌提升竞争力，穿越迷雾期，还是得靠产品力和品牌力，以及底层的用户价值设计。

所以吴晓波才说：**颜值即正义，但不是最终的正义。**让人们毫不犹豫地说出**“shut up and take my money”（什么都别说了，拿走我的钱，东西我要了）**，是一个颜值时代优秀品牌的最佳注脚。

第 4 章

产品：

比我更懂我的需求

“好货”，

一直是零售业的核心竞争力。

生活的确是黑暗的，除非有了渴望；

所有渴望都是盲目的，除非有了知识；

一切知识都是徒然的，除非有了工作；

所有工作都是空虚的，除非有了爱。

当你带着爱工作时，你将与自己、与他人、与上帝合为一体。

什么是带着爱去工作?

是带着深情播种，带着喜悦收获；是将你灵魂的气息注入你的所有制品。

——纪伯伦（1883—1931）美籍阿拉伯作家、诗人、画家

改革开放之后，尤其是近 10 年，在丰富的物质刺激与品牌教育之下，社会整体的消费素养达到了一个新的层次。在这个新的层次中，用户思维逐渐从被动的“需要”转变为主动的“想要”，部分拥有更高消费素养的消费群体，甚至接受了超然的“该要”思维。

商业的本质是什么？就是给用户提供好的产品和服务，同时实现收益。什么是好的产品？好的产品来自哪里？我们怎么知道自己设计的产品就是市场和用户需要的产品？实际上，前文提到的艾维及戴森的产品设计哲学和理

念，都给了我们很多有价值的思考。

本章想探讨一下，身处流沙社会，如何科学地进行用户调研以找到用户的痛点与痒点；如何带着爱去工作，以无边界思维找到设计中的 Aha Moment（顿悟时刻）；节日经济学能给我们哪些启发，以及我们如何做好定价。

对于用户从哪里来，他们最关注和最担忧的是什么等问题，品牌应该有相应的感知。新零售就是研究用户的双重价值：用户终身价值和用户社交价值。要让自己的产品和品牌进入用户心智，必须把自己当成玩家而不是卖家，这一切，要从产品开始。

4.1 身处流沙社会，用户调研不是玄学

通常来说，用户轨迹分析有五个纬度：使用场景、分享场景和购买场景分析；消费接触点、痛点和爽点分析；触发行为分析；原理分析（动机、问题和阻碍）；解决方案分析。因此，企业需要按照从有用、可靠、可用、便于使用到令人愉悦且意义深远五个不同层面升级品牌和用户体验。身处流沙社会，**用户调研能够帮助企业迅速树立品牌形象。**

4.1.1 流沙社会

资本与数据时代，幻觉和幻灭都来得特别快。身处流沙社会，企业很容易建立，也很容易消失。面对每天大量的信息轰炸，大众情绪极易被牵动，半天不上微博，热搜就换了好几轮，很多人充满了**临时感。**

有些品牌在非线性成长和指数型成长，有些品牌则是在自杀式陨落和断崖式下降。Yakult 在深圳叫益力多，在上海叫养乐多，就是这个品牌，2018 年在中国市场的销售收入高达 60 亿元。原本有万亿元体量的行业——电子烟，则生来彷徨：网售禁令、招聘叫停、估值腰斩……种种因素使其发展危机重重。

初代网红罗永浩在锤子手机彻底失败之后，跑去抖音做了“人形聚划算”，直播首秀斩获 1.7 亿元销售额，也算是收之桑榆。一切正如吴晓波所说，流行，如同字面所呈现的，“既流且行”，是不确定的，是运动中的，而且未必按预想的方向衍生及变异。

近年来还有一个趋势，即包括我国在内的全球企业的平均寿命都在缩短（我国中小企业的平均寿命已经缩短到 5 年左右）。但值得庆幸的是，孵化一个新品牌所需要的时间也在缩短。过去打造一个行业头部品牌往往需要 5 ~ 10 年，而现在可能只需要 2 ~ 3 年。广州逸仙电子商务有限公司旗下的完美日记成立于 2017 年，现在已经成为美妆界现象级品牌。

彼得·蒂尔在《从 0 到 1：开启商业与未来的秘密》这本书里面有一句话对我的触动很大，他在给人面试时，经常会问的一个问题是“有什么是你知道，而大多数人不知道，并且你认为正确的事情？”这句话有点绕口，但细想一下，其实他问的就是你有没有超过别人的更深入的洞见，以及对事情更深刻的理解，你有没有比别人看得更深一层。

“洞见”一词出自宋人秦观的《兵法》:“心不摇于死生之变，气不夺于宠辱利害之交，则四者之胜败自然洞见。”你只有在一个方向上有持续积累，才可能看到别人看不到的东西。都说“魔鬼躲在细节里”，美团的盲人版就非常值得点赞；老字号胡庆余堂找到女性“抗初老”这个痛点，直接让自己成为国潮典范。这些品牌的成功都离不开背后的洞见。

4.1.2 数据背后的洞见

在消费市场里，有个链条公式：女人＞小孩＞老人＞宠物＞男人。以下这些数字中，或许就藏着独角兽企业崛起的秘密，一起来锻炼你的洞见能力吧。

（1）2018 年中国民航全年搭载乘客 6.1 亿人次，其中很多是单人多次往返。根据乘坐人数和中国人口基数的对比可知，国内仍然有 10 亿人没有坐过飞机。

（2）2017年出境游人数是1.3亿人，拥有护照的人数也是1.3亿人。所以按这个逻辑来推理，中国还有13亿人是没有出境旅游过的。

（3）中国现有800万人进行过整容或是微整容，其中男女比例是1:13。在北上广深这样有几千万人口的大城市里，你可能会发现十几个人中就有一个人是进行过整容或微整容的。

（4）中国拥有本科及以上学历的人数是1.95亿人，占中国人口的14.3%。这就意味着如果你能考上大学，其实你已经比大多数人的职业发展空间及人生状态好很多。这也意味职业教育行业还有极其广阔的市场前景。

（5）中国有1500多万4 ~ 6岁的小朋友，这或许是编程猫品牌成功的秘密。

（6）中国“60后”大概有2.2亿人，“70后”有2亿人，“80后”有2亿人，“90后”有1.6亿人，“00后”有1.2亿人。我们可以从这样一个人口结构出发去思考中国经济未来会发生哪些变化。老龄化进程在未来20年内是不可逆的，很可能10年后中国的主要劳动力就会少掉一个亿，那意味着什么呢？意味着未来养老，包括老年疾病预防和治疗，都可能转变为重要的市场。

（7）2020年2月，中国手机出货量为638.4万部，同比下降56%；其中5G手机出货量占比达37.3%，5G时代已到来。

（8）全国本科毕业生平均起薪只有5000元，一些特殊技能行业，如建筑工人基本上月薪4700元起甚至更高，空调安装工月薪超过8000元，汽车修理工月薪超过1万元，月嫂月薪超过1万元，按摩师月薪超过1.7万元，从这里能明显看出劳动力价格在产业结构上的分布情况。

（9）中国单身人口达到2亿人，这意味着单身经济、结婚经济所对应的商业机会其实是非常多的。相亲产业、医疗保健产业、成人用品行业、消费娱乐行业等都有商机。

（10）中国每年新增10万例宫颈癌病例，占到全球发病总数的1/5，每年大概有3万人死于此病。中国对宫颈癌疫苗的消费力有多大？2019年国内超过 200 万人去打过 HPV 疫苗，9 价 HPV 疫苗售价能够达到 2000 元甚至更高。如果算上注射过程中所产生的旅游、购物、娱乐等相关消费，一针 HPV 疫苗能带动每人 2 万 ~ 3 万元的消费。现在在推广国产 HPV 疫苗，相关股票也非常火爆，市场预期非常好。

（11）在广州，便利店数量超过 4 万家（人口 1500 万）；上海有 2.7 万家（人口 2500 万）；成都有 2.6 万家（人口 1600 万）。5600 万人口对应着 9.3 万家便利店，从这个角度来看，南方的零售业态是比北方要更发达、更精细化的。

（12）2020 年春节进口水果的消费主力基本集中在三、四线城市。支付宝每月新增用户中，有超过 55% 的用户来自三、四线及以下城市。三、四线城市的下沉力量已经变成国内消费升级的主力；三、四线城市每个月累积的活跃通信设备也达到 6.1 亿台。

（13）在农村，44% 的家庭没有电脑，93% 的家庭有手机。在手机不断普及的背景下，农村变成互联网的一个巨大入口。农村人口在 1995 年高峰期有 8.6 亿人，现在农村人口只有 5.6 亿人。除去相关农业从业人员，农村人口应有 2 亿 ~ 3 亿人，这 2 亿 ~ 3 亿农民可以极大地带动国民经济发展。

（14）南京有 800 万人口，一年能吃掉 1 亿只鸭子。南京人非常喜欢吃盐水鸭，基本上每个南京人平均每年要吃 12 只鸭子。有些同学在南京读研时，夏日的午餐基本就是半只盐水鸭 + 一瓶啤酒 + 一小包毛豆。

（15）四川每年要消耗将近 2 亿只兔子，而四川只有不到 1 亿的人口。全球兔肉年产量为 200 万吨，其中中国的产量大概占 30%，即 60 万吨，仅四川的年消耗量就能达到 42 万吨，所以中国产的大部分兔子是被四川人吃掉的。

（16）中国人一年吃掉多少只小龙虾？ 500 亿只。全国有超过 5000 家小龙虾养殖社，从业人员超 500 万人。中国人对小龙虾的需求量非常大，年需求量已经超过 200 万吨。其中最能吃的是武汉人，武汉人一年要吃掉 30 亿只小龙虾。从这个角度看，小龙虾背后所对应的疫苗、饲料、专业培训、专家资源有多大的需求量？甚至小龙虾的调味料都是巨大市场。

（17）中国的奶茶店保守估计应该有 50 万家，而且每年还以新增 10 万家的数量在增长。虽然每年有很多奶茶店倒闭，但是新开店数量的增速保持在 20% 以上。奶茶的消费主力军是女性，而且现在消费数量及客单价都在增长。这些休闲饮品类的供应链，甚至配套的装修、物流等都是商机。

（18）2018 年，中国快递数量已经达到 507 亿件，每个人每个月平均要寄三个快递，如果每一个快递都需要 2 平方米的瓦楞纸进行包装，想象一下生产这些瓦楞纸需要多少木材？经测算，消耗量相当于 100 万棵树木。这也给可再生资源类的研发提供了一些思考。

（此部分数据来源于国务院客户端，有删减，原文作者为君为科技董事长曾乔。）

4.2 商品哲学：无边界价值设计

一个企业只有在原点找到自己的受众群体、发展独特的盈利模式、建立差异化的用户感知、定位品牌形象、做好市场分析布局，才有可能在一个品类中以较短的时间突出重围。未来，品牌不再是没有内涵的空洞符号，它将承载企业对产品**哲学**的理解。

所谓产品哲学，即产品存在的意义，包含了品牌对工业技术的理解、对设计美学的理解、对群体心理的理解、对消费趋势的理解等，它既是创新的来源，也是用户认知的核心。

4.2.1 找到用户的痛点

大家都知道产品六字箴言：刚需、痛点、高频。怎么理解？意思就是产品必须是用户的刚性需求，必须能够解决用户的某个痛点，而且要在用户的生活场景中被高频使用。

那么如何找痛点呢？我曾经看到一个做法：要找你所在行业用户的痛

点，很简单，去看同类产品的用户评价。如果你是做餐饮的，那就去大众点评、美团、饿了么上看你的同行评论，尤其要多看负面的评论，看个一两万条，找到共性，用户的意见你肯定就了然于胸了。接下来是看你怎么去总结、筛选、挖掘。这是个笨办法，但至少能帮你在短时间内找到丰富而真实的用户样本。

当你找到一个痛点，开始打造产品时，必须代入用户视角，**"用户的认知大于事实"**。必须思考用户看到它会怎么样，打开它、听到它、闻到它、体验到它又会怎么样。还包括用户在获取它的过程中会有什么感知，产品最终会在用户心目中留下什么印象，会不会引发或如何引发用户的自拍。在产品的策划阶段，你必须去设计或制造一个触动用户心灵的细节，让它成为一个印记，最终进入用户心智。

在如此众多的快递企业中，为什么还会出现闪送？因为用户的需求是"快"和"更快"。2020 年 2 月我还在 ANSGSI 昂司蛋糕出任副总裁，分管品牌和市场中心。有一天，公司发布了一个生日月福利，是一个价值 300 元的蛋糕。我选了日期，获取方式是去配送中心自提，结果那一天我在福田区参加活动，而配送中心在宝安，平常如果开车，来回需要 70 分钟，还得是在不怎么堵车的情况下，打车来回的话，大概需要 120 元。

当时已经快下午 5 点钟了，于是我打开了美团跑腿，骑手曾师傅接了单，大概 45 分钟之后蛋糕就送到了我所居住的小区门口，费用为 41 元。这是真实发生在我身上的一个小故事。省钱省时间省精力，怎能不为它点赞！在快节奏的当下，人工配送背后也有算法、定位技术、物联网基础设施的叠加，一个具体的痛点就能孕育一种商业模式。

安踏集团拥有两个年销售额过百亿元的子品牌：安踏和斐乐。安踏在 2019 年财报里的年销售额是 170 亿元，斐乐的年销售额是 147 亿元。斐乐作为安踏集团最重要的收入和利润贡献者之一，价值在于它找到了一个痛点：运动时尚恰逢其时，这其实算是一个新的品类。

品牌要创立自己的学说，就必须提出自己的见解。这个见解必须是其他人没有提出过的，而且是深入人心的。只有这样，用户才会惊叹于你的见解，记住你的品牌，并成为你的追随者。用户追随你、购买你，可能不是因为你的品牌有多好，而是因为认可了你对产品哲学的见解。

品牌传播的任务就是要传播这种见解，争取用户的认同。这个过程就像一个学术大家在向众人宣扬自己的学说：有魅力与实力的学术大家可以招揽一批追随者。如果有一天用户发现你的见解过时了，或者他们发现了新的更震撼的见解，那么他们就会离你而去。

4.2.2 自律是一种产品修养

20 世纪 50 年代，丰田汽车有一个著名的“安灯拉绳法”：在工厂安装一根绳子，工人发现问题，马上就可以拉绳终止生产，把问题先解决。这种信任和责任的下放，促进员工主动提出问题、解决问题，打磨每个环节让生产更精细。这是上一代优秀企业的产品修养。

今时今日，产品修养的外延和内涵有了很多立体化的内容和要求。简单说，产品修养就是产品审美。颜值时代，产品像人一样，如果没有美感，用木心的话来说，那是“绝症”。这当然是一种挑战，当我们做产品研发时，难免常常遇到瓶颈，此时要做到心理上直进，而不是徘徊或闪回。心理学上有一个著名的“脱困四问”，有助于帮大家理清思路：

（1）Emotion：我在什么情绪之中？强烈程度打几分？（找出情绪类别）

（2）Event：因为发生了什么事？不带情绪化语言，客观真实地描述当时发生的事，发现自己的表述有主观化倾向，请返回第一步，继续处理自己的情绪。（挖掘情绪背后的事实）

（3）Target：我的初心是什么？我原本想要什么？（找到期望与结果之间的差距）

（4）Action：下一步，我准备怎么做？我能为此做些什么？（行动改变）

情绪，是一个人的底层操作系统。当你能够学会和自己的情绪相处，能够很好地了解和管理好你自己的情绪时，你就会自然地发展出高情商与更多的智慧。体现在产品创造力上，就很容易让品牌脱颖而出。

天猫冰品类第一品牌是钟薛高，当所有冰激凌不是圆的、方的就是夹心时，它把冰激凌设计成瓦片型，制造了一个鲜明的视觉符号，简单、干净，令人记忆深刻。这就是一个区隔。类似的案例还有周黑鸭率先做出锁鲜装，小罐茶用小罐形式重新定义茶的新品类。

另外，大家都知道沃尔沃的定位是安全。问题是哪个车会不安全呢？奔驰、宝马、奥迪、法拉利，安全必然是标配，可为什么沃尔沃还是要用“安全”作为 Keyword（关键词）？沃尔沃并没有在营销上多费口舌，而是在产品维度支撑、巩固了这一定位：车里有多少个安全气囊才算安全？一般是 2 个，好的车会有 6~8 个，沃尔沃 S60 呢？ 24 个，另外配有主动巡航系统。而且，买沃尔沃汽车的，都是注重安全的用户，他们的行驶纪录也会帮助品牌去强化“安全”这一品牌价值。

产品修养除了体现在**开创新品类、寻找产品支撑点等方面**，再有就是要通过某种“内敛的展示”来增强交互，增强用户的参与性和主导感。

通常来说，人和人之间有四种距离：公共距离、社交距离、个人距离和亲密距离。亲密距离又有三个组成部分：长久的互动、共同的兴趣 / 目标、互相影响极大。做产品设计要懂得克制。上一个消费时代是你做了 1 要包装成 10，然后通过传统媒体放大成 100 再告诉用户，那个时代的消费信息是不对称的，用户是“被营销”的群体。

但今天，一个品牌要想走得更远，一定要懂得克制和互动设计。可能你做了 10，但你最好对外说 7，保留一些让用户自己去挖掘的部分，不要剥夺他们的乐趣，这个非常重要。韩寒的电影里都说了，“喜欢是放肆，爱是克制”，克制比较难做到却很重要。看不穿，才有探究和挖掘的欲望，就像谈恋爱一样。

4.2.3 你的 Aha Moment 在哪里

Aha Moment 这个表达由德国心理学家及现象学家卡尔·布勒（Karl

Bühler）在 100 多年前首创。他对这个词的定义是“思考过程中一种特殊的、愉悦的体验，期间会突然对之前不明朗的某个局面产生深入的认识”。

现在，我们多用 Aha Moment 来表示问题的解决方案突然明朗化的时刻。用在产品上就是用户通过某些行为体会到了产品的价值，进而更可能会留下来。

《增长黑客：如何低成本实现爆发式成长》一书中也有一个关于 Aha Moment 的定义：**（谁）在（多长时间内）完成（多少次）（什么行为）**。这里面有几个非常核心的假设：

（1）产品对于用户是有长期价值的；

（2）通过某些行为，用户可以快速感受到产品的长期价值；

（3）完成关键行为的用户有更大的可能性会留下来。

在将用户从轻度用户转化为忠实用户的过程中，Aha Moment 像是一种上瘾机制。分析留存的用户的行为有何共同点，以此为基础优化产品设计，可以让更多用户能更直接地触达这个操作，从而提高留存意愿。

查玛斯・帕里哈皮迪亚（Chamath Palihapitiya）曾经是 Facebook 的首席增长官。他入职之际，Facebook 仅有 4500 万用户，而 MySpace 有 1.5 亿用户。当时，员工士气低迷，所有人都开始怀疑 Facebook 是不是达到几千万用户就到顶了。

但经过大量的测试后，查玛斯发现了一个增长秘诀：让每个用户在 10 天内加 7 个好友（7 friends in ten days）。如果用户能在 10 天内加 7 个好友，那他（她）就能在 Facebook 上拥有一个活跃的小世界。这就是查玛斯带给 Facebook 的 Aha Moment，当他离开时，Facebook 的用户达到了 7 亿人。

如何找到 Aha Moment？整个思路是基于上述的几个核心假设的：首先要明确产品对于用户的价值是什么；其次要明确哪些关键行为有助于用户快速感受到产品的核心价值；然后通过数据分析筛选关键行为；之后是确定关键行为；最后是引导用户完成关键行为。

我特别想强调的是，寻找 Aha Moment 可以理解为探寻如何找到用户对品牌的认同及如何促进用户的增长和留存。这并不一定只体现在产品上，任何其他企业随意糊弄的细节之处，都可以是你出彩的地方，从服务细节到包装到门店形象，甚至一句暖心的话，都可以是发力点。

比如蓝瓶咖啡，除了使用烘焙 48 小时的咖啡豆、制作一杯咖啡需耗时 5 分钟等特点，它的符合日式美学的门店就是一个 Aha Moment 的制造点，以至于它被形容为咖啡界的一股清流。

中国有那么多原产地的橙子，褚时健的传奇故事和创业情怀，却成为褚橙的 Aha Moment。

多肉葡萄是喜茶的标志，为了让用户感知到“好喝”及“有料”，喜茶宁可牺牲生产效率，在其标准化流程中保留人工手剥葡萄的环节。正因为如此，喜茶才能够将其品牌所代表的内涵通过一杯杯的奶茶，准确无误地传达给每一个用户，让用户记住它，并愿意传播它。在这个过程中，也形成了喜茶独特的护城河。

记得以前在南方航空做头等舱杂志时，我做过一期关于中国式礼节的专题报道。多年后的一个聚会上，有个朋友很激动地握住我的手说，四少，你那期专题报道太棒了。当时我有点错愕，但更多的是感动。原来你的一次用心，可以被人记很久。

椰树牌椰汁是一个明明可以靠实力，却偏偏坚持奇异风格的品牌，这种坚持让大众在抱怨它的同时，也与它达成了和解。椰树牌椰汁每年的品牌升级就是更新包装上的年份数字，简单而有效。这就是它制造的 Aha Moment，是一种独特的力量。

当然，Aha Moment 不是锦上添花，而是用户体验到品牌核心价值、长期价值那一刻的心流体验，是收到了品牌发出的心动信号的时刻。“好货”一直是零售业的核心竞争力，好的产品、好的内容都只能是营销的一部分。一个品牌想要长久经营，就需要不断地把自己的核心价值与用户联系在一起。有了 Aha Moment，用户才会谈论你、记住你，向身边的每个人推荐你。

溢价能力、认知度、记忆度、留存率、新增率和病毒传播，这些都是判断一个品牌好不好的关键指标。记住，**是爱创造了增长，而不是增长创造了爱。要赢得用户的爱，就必须创造 Aha Moment。**

4.3 节日经济学与价值发现

节日的出现不仅为人们增加了娱乐的机会，更直接推动了经济的发展。在节日中，心意要化为真真切切的礼物，这也是节日经济学背后的深层含义。

4.3.1 节日的来源与目的

据说人类发明节日，主要是为了交易。节日最早起源于公元前 5 世纪的雅典，城邦出面组织大型体育赛事，同时间杂歌舞、戏剧、斗兽之类的节目，让公民们集体放假观看，狂欢数日。节日的发明除了促进娱乐之外，还能够拉动经济：城邦商人在节日期间可以密集交流，达成交易；城里小商小贩仅凭节日期间的收入就足以维持基本生计。节日还巩固了城邦作为交易中心和经济中心的地位，自然也促进了城市本身的繁荣。这其实就是流量的初级形态。

马克思主义政治经济学认为，生产、分配、交换、消费是社会再生产的四个环节。生活消费是消费的重要组成部分，而节日消费又是生活消费的峰值体现。节日经济具有的空间特征是流动与聚合，主体包括人流、物流和资金流。有人形象地称之为：因为有一部分人休息，而使另一部分人获得工作的机会。

随着互联网和电商的发展，又衍生出更多的节日，比如“520”、“618”、七夕、“双 11”、“双 12”等。这些节日本质上是礼品经济和消费的狂欢。在美国，感恩节和圣诞节期间的销售额和利润额要分别占到商家全年销售总额和利润总额的 25% 和 60% 左右。如今，节日经济在中国也愈演愈烈，带动了诸多商家的发展。

4.3.2 节日的经济账怎么算

1993 年，耶鲁大学的经济学家约耳·沃尔德福吉尔（Joel Waldforger ）在某次圣诞节后，给他的学生提了两个问题：第一，你们在圣诞节期间收到了多少礼物，你估计它们的价格是多少？第二，如果你没有收到任何礼物，你愿意花多少钱为自己购买礼物？

学生们的回答令他大吃一惊：收礼者普遍低估送礼人的礼物价格。即使是最接近本来价格的估价也只有礼物实际购买价格的 90% 左右，那么其余的 10% 到哪里去了？根据经济学家们的分析，这其余的 10% 的价格损失为**无谓损失（deadweight loss）**，它实际上意味着资源的无谓浪费。如果该结论具有一般性的话，那意味着仅每年圣诞期间，整个美国将至少有 40 亿美元在迎来送往中被浪费掉（注：美国圣诞期间的礼物消费额为 400 亿美元）。

但毕竟不是每个人都是经济学家，这样算节日的经济账难免无趣，因为它完全忽视了节日之于人、礼物之于人心的价值和意义。节日必定要有心意，这才是节日经济学的魅力所在。有时，心意要化为礼物，礼物意味着高溢价，同时礼物要送到心坎里，必然要选择品牌。

中国古汉语中的“禮”，最早见于甲骨文，右上方的“曲”代表打着绳结的玉串，下面的“豆”代表着有脚架的鼓。在古汉语中，“礼”是一种庄严的祈福仪式，面对神明，它代表了你心意的最高形式。

巴菲特最得意的一笔投资是投资一家糖果店（See's Candies）。他说，你无法设想在情人节，先生回家对女士说，亲爱的对不起，今天巧克力提价了，所以我给你买了一盒便宜的打折货。这绝不可能，在无价的心意面前，能扮演礼物角色的产品，拥有了持续提价的权利。这就是巧克力能做到 40% 以上毛利率的原因。

1938 年钻石商家戴比尔斯找到了纽约艾耶父子（N.W.Ayer&Son）广告公司，研究如何把这些毫无实用性的“石头”卖给普通人，而且还要卖得很贵。结果诞生了那句脍炙人口的广告词："钻石恒久远，一颗永流传。"钻石被包装成象征情比金坚的信物，让无数爱侣心甘情愿为其买单。

这让戴比尔斯拥有了人类历史上最值得称道的商业模式：

（1）消费者永远自觉自愿购买你最贵的产品；

（2）市场永远保持着充分的增量，完全不受存量的影响。

人们的消费行为变化通常分为三个阶段：第一个是量的阶段，第二个是质的阶段，第三个是情感的阶段。在情感的阶段，用户所看重的已经不是产品的数量和质量，而是产品与自己关系的密切程度，此时他们或是追求某种情感上的满足，或是追求一种产品与理想自我概念的吻合。显然，情感定位是品牌诉求的重要支点，情感是维系品牌忠诚度的纽带。

如果一个品牌不能引起用户的深度情感共鸣，那么将难以获得用户的信任。提升品牌文化意蕴，以情营销，培养用户对品牌的情感，使用户对品牌"情有独钟"，才能引起用户的兴趣，促进转化和购买。

因此，面对节日经济学，品牌必须用"守正出奇"的理念做产品和服务创新。守正，就是做的产品一定要有底蕴、有核心技术、有引导用户生活方式的价值；出奇，就是愿意尝试更多元化的营销，包括产品的立意、研发、视觉、包装，乃至和用户接触的每一个维度。

4.4 产品定价：我们真的需要爆品吗

产品的价格是以用户的感知价值为基础的，而品牌的价格往往会受到很多方面的影响。有些时候，**爆品的出现会带来品牌溢价。**

4.4.1 基于价值的定价：好的产品享有定价权

品牌和产品都有生命周期，所以有句话说：没有成功的品牌，只有时代的品牌。而时代要淘汰一个品牌，从不跟它说再见，这是时代的残酷，也是心智战场的残酷。传统品牌的生命周期曲线是一个坡度很缓的钟形曲线；新兴品牌的生命周期曲线则像一片鲨鱼鳍，迅速崛起，然后又迅速归于沉寂。

有些昙花一现的品牌，你甚至说不好它究竟是在卖产品，还是在卖营销和品牌。比如明星开的网红餐厅，就像抖音短视频给你一个新世界，但会被迅速遗忘，就像张嘉佳的那本书的书名——“从你的全世界路过”。可以肯定的是，**占领品类只是权宜之计，占领需求才是恒久之道。**

未来的制造业不是标准化和规模化的，而是个性化、定制化、智能化的。从这个角度来看定价，就比较清晰了。定价策略一般分为**基于成本的定价、基于竞争的定价和基于用户价值的定价。**

基于成本的定价很好理解，你只需知道产品的成本，并提高标价以创造利润即可。该定价策略的计算方式是成本 + 期望的利润额 = 价格，好处是无须进行大量的用户或市场调查就可以直接设定价格，并确保每个产品能有最低回报。

基于竞争的定价着眼于竞争对手对特定产品的定价。在充分市场化的态势下，这种定价策略必然会带来价格战，因此它也被称为“向下竞争”。

基于用户价值的定价是指基于购买者可能对产品（品牌）产生的“价值感知”来定价，也可以表达为场景体验定价法则。该定价策略专注于你可以给用户带去的价值。你的用户会愿意为一个特定产品支付多少钱？根据这种感知来设定价格。基于用户价值的定价需要充分的市场研究和用户分析，需要了解最佳受众群体的关键特征，考虑他们购买的种种原因，了解哪些产品功能对他们来说是最重要的，并且知道价格因素在购买过程中的重要性占比。“大数据杀熟”的背后就是“看人下菜碟”的基于用户价值的定价法。

还有一组对定价策略的表达，分别是撇脂定价、满意定价和渗透定价。撇脂定价指新产品以高价销售，渗透定价与撇脂定价相反，是指以低价扩大市场占有率，满意定价介于前两种定价策略之间，将价格定在中等水平，在一定程度上避免了二者的缺点。

刘润认为商业的本质有两个，一个是创新，一个是效率。

衡量创新价值的最大标准就是定价权的大小。企业衡量自己有没有创新，可以看看自己在市场上有没有定价权。获得定价权的根本原因是自己企业的产品和其他企业的产品相比有优势，并且得到了市场的认可。

定价权要靠创新和科技才撑得起来。现在中国也出现了华为这样的企业，做出了不错的产品，在市场上拿到了定价权。因此，**一切商业的核心价值，都源自稀缺和对稀缺的定价。**越稀缺，越不可替代，就越有定价权。

我认为，企业应该以基于用户价值的定价为基准，同时兼顾基于成本和竞争的定价，这样可以创造独特的用户价值，享有更大的定价权和更多的利润。

脑白金为什么比其他保健品贵？因为它不仅是保健品，更是一种"礼品"。礼品需要体现出赠送者对受赠者的关爱，要令赠送者觉得"有面子"，这是用户真正关注的用户价值。一个高于普通保健品价格的定价才能更好体现出这一价值。

为了做好基于用户价值的定价，企业通常要展开详尽调查。Garbor Granger 模型（价格断裂点模型）用于研究产品价格变化时，用户购买意愿的变化，通过该模型，企业可以找出销售额最大的价格点。这种价格研究方法是预先确定好产品或服务的几个可能的价格，通过访问询问被访者每一个可能价格的购买可能性（购买可能性通常用 5 分制来表示，5 分代表非常可能，1 分代表非常不可能）；然后计算出不同价格点下非常可能购买者的百分比，绘制价格需求曲线，并据之进行分析，找到价格断裂点，该价格点附近的微小变动会带来购买兴趣的明显变动，即可以此价格点作为市场参考价。

4.4.2 DTC 品牌与心智消费

美国经济学家泰勒·科文（Tyler Cowen）在《达蜜经济学》（*Create Your Own Economy*）中说：越来越多人会进行不涉及金钱回馈的非经济性活动消费，即所谓的"心智消费"。

物质充裕的时代，年轻用户对个性化产品的需求上升，18 ~ 30 岁的中国一、二线城市的年轻人，不再满足于传统产品带来的消费体验，甚至同样年龄段的人群都有了不同的圈层。

过去一个品牌满足全家需求的时代一去不返，品牌在这个时代需要赋予用户人设，而且用户希望和父母、爷爷、奶奶拥有不一样的人设。比如年轻人的人设应该是成长于更富裕家庭，更有财富安全感、不惧消费的一代人；是接受教育程度更高、对西方文明和品牌更认可的一代人；是成长于互联网时代，信息获取更自如，更善变、更多元的一代人。

所谓 DTC 品牌，就是指通过自建互联网销售渠道，直接销售产品给用户，没有中间商赚差价的品牌。这类品牌能够借助用户数据进行分析，通过一系列方法为用户提供超预期的体验，同时想尽一切办法减少不必要的支出。

国外，尤其是北美一些小而美的 DTC 品牌，通过跨境电商、海淘和社交媒体向中国用户输入了创新的产品，这些产品更超值、更有个性。自此之后，品牌主们渐渐明白：用户购买的不是产品，而是一种“获得感”，是用来解决问题的方案。因此除了完整的说服链之外，在情感属性上，品牌最好还能帮助用户完成社交炫耀的任务。

在媒体预算上，DTC 品牌以实现最佳产品体验为主要目的。比如后面专门拿出来做品牌案例的床垫品牌 Casper，就克服了传统床垫品牌价高、物重、购买不方便等弊端。而男性护理用品平台 Dollar Shave Club 则挑战了传统剃须刀巨头吉列让用户为其高昂的广告费买单的现状，最后被联合利华以 10 亿美元总交易额的高价现金收购。

从 1988 年宝洁旗下第一个品牌海飞丝进入中国算起，中国的消费教育已经走过 30 多个年头，可以说宝洁改变了中国人过去一块肥皂洗全身的个人护理时代。

过去很长一段时间里，飘柔、海飞丝、伊卡璐、沙宣、潘婷、赫莲娜、兰蔻、科颜氏、碧欧泉、巴黎欧莱雅、美宝莲占据了洗护品类货架和一楼化妆品柜台的半壁江山。而近年来，无印良品、小米、网易严选等模式的崛起，使得追求简化包装、去除品牌溢价的消费意识在用户的心中萌芽，同时无国界的网络生态也助力了品牌和用户的审美觉醒。

时代在演进，用户在进化，无论是美国还是中国，都涌现了更多的 DTC 品牌：原宝洁负责洗发水品类营销工作的唐亮创立了洗护品牌植观；原御泥坊副总裁黄锦峰创立了完美日记；原宝洁市场研究员吕博创立了护肤品牌 HFP。小红书、抖音、快手、微信公众号的流量红利，让这一批 DTC 品牌用最少的投资获得了最大的回报。

在产品策略上，DTC 品牌通常会采用爆品战术，这样既可以聚焦资源和技术，也有利于减少用户的选择困扰。在包装和设计上，DTC 品牌通常采用环保材料做包装，设计方面也尽量走简约、创意、有个性的风格。

DTC 品牌创始人通常作为一个行业反叛者的角色出现，他们讲故事的能力一流，在社交媒体上不断生产内容，甚至有些会以自己为主角拍摄视频，打造个人 IP。除此之外，他们还会让用户主动加入内容的创作中，比如分享真实的产品体验、使用心得等。总之就是降低销售成本、获客成本、营销成本，以实现产品最优、价格最优、体验最优。

4.4.3 把自己当成玩家而不是卖家

Dollar Shave Club 正从在网上卖剃须刀的品牌转型为专注男性个人仪容仪表的生活品牌。

露露柠檬（Lululemon）正从一个服装品牌演变为一种社交工具。在美国上东区，Lululemon 的购物袋随处可见，上面还印着鼓舞人心的话："每天做一件让自己惊讶的事。"

在饮料（Ready-to-Drink, RTD）市场，主打无糖气泡水的元气森林发展迅猛，在刚刚过去的"双 11"购物狂欢节中，销量位列饮料品牌前三名。

在彩妆市场，创办仅三年，完美日记就利用小红书、天猫、抖音等的流量资源快速崛起，成为首个登顶天猫彩妆榜首的国货品牌。

36 氪提供的数据显示，喜茶已经完成新一轮融资，由高瓴资本和 Coatue（蔻图资本）联合领投，投后估值超过 160 亿元。销量方面，单店销量最高的北京朝阳大悦城店全年卖出超过 113 万杯饮品。

此外，超级猩猩健身、好色派沙拉、汉口二厂汽水、麦片品牌王饱饱……各个细分领域新品牌的快速崛起，让大家再次看到了品牌增长新的可能性和路径：

一是找到差异化的切入点。三顿半是从价格、产品和消费场景等维度，差异化切入咖啡市场的典型案例。

二是抓住外部变量。阿芙精油的翻身，很大程度上是因为对快手、抖音、B 站、小红书等平台的阶段性流量红利抓得稳、准、狠。

三是做好产品，让用户自发传播。对于喜茶来说，无论是门店、饮料还是公众号，都是在设计之前就考虑到了用户自发传播点。

所有品牌都是生活方式品牌，所有企业到最后都是设计型企业。这个名单还包括连卡佛、野兽派、梵几、I.T、K11、大仟里、一尚门、买手店 Sammy、北京栋梁等。如今，产品甚至门店空间，都已经成为品牌最大的自媒体。

在传统概念里，产品是产品，营销是营销，广告是广告，渠道是渠道，但在新媒体时代，产品本身就可以被打造成一个自媒体。江小白的产品就可以看作一个表达态度的社交平台；主打稀缺性的设计师品牌集合店一尚门，从产品陈列，到灯光效果，再到背景音乐，都追求细节上的极致，希望将时尚、艺术、生活美学和生活乐趣传递给每一个用户。

用户更注重的是产品背后的附加价值，包括它的社交价值、炫耀价值、沟通价值等。这些价值才是产品在新媒体时代能够吸引用户、占据市场的关键所在。

对品牌来说，与用户建立强连接，共创柔性价值网非常重要，要做到这一点要把握好四个元素：人设、内容设、场景设和社交关系链。这就要求品牌方先从卖家变成玩家，以同理心去找到同好，开启共振与共鸣。

“种草”与“拔草”是当下互联网语境下公众“购买意识觉醒”与“购买决策落实”的代名词。但“种草”与“拔草”之间存在的距离，对很多企业和品牌来说已经成了不可逾越的鸿沟。此时，通过话题、评论等形式调动用户的参与性，生产优质内容，让用户为你代言，甚至把创始人推到台前，就成了必要动作。

对于大多数人来说，表白除了要选择合适的时间和场景外，更要有足够的勇气。而如果有人能替你把心里的话说出来，那么你就不需要勇气了，只需选择合适的时间和场景就可以了。正是因为看到这一点，橙汁饮料品牌味全每日 C 在夏天就做了这件事——在包装上印上表白的话，让包装替你说话，帮你表白。你不需要攒足勇气，你只需要在合适的时间和场景给她这个果汁就好。

乐纯酸奶的创始人 Denny 分享说，在卖到 20 万盒酸奶时，他们把酸奶包装壳的背面做成了一个人人可以投稿的杂志。有 2000 多人参与投稿，然后在当中选出 25 篇投稿内容，放到微信里面，让大家投票。这些投稿内容还可以作为后面新一期的包装，推动着产品的持续更新。

不久前，乐纯酸奶的玩法进一步升级：在酸奶包装壳上印了一个神秘的二维码，通过这个二维码，你会认识另一个有故事的美食爱好者，你们都爱旅游，爱自由，喜欢小众文艺电影，有自己私藏的音乐专辑，并且可以即刻相互联系。

太二酸菜鱼的得名，据说是因为老板专注于做鱼，甚至连店名都没想好，被客人笑话“太傻太二”，才取名“太二”。这样的品牌故事不仅让品牌深入人心，也利于品牌流传。

这个时代的成功品牌具有充盈的生命力，它们在忠于品牌 DNA 的同时，能在不同的渠道和维度上，针对用户多元化的需求，用灵活且有创意的方式做出反馈。

品牌案例 小罐茶还是竹叶青

小罐茶

有一天，一个青年人问德国绘画大师门采尔：“我画一幅画往往只需要一天的时间，可为什么卖掉它却要等上一年？”门采尔回答道：“请倒过来试试！你花一年的工夫去画，那么你只需要一天的时间就可以卖掉它！”

中国是世界茶文化的起源地，中国人饮茶最早可以追溯到 4700 多年前的神农时代。汉唐以来，中国茶经由丝绸之路传至世界各地。几千年来，茶一直是中华礼仪之邦“礼”文化的最佳载体。一杯茶包含了养生之礼、谦和之礼、待客之礼和相赠之礼。

从体量上来看，中国的茶园面积大、茶叶产量高、茶企多（大约有 7 万家）、茶品牌丰富（大约有 36 万个）。但世界范围内最知名的茶品牌却是英国立顿，甚至还因此出现了“7 万个中国师傅敌不过 1 个洋徒弟”的戏谑之词。

中国茶业一直扮演廉价原料供应商的角色，出口平均单价约 15 元 / 千克。日本茶道和英国红茶在全球范围内的影响力更大。在中国，碧螺春、信阳毛尖、西湖龙井、铁观音、黄山毛峰等十大名茶尽人皆知，但鲜有叫得上来的品牌。中国茶叶市场年销售额超 2000 亿元，但年销售额超 10 亿元的企业屈指可数。

小罐茶仅用短短几年的时间就成为闻名全国的茶品牌，在颠覆式创新、产业运作方式、占领大众消费认知等方面独具一格，铝罐包装、一罐一泡的设计也成为同行模仿的对象。小罐茶一方面让原本混乱无序的产业链透明化，另一方面给全民做了一次茶文化的普及教育。那么，小罐茶到底做了哪些颠覆式创新呢?

第一，“大师作”。

爱喝茶的杜国楹（小罐茶创始人）2006 年就有了做茶品牌的想法，2012 年确定做茶品牌后，他带着核心团队进入大山中的茶区，拜访各路茶农和专家，调查加研发时间就是三年半。对此他感叹道：“花掉 7000 万元，却连一片叶子都没做出来。”

“有机”是杜国楹最早想到的标签，但结果证明这是个坑。有一次在武夷山拜访制茶人，临别时他扭头看到桌子上摆了个牌子，上面写着“国家级非物质文化遗产大红袍制作基地传承人”，这些字刺激到了他，于是，**“大师作”**成为最终答案：八位大师的站台，变相降低了小罐茶进入市场的难度。

第二，外观包装必须不同。

为解决茶罐太大不卫生、小袋包装易碎易破的消费痛点，日本设计师围绕着铝箔袋做了各种各样的升级方案，但都被否定了。经过 11 稿更改，2014 年年底杜国楹最终决定采用金属小罐包装，目的是让茶更安全、更易于携带，还有档次。据说整个过程花费了 500 万元。“小罐茶”这个品牌名，也因为包装采用小罐而来。

第三，统一品级与价格。

小罐茶的“初心”是让想喝茶的人能够以简单、轻松、便捷的方式喝到不同品类的好茶。统一品级与价格的打法，再次迎合了小罐茶锁定的用户群体。

第四，线下为主场，门店对标苹果。

深谙品牌对消费的拉动力的杜国楹，把握住了线下这个主场，同时借鉴奢侈品品牌的做法，提供一整套体验服务。为保证品牌形象统一，杜国楹聘请苹果的设计团队，耗时 16 个月打造门店。在门店的装修上，杜国楹要求不允许经销商做任何动作，所有的东西测试完成后，由小罐茶作业工厂亲自去施工。

竹叶青

通过“峨眉高山绿茶”这一细分品类切入高端用户市场，首创一袋一泡与氮气充袋模式，竹叶青的这一系列创举让它在品牌先行、产品聚焦、场景创新、渠道赋能、跨界合作等方面成为行业标杆，吸引了众多高端会员。那么，竹叶青到底有哪些值得借鉴的打法？

第一，好故事是好开端。

1964 年，陈毅元帅视察峨眉山，在万年寺同僧人品茗对弈时，对所品新茶赞不绝口，遂问僧人：“此乃何茶？”老僧人答道：“此乃峨眉山特产，尚无名称。”并请陈毅赠名。陈毅说：“我看这茶叶形似竹叶，色青悦目，就叫竹叶青吧！”从此，竹叶青茶声名大噪。

第二，好产品是护城河。

不同海拔地区出产的茶叶口感不同。竹叶青只种植在峨眉山海拔 600 ~ 1500 米之间，喝起来鲜爽甘醇。为保证原料品质，竹叶青 100% 采用明前春茶，且纯手工采摘，采摘 5 万颗茶芽才能精制出 500 克竹叶青。

竹叶青由以制茶大师刘祥云为首的制茶大师团队坐镇，投入近亿元打造现代化生产线，在维持嫩栗香的同时，首创 4 克独立小包装确保茶叶时时如新。中国茶芽的含水量国家标准是≦ 7.0%，竹叶青仅有 3%。

第三，剑指高端，重新定义行业和品类。

茶叶市场上产品质量参差不齐、小作坊林立，价格不透明、以次充好的冒牌货比比皆是，卖茶就像抽盲盒，你永远不知道坑到底在哪里。峨眉山附近的竹叶青茶厂在很长一段时间内也多以卖散茶为主，卖不上价，生意难做。

20 世纪 90 年代，在茶厂跑销售的唐先洪发现各地都有自己当地的茶，而且当地人大多只喝当地的茶，茶叶市场高度碎片化，几乎没有主导企业和品牌。1998 年，28 岁的唐先洪决定接掌竹叶青——一个销售额只有几百万元，负债却高达上千万元的企业。

在当地政府的帮助下，唐先洪先后花费 15 万元收购了“竹叶青”相关商标。1999 年 9 月，国家工商总局商标评审委员会认定四川峨眉山竹叶青茶业有限公司独家拥有“竹叶青”商标专用权。

选用最好原料，保证品质；放弃散装，用袋装提升保鲜度；每年拿出销售额的 12% ~ 15% 做推广；建立标准化的直营专卖店……这些领先行业的做法帮竹叶青打出了招牌。根据茶叶级别，竹叶青将产品分为论道、静心、品味三个系列，这三个系列全部实行线上线下全国统一零售价销售。

在竹叶青的茶叶店内，288 克装的国礼茶售价高达 12000 元 / 盒，每千克的售价约 41667 元。2019 年，在整个行业销量普遍下滑的情况下，竹叶青却逆势增长：全年销售额相比前一年同期增长 26%，最高端的“论道”系列增长 66%。

第四，跳出茶叶做茶业。

唐先洪意识到，茶除了是一种生活必需品，还可以给人带去精神修为，因此应该赋予茶叶更多的精神内涵。2003 年，竹叶青选中“中国围棋第一人”常昊担当品牌形象代言人。自古以来，茶和围棋都是文人墨客的最爱，而竹叶青的品牌主张“平常心”正是常昊处世行棋的座右铭。为竹叶青命名的陈毅元帅是中国围棋业的大力推动者，又曾经是中国围棋院的名誉院长。这种契机让竹叶青与围棋结下了不解之缘，成为中国国家围棋队指定用茶。

2004 年中秋，唐先洪邀请金庸前来参观，临走还送给他一些竹叶青茶叶做伴手礼。回去后，金庸把茶叶送给蔡澜、倪匡等好友品尝。竹叶青茶的名声很快在香港文学圈传开了。喜欢喝浓茶的蔡澜后来成为竹叶青茶的忠实粉丝。刘嘉玲、高晓松、冯绍峰后来都曾做过竹叶青茶的品鉴官，并且不断将其推荐给圈内明星好友。

2005 年，竹叶青的论道系列首次参加在摩纳哥蒙特卡洛举办的顶级奢侈品展，并创下248克卖出3000欧元的传奇。2006年，首届世界高山绿茶论坛暨峨眉高山春茶节在峨眉山市举办，竹叶青牵手Discovery探索频道溯源世界绿茶。以手工漆器为包装的“大汉春秋”、论道系列被多次选作国礼，奉送给俄罗斯、摩纳哥等国家领导人。被作为国礼赠予外宾的地方名茶不少，真正长期作为国礼的茶品牌只有竹叶青。竹叶青也因此有了“茶界茅台”的美誉。成功的品牌运作迅速帮竹叶青打开了销路。

第五，“川茶—中国茶—世界茶”战略三级跳。

相比小罐茶的大师作路线，竹叶青走的是复制茅台的国礼战略。这个战略也一直被竹叶青延续至今，从送领导人、外交官、皇室亲王到频繁赞助国际盛会，竹叶青通过一系列品牌营销事件，在绿茶品类中完成了高端化的品牌符号打造。

竹叶青年销售额做到十多亿元时，销量开始徘徊不前。小罐茶将中国茶进行品牌化运作，2018年实现了20亿元的收入，快速变化的消费市场让竹叶青也看到了希望，提出了5～10年完成年销售额百亿元的目标。2019年年底起用李宇春、李易峰为竹叶青品牌代言人，成为茶行业首个双明星代言的品牌，与分众传媒签订6亿元合作协议，铺天盖地的楼宇广告，加上央视、航机杂志等强势媒体的造势使得竹叶青的知名度进一步扩大。年轻化是此次竹叶青呈现给外界最大的变化。

第六，新语境下，创新品牌和用户的沟通方式。

新冠肺炎疫情暴发初期，竹叶青率先发布公开信，做出三大承诺：对茶农不压价、不欠款；对员工不裁员、不减薪；对用户保证春茶按时上市。抗疫非常时刻，竹叶青紧急捐赠200万元，用于采购口罩、消毒液、护目镜、呼吸机等应急物资，支持疫情严重地区临时医院的建设。2月又赠予四川多所医院合计价值160万元的茶叶。

为重新链接消费新需求，竹叶青做了三个动作：

（1）抢先发声：在最大竞品龙井茶尚未发声时，率先站出来成为绿茶品类的代表。

（2）明确价值：竹叶青将用户价值沟通点清晰定义为“非常时刻，多喝竹叶青”。

（3）改变传播方式：不做发布会，选择在分众电梯中推广“非常时刻，多喝竹叶青”的主题，清晰的用户定位加之封闭空间的精准传递，让用户对竹叶青产生深刻的印象。

从竹叶青公布的销售数据来看，春茶预售购买人数相比前一年同期增长154%，预售金额相比前一年同期增长89%，竹叶青的营销赢了面子，赚了银子，成为茶行业现象级事件。

竹叶青 PK 小罐茶

下表为竹叶青和小罐茶的数据比较。

品　牌	百度指数关键词搜索指数	资讯指数	媒体指数
竹叶青	日均值 2025（2015 年至今）	2265（2018 年至今）	日均值 0
小罐茶	日均值 1450（2015 年至今）	3581（2018 年至今）	日均值 4

（1）从百度指数关键词搜索指数方面来看，竹叶青稍占上风。

（2）资讯指数是以百度智能分发和推荐内容数据为基础，将网民的阅读、评论、转发、点赞、不喜欢等行为的数量加权求和得出的。小罐茶占优。

（3）媒体指数是指各大互联网媒体报道的新闻中，与关键词相关的、被百度新闻频道收录的消息数量，以新闻标题包含关键词为统计对象，数据来源、计算方法与搜索指数无直接关系。

（4）关注小罐茶的网友人数最多的城市前 5 位依次为：北京（总部）、上海、广州、深圳、成都。

关注竹叶青的网友人数最多的城市前 5 位依次为：成都（总部）、北京、深圳、广州、上海。

（5）关注小罐茶和竹叶青的主要人群都是 20 ~ 29 岁的人群，在关注小罐茶的人群中，这一年龄段的人占比为 48.27%，在关注竹叶青的人群中，这一年龄段的人占比达到 51.76%。

（6）关注小罐茶和竹叶青的人群都以男性居多，其中小罐茶的关注者中，男性占比为 69.13%，竹叶青则为 60.03%。**小罐茶和竹叶青目标用户重叠度较大。**

谁能赢在未来

很多时候，人们选择一个品牌，是出于情不自禁的喜爱，他们不必比较就会毫不犹豫地购买，自动自发地享受。让人们爱上你的产品，就必须让他们在潜意识中感觉到这个品牌不只提供产品或服务项目，而是一个“人”，并拥有如下特质：

（1）首先，这个人必然是个价值观坚定、主张明确的人；

（2）个性必须保持一致：人们对性格时好时坏、忽冷忽热的人无法产生信赖感；

（3）要有迷人的风格和迷人的语气；

（4）要有纯良的动机；

（5）要是一个有故事的人，让人愿意接近。

看看小罐茶和竹叶青，是否全部符合？这两个品牌以互联网思维和现代化产业运作方式颠覆了人们对传统茶行业的认知。从小罐茶的搅局到竹叶青的重金投入，让我们看到了茶行业更多破局者的出现，让未来变得值得期许。竹叶青提出年销售额百亿元的目标，打破了传统茶品牌的宣传模式，借助高频度的宣传加强对用户的影响，并配合高端包装和店面扩张及明星代言，拉近与年轻用户的距离，这与小罐茶的营销模式相似。不过，从目前掌握的情况看，竹叶青产品相对单一，且区域性、季节性明显，欲实现年销售额百亿元目标仍需付出更多努力。

竹叶青与小罐茶都十分重视品牌定位和形象，都注重对礼品市场的开发，在产品包装方面也是类似的分享小包装模式，在操作层面一度成为行业模仿对象。但竹叶青与小罐茶都陷入了一个旋涡，即高端礼品茶的形象塑造纵然成功，但无法成为一款面对大众消费的茶。这就是为何之前竹叶青的年销售额一直徘徊在十亿元这个级别，难以逾越；而小罐茶虽然在2018年完成了二十亿元的销售额，但似乎也难有新的突破。这是中国整个茶行业需要解决的“立顿”课题。

5月21日，联合国确定的首个国际茶日到来，全球产茶国和地区达60多个，饮茶人口超过20亿。在小罐茶靠大师加持和广告轰炸获得了巨大成功的反衬下，存在于各大茶城和大街小巷的传统茶企们更显失落。或许带领整个行业迎来复兴，才可以被定义为真正的行业领导者。

中国茶行业未来会出现真正的行业寡头吗？是竹叶青还是小罐茶还是其他？时间会给出答案。

第 5 章

用户：

圈层仪式感

品牌忠诚度的功守道：

态度依附 + 社区归属感 + 主动介入。

亚马逊（Amazon）每次开董事会都会留一把空椅子，代表在管理层心中，用户也在场。在商业上，这种以用户为中心的态度可表现为使用用户体系。用户体系是亚马逊整个商业架构展开的基础，从网络书店到零售平台，其实都是围绕用户体验开展工作的。亚马逊的首席财务官汤姆·司库塔克表示：我们坚信，用户至上是为股东创造持久价值的唯一途径。

今天的用户，想要的不仅仅是产品，不仅仅是功能，不仅仅是利益，甚至不仅仅是体验，他们想要的是被关心，是意义，是某种归属感。他们会追问：我买这个产品或服务，会让我怎么样？所以我前文中也说过，用户购买的不是产品，而是一种“获得感”。对品牌来说，个性化、自我认同、体谅之心、赋能正变成一种必要的能力，拥有这些代表你有能力跟用户进行情感沟通。而在情绪性购物越发普遍的态势下，在有颜有料才有种的时代里，与用户有关的每一件简单的事情，都值得认真对待。**品牌，就是要在懂你的人群中散步。**品牌的最佳用户必然就是公司的联合领导者。

5.1 VUCA 时代：焦虑盛世

VUCA 最早是美军在 20 世纪 90 年代提出的，用来描述冷战结束后不确定、复杂的多边世界。在 2001 年“9 · 11”恐怖袭击发生后，这一概念和首字母缩写才真正被确定。随后，“VUCA”被商业领袖用来描述已成为“新常态”的、混乱和快速变化的商业环境。

V=Volatillity，易变性。易变性是变化的本质和动力，也是由变化驱使和催化产生的 。

U=Uncertainty，不确定性。指缺少预见性，缺乏对意外的预期和对事情的理解和认识。

C=Complexity，复杂性。指企业为各种力量、各种因素、各种事情所困扰。

A=Ambiguity，模糊性。对现实的模糊是误解的根源，会造成各种条件和因果关系的混杂。

中国社科院社会学研究所社会心理学研究中心发布的《社会心态蓝皮书：中国社会心态研究报告（2018）》显示：42.8% 的受访者经常“感到紧张或容易紧张”。社会焦虑常表现在三个方面：一是社会生存和发展焦虑；二是人际交往焦虑；三是身份认同焦虑。由此可见，VUCA 时代已经成为焦虑盛世。

5.1.1 这是一个充满了焦虑感的盛世

1927 年，传奇恐怖作家洛夫克拉夫特（H.P. Lovecraft）写道：“人类最古老、最强烈的情感是恐惧，而最古老、最强烈的恐惧是对未知的恐惧。”

不确定性是导致焦虑的基本原因，因为焦虑总是面向未来的。人类大脑有能力想象所有可能发生的最糟糕的事情，而且不确定性越大——尤其是当不确定性与悲观的假设相结合的时候——大脑就越有可能想象并关注最坏的情况。

日本学者大前研一在《低欲望社会》一书中说道："日本全国空巢率高达 13.5%，就算推出超低利率房贷，也不见房贷申请者有所增加。这种现象的背后是日本年轻人的主流想法的改变：他们不想出人头地，将结婚视为重苛，将买房贷款视为一生被套牢。"中国也正面临着与日本类似的低生育率、人口老龄化等社会问题，国家统计局的数据显示，2019 年我国人口出生率为 10.48‰，这是 1949 年有数据以来的最低值。如今年轻人爱把"佛系"这样的词挂在嘴边，"丧文化"更是受到了追捧。

央行数据显示：中国居民的家庭负债目前相当于 GDP 总量的 53.6%，占居民可支配收入的约 85%。对企业来说，业绩增长压力则是悬在头上的达摩克利斯之剑。目前，全国 1995 年至 2009 年出生的群体共有 2.64 亿人，占总人口的 18.9%。他们是移动互联网的原住民，成长于物质富足的年代，乐于接受新鲜事物。但是他们又处于持续的孤独和焦虑之中。他们"敷最贵的面膜，熬最狠的夜""在凌晨三点转发遥远城市有人猝死的新闻，再给自己定五个起床闹钟"。我们每个人都有自己的焦虑。**工作、买买买、看手机，这就是我们的一生吗？**

年轻人之所以喜欢李雪琴的脱口秀，是想"在平凡的快乐里躺平两分钟"。据说当代青年一天中最幸福的生活状态是：下班回家，躺倒在床，准备零食，掏出手机，预备，三二一，开始笑！各种影视剧和综艺节目有什么风吹草动，产出的表情包和动图就能迅速成为社交货币。尽管如此，我们似乎又不愿意与现实的生活状态剥离，也许它已经长成了我们人生的一部分。罗伯特·科尔维尔在他的《大加速：为什么我们的生活越来越快》一书中，曾经做出过一个类比：尽管人们都在抱怨生活节奏的加快，但现实中，相较于乡村时代的田园牧歌，只有在大城市里生活才能让他们快乐，以至于"每天都要做的两件事：崩溃和自愈"。

斯坦福狂鸭症

鸭子看似轻松，水下的脚掌却拼命蹬水，

激烈竞争下产生的斯坦福狂鸭症（Stanford Duck Syndrome），

即使是最优秀的孩子也无法幸免。

5.1.2 不确定性是最大的确定性

在《世界是平的：21世纪简史》一书中，托马斯·弗里德曼指出，当今世界改变的速度已与过去不同，每当文明经历一个颠覆性的技术革命，都会给这个世界带来深刻的变化。过去数年很多遭受失败的高科技公司给我们敲响了警钟：它们现在面对着无法回避甚至无法预测的挑战，但是缺乏适应这些挑战所必需的领导力、灵活性和想象力。不是因为它们没有意识到这些问题，也不是因为它们不够精明，而是因为变化的速度超过了它们能适应的范围。

下面几个备受关注的新名词也能说明当今世界的剧烈变化：

- **黑天鹅事件（Black Swan Incidents）**：形容小概率、难预测的突发风险，如“9·11”恐怖袭击。
- **灰犀牛事件（The Grey Rhinoceros Incident）**：形容大概率、可预测、波及范围大但往往被人忽视的风险。
- **蝴蝶效应（The Butterfly Effect）**：指的是一个微小的变化能影响事物的发展。美国气象学家爱德华·罗伦兹（Edward Lorenz）在演讲中说：“一只南美洲亚马孙河流域热带雨林中的蝴蝶，偶尔扇动几下翅膀，可以在两周以后引起美国得克萨斯州的一场龙卷风。”

海恩法则指出，每一起严重事故的背后，必然有29次轻微事故和300起未遂先兆及1000项事故隐患。VUCA时代，黑天鹅与灰犀牛事件在一定条件下可互相转化，比如，自1988年熔断机制实施以来，美股只在1997年因亚洲金融危机熔断过1次，而进入2020年3月，美股在短短10天内史无前例地熔断了 4 次。人们容易根据已有的认知判断事情，以过去来推测未来，而结果往往会令人大跌眼镜。“蝴蝶效应”的作用越发明显，因为影响事物发展的变数逐渐增加，不可控因素也随之增多。

新技术的发展速度远远超过了社会观念的发展速度，导致人们的人文观念、价值观和行为方式在新技术革命浪潮中无所适从，很多被证明行之有效的范式和秩序正在被颠覆。跨界杀手、消费偏好的骤变、企业突然出现的分歧、新品类的出现等都会影响市场的现状。对于市场的变化，真正的企业家应该做出常态化的理解，“黑天鹅”和“灰犀牛”这些“物种”本来就是存在的，它们的出现是必然的，习惯与不确定性相处，思考的半径才会放大。德鲁克说过：“喂饱机会，饿死问题。”事实上，人类今天所有的文明成果，包括语言、文字、医学、宗教、经济学、政治学、国家制度等，根本上都是为对抗自然的不确定性而创造的。

品牌，恰好提供了 VUCA 时代的一个认知锚点。在第 1 章，我曾把品牌视为造梦的艺术，归根结底，都可归因于品牌提供了某种用户价值。品牌只有满足一个用户群体的渴望，并缓解他们的焦虑，为自己构建一幅文化认同图景，才能成为用户群体的共识和信仰。2011 年之前，张小龙只是腾讯邮箱团队负责人，他带领的腾讯广州研发中心产品团队，发挥敏捷创新的能力，创造出了决定腾讯命运的划时代产品——微信，虽然它的初代产品也只是通过“摇一摇”“漂流瓶”等来吸引用户，但几经迭代，微信成了国民级应用：覆盖中国 94% 以上的智能手机，月活用户达到 8.06 亿人，用户覆盖 200 多个国家，有超过 20 种语言的版本，微信支付用户达到 4 亿人。

微信的案例很好地诠释了品牌只有满足一个群体的渴望和焦虑，为自己构建一幅文化认同图景，这时品牌才能成为群体的共识和信仰。

学习的能力，以及保持学习的能力成为刚需。不管是公司还是个人都需要在不确定性中不断地成长和进化。商业的终极目的就是“创造并留住用户”，那么品牌应该做的就是——**为用户创造价值以获取用户手中的货币及社交货币。**

5.2 宅文化与孤独经济：For fun, for money, for young

由于2020年开年的新冠肺炎疫情，宅文化迎来了一次全民式体验。在当今时代，宅文化和孤独经济早已在年轻人中盛行，除去生活压力使然，其背后也是年轻人另一种生活态度的展现。

5.2.1 宅文化与宅经济

宅文化源于日本，1983年由日本著名漫画家中森明夫在漫画作品中提出，日语是“オタク文化”，背景是漫画和电子游戏的流行。宅经济（Stay at Home Economic）顾名思义是指在家中上班、兼职及在家中消费。只要能够送货上门，很多人甘愿“宅”在家中。

极光大数据对居住于三线及以上城市的“90后”“00后”年轻人进行调研发现：Z世代中近五成是“宅”人群，其中女性、“90后”、上班族中的“宅”人群比例更高。有人想求一份清净，有人觉得出门要花不少时间，有人觉得宅家可以省钱，有人是有所谓的“社交恐惧症患者”。而部分中年人也渐渐变成会在回家前坐在车里发呆的那种人，狭小空间中的独处，绝对的不被打扰，可以让他们短暂地逃避自己的生活。

2020年的新冠肺炎疫情，使“线上销售、送货上门、无接触配送”成为更普及的形式，“不浪费口罩，躺在家里就是做贡献”成为宅一族的新款“尚方宝剑”。云课堂、云下厨、云健身、云诊疗、云逛街、云春游等各类“云生活”大行其道，全民被迫宅，却是学习、工作、烹饪、兴趣、健身都不耽误的健康宅。企业微信、钉钉、金山WPS等在线办公软件下载量、使用量暴增。

电商平台数据显示，除生鲜类产品购买大幅增长外，宠物生活、游戏设备和健身训练类的商品品类，成交额都同比增长了200%以上。手游、直播、网购等以手机为基础的行业出现增长。AI、VR、大数据、云计算、物联网等新一代信息技术有效运用于电子商务，能够更加匹配人们的个性化消费需求。有人在线办公，不耽误上班挣钱。有人在家开店，远程挣钱。2020年2月每天有超过3万人到淘宝开新店，还有更多人把以前没有经营下去的淘宝“老店”重新开了起来。淘宝直播上新开播的直播间数量同比翻番，新零售行业出现新的变化。

可以预见，后疫情时代是都市人追求低碳生活、想宅就宅的“自由宅”时代。生鲜配送、在线教育、远程办公、在线医疗、网络游戏越来越成熟，使宅成为一种积极、健康、阳光和有趣的生活方式。用户在家有一万种生活方式，就有一万种生活场景，社会学家认为新时代的宅文化是一种对于私人空间的专注追求，品牌抓住这样的场景，就可以将品牌内涵与用户生活场景紧密联系在一起，实现品牌精神传递。

在天猫超级品牌日的“超级宅宅宅”营销活动中，Givenchy讲的故事是“宅出艺术家”，海报中穿着优雅的女孩虽然宅在家里，却用化妆棉在窗上画出了一朵朵花，平淡无奇的宅家抗疫生活一下“开了花”。优美、简洁、典雅是法国时装品牌Givenchy的最大特点，与“宅出艺术家”所倡导的生活方式十分契合。

5.2.2 国际“孤·单”现状

想必你看到过这个**国际孤独等级表——**

孤独等级一：一个人逛超市。

孤独等级二：一个人去餐厅吃饭。

孤独等级三：一个人在咖啡厅喝咖啡。

孤独等级四：一个人看电影。

孤独等级五：一个人吃火锅。

孤独等级六：一个人去KTV唱歌。

孤独等级七：一个人去看海。

孤独等级八：一个人去游乐园玩。

孤独等级九：一个人搬家。

孤独等级十：一个人去医院看病。

纽约大学社会学教授艾里克·克里南伯格在《单身社会》一书中表明："大规模的城市化容纳了丰富多样的价值观，让那些自我在'村落社会'中受到监控、压抑的人，重新实现自我。而城市多元化的布局与设施，如健身房、咖啡馆、酒吧、餐馆、俱乐部等，也为持不同价值观的独居人士找到团队和集体提供了强大的物质保障。"

"单身社会的到来正在成为一种空前强大、无可避免的社会变革。"商业社会越发达，个体越无须靠人际关系生存。这在带来自由的同时，也进一步敲碎了婚姻、家庭的物质基石：德国的单身住户比例达到54%，16岁以上美国人中50.2%是单身，北美、西欧都在面临结婚率、生育率走低的现状。

而在亚洲，日本国立社会保障与人口问题研究所的调查数据显示，日本18～34岁的女性中有一半的人没有男朋友，30岁左右的日本年轻人里，每3个人中就有1个声称自己不考虑结婚。而这一数字在韩国得到了进一步地提升，近七成的调查对象表示，相较于结婚，他们当下甚至还没能拥有一段恋情。

中国的情况又如何？上海社科院的一项研究报告显示，2015年上海女性的初婚年龄为29岁，已经高于美国、英国和法国等欧美国家的女性初婚年龄。广告代理商智威汤逊通过访问中国"千禧一代"的女性发现，40%的受访者认为经济独立比婚姻更重要。在SK-Ⅱ的广告片《她最后去了相亲角》里，拍摄者前往上海人民公园相亲角，记录女性相亲者真实的声音：她们会选择主宰自己的人生，不会在压力之下为结婚而结婚。

结婚率在下降，离婚率却在上升。国家统计局和民政部数据显示，2013年以来，全国结婚率逐年下滑，至2018年降低至7.2‰，创十年来新低。而过去十年离婚率却在不断攀升，其中2017年的离婚率为3.2‰，创十年来新高。越来越多的人正在把工作当作情感寄托，职场上的"被需要感"使得人们忙碌起来。民政部发布的《2018 年民政事业发展统计公报》显示，我国目前有 2.4 亿单身成年人，比俄罗斯和英国人口的总和还要多。其中，有 7700 万人处于独居状态，预计 2021 年单身成年人数量将上升至 9200 万人。

没有经历过饥荒、战乱和动荡的新时代年轻人，差异大于共性，作为互联网原住民，他们娴熟地游走于爆炸的信息之间，却并不想花太多时间用于线下社交。国家统计局上海调查总队的一项调查显示，"魔都"青年（15 ~ 34 周岁）用于线下社交的时间，平均每天仅有 16 分钟。微博里的一段话大概可以用来表述他们的社交态度：孤独是非常必要的，没有跟自己独处的本领最终将泯然众人，因为一直心浮气躁，总想把自我价值架空在"热闹"之上，一旦"热闹"起来，你很难不去在意他人的眼光，融入他人的生活，而那些无谓的社交根本就是人生之折损。

生活中最重要的是自己的感受，而不是别人的看法。要努力经营当下，直至未来明朗。年轻群体眼里的积极生活，首先是有踏访已知环境的热忱，其次是有探测未知环境的勇敢，再次是能从自己和环境的斡旋中找到乐趣。因此，单身似乎更像是当代年轻人的一种主动选择。

5.2.3 在数字时代感到孤独的年轻人

"加了一会儿班，下班后，我用商场的自动售卖机买了一杯橙汁，吃了一碗螺蛳粉。电影是 20:30 开场的，下午在微信里早就买好了电影票，放心，位置并不是坐在某对情侣边上。趁着电影没开场，在电影院边上的零食店里买了两袋坚果零食，毕竟电影院的爆米花又贵热量又高。之后又逛了逛泡泡玛特，新款盲盒真让人想拥有，又去完洗手间一看还有时间，钻进迷你 KTV 里唱了 15 分钟……"

今年 29 岁的 Sandra 在深圳一家科技公司工作，单身的她很善于安排自己的生活，她每周去一次健身房，一个月去两次美容院，每年一次出国游、两次国内游，追最新的电影和演唱会。

2018 年，脉脉数据研究院对上万名职场人进行了一次有关"孤独感"

的调查，发现 61.47% 的人平时会感觉孤独。排在前五的原因分别是：背井离乡、单身没有另一半、穷、没朋友、事业上的挫折。同年，国内的游戏用户规模达到了 6.26 亿人。大数据显示，孤独不再是单身群体的特定标签，它已经成为这一代年轻人的典型画像。Sandra 也许是中国新一代年轻人的缩影：受过良好教育，年轻，有自己的兴趣，住在大都市很辛苦，吃油腻外卖、住合租房、挤早晚班地铁，但薪资也许不算太高的她却敢于为自己的兴趣花钱。**你的孤独，已经是别人的生意。**

2001 年经济学家麦卡锡提出了“单身经济”，起初这一概念只针对单身女性，认为“独身且收入不菲的单身女性是广告、娱乐等行业最理想的用户”。阿里电商发布的《中国空巢青年图鉴》则显示，孤独人群多分布于高薪行业，这些人不仅具有较高的消费能力，而且消费观念也更加开放，消费行为更加果决。倡导“孤乐主义”的群体越来越壮大，他们的需求也逐渐成为食、住、行、娱消费趋势变化的重要风向标。

食方面，专注于打造“一人食”的呷哺呷哺成功上市。住方面，主题单身公寓和社交型居所越来越风行。行方面，以携程平台为例，目前 75% 的国内外携程自营旅游团均开通一人报团服务，更推出了多款专门为单身人士开发的产品。娱方面，2019 年中国线下迷你 KTV 市场规模已达 70 亿元。

孤独经济的商业模式五花八门，而互联网和语音、视频交互技术的普及，让人们的社交活动从线下搬到了线上，解决孤独的方式更加多样化。

《新周刊》发布的《中国单身报告》显示，在 16 个城市的 1024 个单身样本中，不考虑购买奢侈品者占 28.6%；16% 的人至少每周去一次酒吧、KTV；31.6% 的人每月最大开销为自我娱乐消费或聚会等社交消费。这三项指标均高于已婚人士。

伴随着城市生活的压力与疏远感上升，青年群体转向宠物寻求慰藉。萌宠经济正是“孤独经济”的重要部分。独居、缺乏人际交流与感情寄托的青年群体被称为“空巢青年”，而这些特征恰恰与《极光大数据：2019 年宠物人群专题研究报告》《2019 年中国宠物行业白皮书》中提到的养宠物人群的特征高度吻合。养宠物人群中，未婚人士占比为 41.4%，而其中有超过一半的人把宠物当作缓解孤独感的亲人。

《2019 年中国宠物行业白皮书》显示，2019 年全国城镇宠物犬猫数量达到 9915 万只，比 2018 年增长 766 万只；城镇宠物消费市场整体消费规模达到 2024 亿元，比 2018 年增长 18.5%。2019 年单只宠物年消费金额达到 5561 元。美国曾是世界第一宠物大国，然而预计到 2024 年，中国将拥有 2.48 亿只宠物犬猫，远超过美国的 1.72 亿只。并且，宠物主人中有接近 50% 是“90 后”。

“携宠出行”和“看病贵”是养宠物最突出的两大痛点。天猫国际的数据也从侧面反映了这一点，2020 年年货节启动后，适合“留守宠物”的监控摄像头、智能厕所、自动喂食机、自动饮水器等宠物智能电器下单量增长显著。一款可以自动铲屎的智能猫厕所年货节期间的日销量达平时日销量的 26 倍；能远程监控并与宠物对话的智能摄像头销量是平时日销量的 5 倍。

宠物行业经过多年发展，已经形成了一个完整的产业链，覆盖宠物从生到死的全过程，上游包括宠护饲养、食品、日用品等板块，下游有宠物医疗、美容、培训和保险等板块，从品牌创建的商机上看，与宠物犬猫相关的吃喝玩乐及宠物医疗、宠物学校等都将迎来高增长，但从个人经济的角度看，养宠物需要付出的时间、经济成本，却不是每个人都能承担得起的。希望这能激发出年轻养宠族的工作斗志和创业激情。

5.2.4 “悦己型消费”风行

与其两个人将就，不如一个人快活，花钱偷懒是孤独经济的另一个关键词：甜言蜜语，5 元 / 次；哄睡觉、说晚安，5 元 / 次；听牢骚，5 元 / 次；云恋爱（仅限语音互动），10 元 / 次。

在“万能”的淘宝上，“恋爱”“关心”通通都可以出售。虽然只是“云关怀”，但你想听的甜言蜜语通通都有。定价 5 ~ 10 元的“爱的表达”，月销量最高可达 4449 件！买家拍下产品后，在备注栏留下自己的手机号码，云服务的提供者就会回拨过去。“斜杠青年”们是否看到了商机？

生活可以被商业包办，只要努力赚钱再按下手机，人们就能被照顾妥帖，但孤独感还是会不请自来。陪聊天、陪打游戏、陪说晚安、陪吃饭，各类服务层出不穷。当孤单成为城市的背景音乐，有人在这律动里嗅到了商机，这其中蕴藏着万亿元级的商业机会。

很多女性习惯日常带妆出门，该买的彩妆品也从不落下。化妆不仅让她们气色提升、更得体从容地出席各个场合，更让她们充满自信、心情愉悦。女性深谙精致养护之道，有一些接受度和行动力并举的女性，认可医美可以满足驻颜诉求，并做了大胆尝试。自掏腰包购买珠宝首饰的女性也越来越多。无论是圣诞节期间的K金项链、手链，还是情人节期间的钻戒、对戒，女性“悦己型消费”风行。中国已有超三成的钻石和贵重珠宝的消费发生在非婚恋场景下。随着职业女性数量上升和个体收入的增加，钻石消费会持续增长。

为单身人士设计的家电的销售也呈火爆趋势，在天猫上买迷你微波炉和迷你洗衣机的人数，2019年一年分别增长了970%和630%，迷你语音智能音箱的销量增长160倍。一个人吃饭还让100克装的大米、200毫升的红酒迅速蹿红。

唯品会、艾瑞咨询和GQ实验室联合发布的《2019年中国中产女性消费报告》显示，国内中产女性规模达到约7746万人，她们追求体面生活，购买力强劲。无论在一、二线还是中小城市，“健身锻炼等体育类支出”（无氧运动、打球、跳操、瑜伽）都是女性主要开支之一。中国海淘用户2020年将达2亿人，美妆、护肤、母婴等产品购买频次特别高，这些用户主要是“80后”“90后”年轻女性。26%的女性至少每天食用一次代餐。

在凭借“一人食”主题，连拍了八季的日剧《孤独美食家》里，男主角井之头五郎曾说过一句话，很好地阐述了孤独经济背后的态度：“孤独也是有正能量的，它代表着每个人所能拥有的自由和独立。”就像阿桑在歌曲《叶子》里唱的：“我一个人吃饭、旅行，到处走走停停，也一个人看书写信，自己对话谈心。”一个人也许孤独，但在碰到合适的灵魂之前，孤独比苟且舒服 1000 倍，**认真生活，就能找到生活中藏起来的糖果。**

5.3 仪式感，以及与剧共情

品牌与仪式感有着相同的基因，在品牌宣传中植入仪式感能够使用户获得归属感，从而更加信赖一个品牌。而与剧共情也已经成为不少品牌的宣传方式，但不论是仪式感还是与剧共情，这些都是品牌“剧场效应”的体现。

5.3.1 剧场效应

在上海，曾上演过一部由英国碰撞实验戏剧公司制作的戏剧《不眠之夜》，这部剧可以让观众参与其中，体验到不同的剧情。这部剧把“Immersive Theatre”（浸入式戏剧）这个词带进了我们的视野。从社会发展的角度来看，当经济发展到一定阶段后，整个社会也会进入“剧场社会”。在剧场社会中，每一位公民既是演员也是观众，并且在不自觉的情况下抛弃了自我，成为仪式化表演的俘虏。

剧场效应（Theater Effect）最早由法国社会学家卢梭提出。人们生活的世界由产品构成，因此，剧场效应通常由产品来表达和完成。互联网时代到来后，消费者对产品的要求也出现了升级：消费者追求的不仅仅是使用功能，还必将使用置于特定空间、时间中，带有情绪和情感，获得超脱于产品之外的满足感。使用产品成为用户的自我表达，也是用户的自我映射。这就需要产品承载价值观、情绪和文化元素，并与特定时空一一对应，而剧场效应就成为产品与生俱来的部分。

奢侈品一定很好看吗？或者说，我们真是因为好看才买它们的吗？我们之所以购买，除了要告诉他人我们买得起，更重要的是它们帮助我们形成了剧场化的符号，能够引导别人完善对你“个人品牌”的认知。如果你要做一个品牌，你必须建立剧场化的符号去引导别人完善对你的认知。

你知道天猫商城的比基尼卖得最好的地方是哪里吗？说出来你肯定不信，大数据显示在天猫商城，比基尼卖得最好的地方是新疆。这是剧场效应的典型体现，一种替代性或者补偿心理促使人们下单购买，正所谓：只要心里有海，哪里都是马尔代夫。

美国品牌机构有一个调查数据也很有意思：在美国单身女性购买的生活物品中，剃须刀的购买频率排名第四。美国商场卖掉的剃须刀中，80% 的直接购买者都是女性。女性不长胡子，为什么买剃须刀呢？

答案是送人。女性送给男性礼品，除了皮带，剃须刀最为合适。对方肯定用得着，价格又不贵，档次也拉得开，并且送男朋友、送老爸、送男同事都行。剃须刀成了一种特别好的社交货币。因为有社交属性，东西就可以有额外的溢价，你要送得体面，最好一望可知值多少钱。阿里巴巴的电商数据统计显示，从客单价来看，女性购买剃须刀比男性更舍得花钱。

5.3.2 为什么人们需要仪式感

狐狸说："你每天最好相同时间来。"

小王子问："为什么？"

"比如，你下午四点来，那么从三点起，我就开始感到幸福。时间越临近，我就越感到幸福……所以应当有一定仪式。"

"仪式是什么？"小王子问。

"它就是使某一天与其他日子不同，使某一时刻与其他时刻不同的东西。"

——《小王子》

仪式感是庄重而又无声的力量。人类学家特纳曾对仪式这个词做出解释，他认为仪式这个词意味着门槛，是人从一种状态过渡到另一种状态的中间地带。

每天在同一时刻、被同样的铃声叫醒，沿着一条固定的路线上班，下班到家把外套一脱，丢在椅背上。日复一日，今天过得像昨天，今年过得像去年。那些歌里传唱的舍生忘死的爱情，电影里张扬的鲜衣怒马的意气，还有书上写着的飞蛾扑火的孤勇，似乎一次也没遇见过。生活配套看似越来越高效，人却似乎越来越懒，而日子，也过得越来越潦草。哲学家伊壁鸠鲁说："幸福就是身体的无痛苦和灵魂的无纷扰。"幸福是生命的丰盈和蓬勃，它包含了五个元素：积极情绪、投入、意义、人际关系和成就。生活为啥要有仪式感呢？因为只有仪式感来临的时候感情才会被激发出来。

电影《花样年华》里，张曼玉饰演的苏丽珍对待生活一点也不敷衍，即使是出门买个菜，也一定要换身与昨日不同的旗袍，这就是仪式感。小说《许三观卖血记》里，每次许三观卖血后，都要去饭店里吃一顿：一盘炒猪肝，二两黄酒，黄酒要温一温。"温一温"是生活艰难的许三观对生活保持的那一点仪式感。电影《这个杀手不太冷》里，杀手里昂除了爱抱着一株植物，还爱去看电影——著名歌舞演员吉恩·凯利（Gene Kelly）的片子《好天气》能让他在电影院里笑得像个孩子，这是他的仪式感。林黛玉纵然体娇多病，却把花朵的生死放在心上，悲切葬花，这也是仪式感。欧阳应霁老师说，坐下来，好好吃顿饭，这是一日三餐的仪式感。一个人愿意用一大堆茶具经过一系列程序冲出茶来，这便是茶道的仪式感。结婚时要选钻戒、生日时要吃蛋糕、聚会时要干杯，都是我们日常生活中的仪式感。

有人说，仪式，是会让平凡日子发光的魔法，是我们对庸常生活的复仇。这似乎描述得有点过火，我更喜欢这个表达："仪式感与刻意、矫情、做作、虚伪无关，它是你热爱生活的一种方式。生活本身就摆在那里，你对于生活的付出与热爱，值得你这样庄重地对待自己。"（李思园《生活需要仪式感》）

《小王子》里说，仪式感就是使某一天与其他日子不同，使某一时刻与其他时刻不同的东西。仪式感为每一个普通的日子和行动，标定它背后的精神内涵。为产品赋予仪式感，是一个全新课题，也是一门技术活儿。要把产品变成"产品 + 数字"组合体，让产品生成内容，承接情绪与文化，并将其在特定时空内释放，让人记忆深刻。这种释放，就需要场景化思维，场景是碎片化的，而且是多样性的，场景链接的情绪是不同的，因此产品创造仪式感有十分广阔的空间，这也是品牌营销的魅力所在。

植入仪式感，能唤醒用户内心的热情，与用户同频共振，这是网红品牌一点就爆的原因；植入仪式感，还可以产生交托感与归属感，让品牌变成一种信仰，用户不仅会买买买，还会为品牌点赞。这就是让诸如“钟薛高”这样的品牌自带流量的原因。

品牌与仪式感是有相同基因的，仪式感的本质是一种精神信仰，品牌的本质不是交易而是关系，品牌以人为中心，以人为起点，以人为终点。品牌的基础是用产品为用户提供解决方案。品牌的上层是社会属性，代表一种生活态度和方式，折射出人生观、世界观，成为身份认同，升华成一种信仰。也就是说，价值观是品牌仪式感之源。

只有价值观能够被更具象化、更个性化地表达，凝结成一种圈层文化和身份认同，具有独占性与排他性，才能可识别，才能升华为品牌信仰，才能固化成仪式感。

用户会把钱分门别类存放在不同心理账户里，这就导致了“我们会对某类消费很小气，对某类消费很大方”。善于以价值观为底层逻辑制造仪式感的品牌，才能“让用户用最有钱的那个心理账户为我们的品牌花钱”。

5.3.3 与剧共情：品牌借力影视作品与综艺节目

影视剧和综艺节目是人类想象力的延伸，人们从屏幕中可以窥见生活、时尚的意义。2006 年上映的《穿普拉达的女王》讲述了一个刚从学校毕业的女孩安迪在时尚杂志总编辑助理职位上的跌宕起伏。很多人都是通过这部电影开始了解奢侈品品牌普拉达（Prada）的。以电影来表达品牌精神的，还有《蒂凡尼的早餐》及关于香奈儿（Chanel）品牌的《时尚先锋香奈儿》《玫瑰人生》和《香奈儿秘密情史》等。品牌与电影、电视剧的“合谋”，从最早的贴片广告，发展到创意中插、明星播报，又到品牌定制的价值观营销乃至 IP 全链路营销。

2020 年 3 月 19 日，《三生三世枕上书》在腾讯视频迎来会员收官，网播量达 79 亿次、微博主话题阅读量超 100 亿次。基于对年轻用户偏爱视频二次创作和趣味配音行为的洞察，腾讯视频推出“混剪时刻”，将剧中颇有记忆点的片段挑选出来，通过剪辑、配音形成全新的内容，最终实现品牌、剧集和用户的紧密绑定。在为蒙牛小红柚甄饮定制的“爱豆时刻”中，剧中人物帝君“下凡”呼唤荧幕前的追剧用户“快过来”共享好茶，成功触发了用户的购买欲，微博上各种“帝君，干杯”的晒图不计其数。

“紫桂上仙茶”是小鹿茶为《三生三世枕上书》定制的饮品，通过剧内营销打开知名度后，这款象征剧中人物凤九和帝君三世情缘的饮品火速在线下推出，成为用户追剧之后的情感寄托，“神仙配色”“神仙饮料”的赞誉不绝于耳。

一切营销的终点都是“人”，不断探索新的、易被年轻人接受的产品，通过影视及综艺节目改进品牌沟通方式，是一门学问。

综艺节目《青春有你 2》由爱奇艺出品，蒙牛真果粒花果轻乳冠名，青春制作人代表蔡徐坤、舞蹈导师 Lisa、音乐导师陈嘉桦和说唱导师 JONY J 四位人气明星坐镇，109 位训练生由各经纪公司选送，接受导师和青春制作人的检阅，在诞生之初便具有“养成”属性，满足了粉丝在偶像养成过程中的参与感。

蒙牛真果粒花果轻乳、黑人牙膏、苏菲口袋魔法卫生巾、科颜氏等品牌开启多样化跨界与生态联动，包括长隆度假区、Armani、QQ 音乐、苹果等在内的 20 多个品牌和 IP 也陆续在节目中登场：黑人牙膏首次应用竖屏 LIVE 创意广告形式，邀请人气训练生段艺璇与许佳琪演绎原创广告内容，在画面两侧直观传递“绵密泡泡白，闪耀刷出来”的产品特性，还让林凡、乃万一边刷牙一边唱 rap。

正片之外，还有《青春加点戏》《青春有你 2 会员升级版》两档会员节目，前者是以训练生们为主角的沉浸式角色体验剧情真人秀，后者则是正片的衍生节目，既能让训练生有更多展现机会，在正片未播时填补空窗期，持续维持热度，吸引更多粉丝，也能帮爱奇艺拉来新会员。粉丝通过会员专供节目看到训练生更生动、更立体的表现之后，会产生通过投票帮助训练生获取更好资源，从而实现梦想的想法，其方式就是“氪金”[①]。

《青春有你 2》在节目设计之初就奔着流量走。“小作精”虞书欣、乃万的刘海、“冰清玉洁”四姐妹与“C 位”之争、“淡黄的长裙，蓬松的头发”等话题性、争议性颇高的事件带来的持续流量，才是资本、节目组、赞助商和选手看重的。

在 IP 衍生层面，节目开发官方潮玩形象“婧妹”YUNI、推出多款官方衍生训练生同款饰品、同步在饭饭星球 App 上线青春扭蛋机，既迎合了当下年轻人最潮流的玩法，又满足了随时一键参与的互动需求。饭饭星球 App 还会在比赛不同阶段持续性推出官方周边，用“解锁”（指点击量达到一定程度才可观看）的方式助推观众对训练生的养成心态。爱奇艺商城与品牌联动，围绕节目和训练生进行全产业价值开发，打造观众、节目与品牌间多方满足的供需“磁场”，《青春有你 2》已成为大型偶像带货现场。

内容、娱乐、社交、消费，让粉丝可随时随地与 IP 和品牌产生联系，实现品牌与用户更多的沟通与触达，也成功串联起品牌营销从内容体验到效果的转化，实现了全链路场景化营销和全方位获益。蒙牛真果粒的“果粒总”形象再度出现在用户视野中，真果粒是站外唯一助力通道，截至 2020 年 4 月 23 日，蒙牛真果粒已经通过《青春有你 2》的节目生态获得了近 3000 万元的销售额。总决赛当晚，重磅嘉宾李宇春和训练生合唱《给女孩》，偶像团体 THE NINE 正式出道，前辈和后辈，一起闪耀在舞台上！

---

① 氪金最早用于游戏领域，指支付费用。

5.4 用户终身社交价值

用户终身社交价值，指的是用户在与公司共创品牌的过程中，主动自发地投入时间和精力、输送创意和创新，善用自己的私域流量，为品牌赢得声誉和销售额的双重提升的价值。

5.4.1 用户终身价值

用户核心消费模型有两种——

（1）高端：价值导向（个性、服务、情怀），对应的是“唯一”的市场。

（2）大众：成本导向（品质、数量、价格），对应的是“第一”的市场。

用户终身价值（Customer Lifetime Value，CLV），指的是每个购买者在未来可能为企业带来的收益总和。如同某种产品一样，用户对于企业利润做出贡献也有不同阶段，可以分为导入期、快速增长期、成熟期和衰退期。每个用户的价值都由三部分构成：历史价值（到目前为止已经实现了的用户价值）、当前价值（如果用户当前行为模式不发生改变的话，将来会给企业带来的用户价值）和潜在价值（如果公司通过有效的交叉销售调动用户购买积极性，或促使用户向别人推荐产品和服务等，可能增加的用户价值）。

用户终身价值不是一个单维的矢量。它是一个立体的概念，具有三维结构：

一是用户维持时间维度。企业通过维持与用户的长期关系，获得高用户维持率，从而获得较高的用户终身价值。

二是用户份额（Customer Share）维度，是指一个企业所提供的产品或服务占某个用户总消费支出的百分比。要获得最大的用户终身价值，不仅需要有高的用户维持率，更要有高的用户份额。用户份额应该是衡量用户终身价值的一个重要指标。

三是用户范围维度。显然企业总的用户终身价值的大小与它的用户范围直接相关。从用户范围维度出发，企业必须清楚它的现有用户是谁，同时注意开拓潜在用户。

RFM 模型是识别不同用户价值，帮助企业确定营销目标用户的经典模型，它有三个维度：最近一次购买时间（Recency）、购买频率（Frequency）和消费金额（Monetary）。这三个维度中，对用户响应率最敏感的是最近一次购买时间，其次是购买频率，最后才是消费金额。所以在评判用户价值时，通过为这三个维度设定不同的权值，可以得到相应的用户价值数值。

香格里拉酒店对用户终身价值曾进行过测算，平均每个用户终身创造的价值如下：

每位回头客住店一次的平均消费为 3600 元，平均每年光顾次数为 10 次，回头客一生光顾的年限为 20 年，因此每位回头客一生有可能为酒店创造的价值为 72 万元。因此，如果你拥有 1000 位这样的用户，20 年可累计带来 7.2 亿元的收入，平均每年 3600 万元！

5.4.2 品牌如何提升用户终身社交价值

细心的读者会发现，我在这里加进去了一个“社交”的字眼。事实上，用户终身价值有两个维度，即以用户为价值感受主体和以企业为价值感受主体。上一部分是以企业为价值感受主体的描述。而以用户为价值感受主体是指用户价值是用户自己所认识到的产品所具有的价值，也可称之为用户的认知价值。结合上文中提到的“企业的目的是创造用户”“拥有品牌的不是公司，而是那些从品牌中获得意义的用户”及成图率等观点，正如前文所说，用户终身社交价值，指的是用户在与公司共创品牌的过程中，主动自发地投入时间和精力、输送创意和创新，善用自己的私域流量，为品牌赢得声誉和销售额的双重提升的价值。

而品牌管理的中心目标，就是通过占据用户的心智空间，来提高用户的终身社交价值。用户不再只是大数据中的一点，不再只是某个品牌的购买者，而是加入进来成为这个品牌的一部分，他们希望在生产什么及如何交付方面拥有投票权，他们愿意卷起袖子伸出援手——不仅通过向朋友推广品牌，还通过贡献内容、志愿服务，甚至销售产品和服务。

因此，价值设计应贯穿于品牌的始终：品牌通过产品、服务上的功能“表现”，内容、设计中的情感“表露”，宣传、广告中的态度“表示”等，来传“情”（用户价值）达“意”（用户认知），来触达用户。结合第 1 章内容来看，品牌 Slogan 的境界可分为强调利益、诉说功能的小我境界，强调价值、诉说情感的大我境界及去除偏执、寻求共鸣的无我境界三类，对应的价值描述为：品牌 / 产品满足用户需求的工具价值是什么，提供给用户自我表达的个体价值是什么，针对某种亚文化群体，使品牌成为群体共识和社交货币的社会价值又是什么。

工具价值承载品质特性，个体价值承载自我表达，社会价值承载群体共识。星巴克为什么不允许员工喷香水？品牌营销大师马丁·林斯特龙（Martin Lindstrom）指出：“人的情绪 75%因嗅觉产生。”咖啡香是跟场景牢牢绑定的嗅觉记忆，使得星巴克轻易地就向用户推广了它的环境、服务和社交氛围。星巴克成为家和公司以外的第三空间，成为许多艺术创作、产品创造甚至公司建立的灵感温床。它的空间设计要使得不论从哪个门进来的用户，第一时间闻到的是咖啡的香气。同样做如此设置的有麦当劳的薯条香及电影院里喷洒的人工爆米花香味。这可以看作品牌某种工具价值的具体体现。

一个好的品牌 / 产品，要让用户从中看到自己想要成为的样子。用户消费什么内容和产品，其实都是自我理想形象的一种投射。我们先来看几个案例。

闹钟 App：一个“工具型应用”会有什么情感价值？用户会为什么事件设置提醒？好友生日、重要的约会、纪念日、精彩的赛事直播，还是给远方的亲人打电话？提醒背后的那句潜台词是——“我不想错过一些东西”。“不错过”贯穿了品牌的功能价值（事件提醒）和情感价值（更好地把握生活），更是一种“生活态度”。

小茗同学：一个逗趣青年的形象，通过他“认真搞笑、低调冷泡”的

“冷幽默”，用户建立了对“冷泡茶”的认知。“冷泡茶”对成年人来说可能是“不正确的饮茶方式”，却能成为“90后”体现自己拥有“更潮生活方式”的态度标签，低调迎合了他们拒绝从众的叛逆心理。这个系列推出后两个月售出375万箱，企业成功扭转颓势。

Supreme：这一服装品牌由James Jebbia在美国曼哈顿创立。Supreme品牌取得成功的关键在于根植于街头文化，锁定滑板玩家、嘻哈音乐爱好者，成为反主流文化的象征和文化IP。Supreme全球一共有11家门店，6家在日本。Supreme不仅是街头文化领域通行的社交货币，还是真正的可用作投资的“硬通货”。2020年8月14日，Supreme把LOGO印上了《纽约邮报》，原来1美元1份的报纸，当晚被炒到100美元1份。跟日本潮流圈交往密切的余文乐等明星把Supreme带进了中国，综艺节目《中国有嘻哈》助力Supreme成为街头潮牌之王。

若要举使品牌成为社交货币的例子，可口可乐的做法非常值得称道。

1886年，第一瓶可口可乐问世，品牌主需要更多的人去品尝这一款新产品，“请喝可口可乐”（Drink Coca-Cola）成为可口可乐的第一句广告语，在此后的10多年里，这句话一直是可口可乐的推广主题。

1904年，可口可乐在美国进入了品牌巩固发展期，“美味畅爽”（Delicious and refreshing）道出了可口可乐的产品特质，也是使用频率最高的广告语之一，畅行百年，历久不衰。

1927年，可口可乐开始了第一波全球扩张，中国也被列入目标市场。一句“任何角落，随手可得”（Around the corner from everywhere）彰显了可口可乐的全球化战略。

1963年，可口可乐用“心旷神怡，万事胜意”（Things go better with Coke）来安抚每颗落寞的心。

1971年，可口可乐的广告《山顶篇》（*Hilltop*）引起了巨大的反响，广告表达出了可口可乐对实现世界大同的心愿。

1979 年，中美正式建交，可口可乐也重返中国。为了表达内心的澎湃，可口可乐广告语也变为了“可口可乐添欢笑”(Have a coke and a smile)。

1983 年：这就是可口可乐(Coke is it)。

1989 年：挡不住的感觉(Can't beat the feeling)。

2003 年：抓住这感觉（ Real ）。

2006 年：每一个回家的方向都有可口可乐（ The Coke Side of life ）。

2009 年：畅爽开怀(Open happinesss)。

2016 年，可口可乐推出全新营销主题“这感觉，够爽”(Taste the feeling)，回归产品本身，强调“畅饮任何一款可口可乐产品所带来的简单快乐，让那一刻变得与众不同”。

在可口可乐 130 年的历史上，不断变化的广告语就和它标志性的弧形瓶一样，承载着与用户沟通、塑造品牌形象的功能。每一次更换口号，你都能一窥品牌当时的处境，乃至折射出部分社会的风潮。

喝一瓶可口可乐已经成了唾手可及的放纵选择。只需三块钱，就可以感受二氧化碳气泡冲击舌苔的甜蜜激荡，这是可口可乐的**工具价值。**

可口可乐百年来的品牌传播，一直将产品与欢乐关联在一起，喝可乐是一件让人开心和幸福的事情，这是可口可乐的**个体价值。**

在 1971 年可口可乐推出的广告片《山顶篇》中，来自全世界的青少年聚集在意大利的一个山顶上，真诚地唱出“ I' d like to buy the world a Coke ”。不分年龄、性别、肤色、国家，都可以去享受一瓶可口可乐。这支广告被认为是可口可乐史上最成功的广告。可口可乐成为世界通行的社交货币，这是可口可乐的**社会价值。**

“假如我的工厂被大火毁灭，假如遭遇世界金融危机，但只要有可口可乐的品牌，第二天我又将重新站起。”说这话的是可口可乐前董事长伍德鲁夫。从工具价值到个体价值，再到社会价值的价值系统设计，是品牌真正的差异化竞争的优势所在，当完成了这一价值系统设计之后，接下来才是如何向用户传递这一价值。传递价值的过程，就是对用户认知进行管理的过程。

品牌管理，就是管理用户认知。

5.5 从更多的用户到用户的更多

品牌的忠实用户通常愿意更多地购买该品牌的产品和服务，因此，随着品牌的不断发展，维护老用户已经逐渐成为品牌经营策略中重要的一部分。“更多的用户”瞄准品牌的拉新战略，然而“用户的更多”才是能为品牌带来效益增长的重要环节。

5.5.1 品牌要有深度服务用户的能力

在500人的大厅里，如何以最快的方式吸引你？答案是——

大喊一声你的名字。

因为即使是在嘈杂的环境里，一旦喊出你的名字，你的注意力也会被迅速吸引。这个故事告诉我们：**我们更关心与我们相关的信息。**所以，对品牌而言，要始终提醒自己：少一点自说自话。人，是所有商业要素中最重要的因素，这个因素，会横贯企业的魂、道、法、术、器。过去的商业核心逻辑是“物以类聚”，未来的商业核心逻辑是“人以群分”。

品牌某种程度上就是一个分类标签。科技早已将我们的思维从“我需要某个东西”转变为“我需要某种体验”。用户讨厌被当成销售目标，而更愿意和那些视用户为活生生的人的公司打交道。人们正生活在全场景的智能时代，在“流量 = 用户数 × 用户使用时长”的设计中，流量的增长逻辑无外乎两种，一是增加用户的数量，二是增加用户的使用时长。简言之就是拉新和留存。**所有人对拉新的追求都无比狂热，殊不知，留存可能是更为重要的事情。**

很多公司非常注重拉新，市场部的KPI就是每周每月新增用户数，但如果不注重基于利他之心和同理心的高价值用户运营，拉过来的用户大部分可能会逐渐成为“睡眠用户”。所以留存就变得很重要，尤其是对于中高端品牌来说，目标用户群体人数少，就更要用分众思路做好用户留存。

互联网从 1998 年到 2020 年，经历了一个完整的大周期，流量主导一切的时代已经告一段落，产业互联网时代到来——企业千方百计获取用户的时代已经过去了，未来企业必须拥有一种深度服务用户的能力。

之前我们思考的是如何把用户从 1 万个发展成 10 万个，乃至 100 万个。而现在，我们思考的问题是：如何把这 1 万个用户服务得更加深入和细致。我们应该把假期交给什么样的酒店？丽思卡尔顿酒店的 Slogan 是“我们以绅士淑女的态度为绅士淑女们忠诚服务”，听上去并不高深，却朴实有效地传达了丽思卡尔顿的核心竞争力——服务水准。作为客人，你可能会投诉任何东西，但是一定不会投诉它们的服务。丽思卡尔顿清楚地知道自己的核心竞争力——服务水准——来自他们的员工，只有先感召员工，才能提供好的服务。那么如何能感召员工？这句 Slogan 时刻提醒酒店服务人员：用户在享受无可挑剔的服务的同时，你的自我形象也会提升到一个新的高度。不知不觉中你会发现自己也散发出了更多的自信，变得更加充满魅力，这是品牌与用户的共生共荣。

有一次休假我带家人入住深圳的丽思卡尔顿酒店，退房的时候，酒店安排了奔驰 S 级轿车送我们，虽然这也许是酒店和 4S 店的活动，但还是让我觉得受到了礼遇。

大家可以去找丽思卡尔顿酒店的“一条信条、一句座右铭、三步服务和二十项原则”来研读。忠实的用户通常愿意更多地购买企业的产品和服务，忠实的用户的消费支出是随机选择用户消费支出的 2 ~ 4 倍，获得一个新用户的费用要比维护老用户的成本高 7 倍。用户留存率每提升 5%，公司的盈利便会提升 25% ~ 95%。而且，随着忠实用户年龄的增长，经济收入的提高，场合需求、风格需求及精神需求的增加，其需求量也将进一步增长。丽斯卡尔顿酒店的数据表明：18% 的忠实用户带来了 80% 的收入；2% 的最忠实用户带来了将近 60% 的收入。

亚马逊以良好的用户体验闻名，贝佐斯曾公开自己的个人信箱以接收用户投诉，并转发投诉邮件给相关负责人。转发时，他不多说一句话，只敲上一个重重的问号，表示此事需要立刻解决。员工收到这样的邮件时会如临大敌，在最短的时间内解释事情原委，并采取一系列补救措施。这个“恐怖问号”巧妙地突显了亚马逊对用户的重视。

沃尔玛也有一个非常重要的理论，就是每一个售货员必须把所有走进沃尔玛购物的用户当成自己的终生用户来看待。假设你住在沃尔玛附近，某一天，你去沃尔玛花 10 元钱买了 1 支牙膏。如果你认为沃尔玛员工会想你只花了 10 元钱而并没把你放在眼里，那你就错了。他们会想，你花了 10 元钱买 1 支牙膏，说明你就住在这附近。你今天买 1 支牙膏，两个月用 1 支，一年要用 6 支，一年光是买牙膏就要 60 元。假如你在这附近一住 50 年，牙膏钱就会达到 3000 元钱，其他的应该是牙膏钱的 50 倍，所以 3000×50 就变成了 15 万元，所以他认为这个顾客不只是买 10 元牙膏的用户，而是将要创造 15 万元价值的用户。

5.5.2 价值观订阅时代

订阅的模式通常分为两种，一种是权益订阅，另一种是价值观订阅。获得权益订阅的方法相对简单，就是要做好用户关系管理，重新梳理会员权益，或借助 RFM 模型更好地梳理用户层级，实现单个用户的产出和品牌忠诚度最大化。

阿里巴巴早在 2018 年 8 月就公布了 88VIP 会员计划，打通了公司旗下的天猫、优酷、饿了么、淘票票等平台的会员体系，会员权益包括购物折上折、专享价等。2019 年 8 月，88VIP 会员计划宣布会员权益再次全面升级。

Rocksbox 每月向会员收取 19 美元的订购费，并向他们寄送 3 件根据用户个人偏好选定的珠宝（均价为 200 美元），会员可以选择试戴、退回或者按折扣价购买这些商品。Rocksbox 的创始人介绍，70% 的会员在收到订购礼盒后会提供反馈，25% 的会员会选择购买推荐的珠宝。除了 Rocksbox 的珠宝盒子，化妆品盒子、服装盒子、食品盒子等各种各样的盒子都逐渐流行开来。

价值观订阅也不难理解。品牌和忠实用户之间通常能达成灵魂共振，尤其在这个推崇小而美和个性化的时代。社会学家邓肯·瓦茨和史蒂夫·斯托加茨的“小世界理论”认为：网络上经过较短路径紧密联系的一群人，形成了传递性好、相对独立的小世界圈子。互联网公司通常把这个小世界圈子描述为“社区”，比如网易云音乐的云村。与其他 App 相比，网易云音乐的核心竞争力之一就是良好的社区氛围。事实上，网易云音乐用户在评论区中创作的大量 UGC 内容是平台独特的优势，火遍全网的“乐评专列”“乐评专机”及和农夫山泉合作的“乐瓶”等爆款营销案例，均来源于此。

完美日记、丝芙兰、配饰头部品牌 She' s、知名服装品牌欧柏兰奴等品牌的会员体系，都在从权益订阅方式向价值观订阅方式过渡，其背后是品牌和用户达成了深度认同。She' s 品牌定期举办创意工坊，邀请忠实用户来门店做手工头饰，让用户既感受到了产品背后的匠心、了解了材质和工艺，还通过参与手工制作获得了满足感、认识了新朋友。

品牌该如何展开自己的价值观订阅体系背后的支撑行动呢？艾瑞咨询认为应该从影响用户购买决策的几大因素（POM）开始讨论：

（1）P（Prior 个人感知）——个人的感知通常是不稳定的，易被各种因素所干扰，较为摇摆；

（2）O（Others 他人评价）——来源渠道非常多元，如微信群、朋友圈、茶水间等，较为可信；

（3）M（Marketers 企业营销）——在这个时代，营销往往被认为是可疑的。

在消费决策中，P 因素的份额常常被 O 因素和 M 因素瓜分。随着各类更强、更可靠的 O 因素的出现，比如薇娅和李佳琦，O 因素的影响力逐渐占领高地，O 因素的崛起也直接削弱了 M 因素。导致企业在营销新品时，也不得不借助 O 因素来发声，罗永浩的抖音第一播，就帮助好几个新品牌提升了用户的 P 因素。单价 2999 元的搜狗 AI 智能录音笔 S1 直播期间销售 1500 多件，达成业绩 400 万元，用户对这一品牌的好感度在直播时有所上升。

Social（社交媒体）、PR（企业公关）、BD（商务拓展）是市场营销的三大领域。Social 就是在社交媒体上表现出亲和力，PR 就是利用媒体的价值来做公信力背书，BD 则是以背书和品牌好感为目的去玩跨界，同时确保了格调先行。虽然 M 因素在不断弱化，但是企业可以通过连接点的触点经营，使用户在各个触点上的感受较为统一。此外，还可以提供相应的话题，并为用户的传播提供素材，使营销信息以个人的视角与口吻进一步扩散，进而通过 O 因素影响 P 因素。

品牌案例 Capser，全球网红都在晒它家的包装盒

美国睡眠组织的数据显示，29% 的人会在工作中感到疲倦和昏昏欲睡，每年因睡眠不足引发的工作效率低下问题，会给美国造成约 630 亿美元的损失。睡眠成了一个美国国民性的问题，睡得好不好成了决定你生活品质的关键。

在美国，流动人口很多，公寓不管是长租还是短租一般都不提供家具。因此，价格不高、方便运输、睡得舒服的床垫就变成了很多人的需求。美国人以往买床垫，都是去实体商店躺下试试，再砍几轮价，或多讨几样赠品，用户难以深入了解一个床垫到底好不好。终于下单了，还要等货车把又大又重的床垫送到家里，如果住在非电梯住宅，还要额外支付一些运送费。Casper 针对的就是这个市场。Casper 的三板斧是：产品方面，仅推出单一款式床垫；销售方式方面，不依赖经销商，采用 DTC（Distributor to Consumer，直达用户）销售模式；运送方面，通过快递免费运送床垫。

第一板斧，产品。这款床垫由 4 层床垫相结合，是符合大众需求、具有适当弹性和支撑力且透气凉爽的床垫，并且品牌会为用户提供 100 天试用期。传统的床垫产业里充斥着过多无明显功能差异的款式，在选购床垫时如果仅凭标签上的“机械式”描述，用户难以选择出最符合其需求的床垫。Casper 只提供一款床垫看似大大局限了用户的选择，实际上，过多的款式才会让用户在选购时犹豫不决。Casper 提供的 100 天试用期能让用户在多日的

体验后，确认床垫是否合适。单款床垫也使用户能避免被业务员穷追不舍地推销和冗长的选购过程。

第二板斧，销售方式。在 Casper 的网站（www.caspersleep.com）上有这样一句话：在买之前难道我不用试睡一下吗？答案是：不用。因为 Casper 所设计的床垫 99% 的人睡着都会感到舒适。精心设计的网站、简化的购物流程、100 天免费退货政策，让用户可以快速决策，无后顾之忧。Casper 精心设计了详情页，6 张不同的图片展示了床垫不同的数据和设计细节，通过图片、视频和文字描述来介绍产品，让用户即使无法亲身体验也能有清晰概念。

根据非营利性组织 Consumer Reports 的研究，床垫销售是利润相当丰厚的产业，每卖一张弹簧床，经销商的毛利一般可达 30% ~ 40%，昂贵的床垫毛利甚至逼近 50%。Casper 分别在洛杉矶和纽约设有独立销售店和快闪店，以 DTC 直销的方式，使用户能够避免经销商的高额抽头，能用实惠的价格买到符合需求的理想床垫。

第三板斧，运送。用户网络下单后，Casper 将床垫送货到家。借助折叠、抽空等方式，Casper 将床垫装入 21 英寸[①] ×21 英寸 ×42 英寸的纸箱，把纸箱的截面变成正方形，再加上超大的 LOGO 占据纸箱的两面，蓝色线条作为辅助图形非常醒目。在包装上花的心思，为床垫购买过程增添了有趣和新颖的元素，为品牌提供了一个关键的差异化因素——可以装在箱子里的床垫，使产品最终成为爆款。

想象一下，别人用卡车送床垫，Casper 则把 30 公斤重的床垫塞到一个洗衣机大小的箱子内，一个快递小哥骑着自行车就能送到你家，一路自然会吸引来路人好奇的眼光，更增品牌神秘感。你从快递小哥手中接过箱子，打开它，让床垫徐徐展开，看着它慢慢伸展变大，这一过程就是 Aha Moment，特有的包装掀起了“Mattress in a box”（装在箱子里的床垫）概念

①1 英寸≈ 2.54 厘米。

风潮。Casper 还附赠裁开包装的工具、一张感谢卡和一本睡前读物。Casper 的床垫寄送服务承诺当天送达，考虑到那些预购床垫的人可能在等待期间无床可用，Casper 还特意在亚马逊上订购了一批气垫床免费送给这些用户。

原本令人头痛的床垫购买体验，在 Casper 这里却变得令人无比期待。这种全新社交体验给用户带来的新鲜感，令其自发成为品牌宣传员，这很快便在社交媒体上形成了二次传播。统计显示，Casper 网站有超过 50% 的流量都来自 YouTube，用户的关注和讨论热度直接转化成了可喜的销量。

成功的社交媒体经营，是 Casper 成名的关键。内容营销自公司成立第一天起就是 Casper 营销工作的核心，品牌在社交媒体上将自己定位为睡眠问题专家。自从名人纷纷在他们的 Instagram 上贴出 Casper 的招牌蓝色大纸箱照片后，Casper 在 YouTube 上引发了一波开箱风潮。大家会用各种姿势拍照，靠在纸箱旁边的，坐在纸箱上面的，藏在纸箱里的，把家里的猫猫狗狗抱过来一起拍的，有的还用影片记录了将床垫从纸箱内拿出，用 Casper 附带的小工具将塑胶袋拆开的过程，并将它上传。

凯莉•詹娜（金小妹）在 YouTube 上有一条开箱产品体验视频，浏览次数超 2000 万次，获得 80 多万个赞，带动 Casper 的床垫净销量立刻翻了一番。"装在箱子里的床垫"上线一个月就实现 100 万美元营收，第一年销售额便超 1 亿美元，还获得了多位明星投资人的青睐。

此外，Casper 还会在员工及其家人、朋友的家中使用床垫测试套件。公司会测量房间内的湿度水平对床垫产生的影响，甚至能了解到使用者晚上睡觉的呼吸频率和睡眠时间，以及他们睡觉时是否感觉太热或太冷。Casper 还曾发起过一场引人注目的活动：把一辆大型卡车改造成"移动睡眠车厢"，开启为期 120 天的全美公路之旅。用户可以不限条件报名参与，躺在移动卡车的睡眠隔间里，体验一次全新的睡眠体验，甚至可以带上自家的宠物，一起感受 Casper 的产品和服务。

围绕睡眠形成了一种文化。据悉，2019 年全球与睡眠相关的产业的规模达 4320 亿美元，其中美国市场规模达 800 亿美元。到 2024 年，预计全球与睡眠相关的产业的规模将增至 5850 亿美元，美国市场规模将增至 950 亿美元。床垫属于低频消费品类，Casper 正通过扩充产品线来提高增长，从单品零售商向睡眠环境服务商转变：产品除了床单、枕头，还包括狗床、防潮羽绒被和床头柜和床架等家具。产品大部分出自 2017 年建立的睡眠研究中心 Casper Labs。Casper 还推出了一款与应用程序相连的小夜灯，旨在帮助人们入睡，售价 99 美元起。小夜灯只是个开始，未来 Casper 还将为用户的卧室提供更多以科技为核心的睡眠产品和工具。

纸媒式微的时代，Casper 逆流而上推出了自己的原创杂志 *Woolly*：聘请《纽约邮报》前编辑 John De Vore 担任杂志主编，杂志设计上用色大胆，内容涉及生活方式的方方面面：舒适的裤子、瑜伽教练独白、水晶挑选指南、数羊催眠等。单期定价 12 美元，创刊号首印 3 万册。Casper 指出，*Wolly* 不是一本以营销为目的的杂志，而是作为一种工具，将公司与其“坚信”的理念相连接。除杂志外，*Wolly* 还上线了一个围绕健康生活、健康睡眠的网站。严格说来，Casper 不仅是一家床垫公司，更是一个品牌，杂志和网站也是其生产的产品。

2018 年 7 月 11 日，Casper 在曼哈顿市中心开设了线下睡眠体验概念店 The Dreamery，为人们提供日间小憩空间。店内共有 9 间彼此独立的睡眠舱，舱内的床、床垫、枕头等都出自 Casper。客人只需花费 25 美元，便可在私密睡眠舱内享受 45 分钟平和安静的休息。

Casper 希望打造的不只是睡眠产品，更是一个以用户为中心的睡眠品牌。

第 6 章

渠道：

门店媒体化

渠道的本质是让购买更好地发生。

2020年这个春天，一切皆“云”。数字化、线上化其实是长期的趋势，只是被新冠肺炎疫情加速了。除了传统货架电商，已被正名的微商、电商小程序、拼多多，以及视频、直播类平台，都成了达成业绩的场景和增量阵地。本地生活服务全面上“云”，盒马鲜生、叮咚买菜、永辉等线上商超/到家服务生意火爆，连餐饮品牌都在加速标准半成品和成品的零售化。

新冠肺炎疫情期间，用户完成了关于社区零售的免费市场教育，面向家庭型客群的社区零售，（以贴近生活日常所需的产品和服务，以社区组团、到店、到家、无接触的服务形态，以高频互动）成为有温度、可依赖的情感连接。

数字化和线上化，并不代表线下渠道的价值不再。《打造消费天堂》一书指出：百货公司售卖的多数商品并非必需品，但“有机会观看和触摸各种各样的商品、参观这些精美的建筑，让购物成为一种休闲活动，这是一种含义更丰富的指向”。对于用户来说，线下商业附带的游乐场、电影院、餐厅、滑冰场、展览成为重要的休闲娱乐空间。我国线下零售总额占社区零售总额的74%，线下仍是零售的主战场，对经济发展、保障就业和社会稳定都意义重大。

线下数字化对运营颗粒度提出了新要求，美国风行的 DTC 品牌给中国品牌和渠道带来了新思考：SPA（自有品牌专业零售商经营）模式能匹配市场需求吗？精品集合店是新商业生态的机会吗？如何将线上线下的供销存体系完全打通？如何将门店 / 商场和用户之间单纯的销售关系转向真正有黏度、有温度的互动关系？另外，关于渠道的新思考还牵涉公域流量、会员体系、关键意见消费者（KOC）与分销、网红品牌的实体化等。

6.1 渠道的王者荣耀时代

渠道水平代表着一个企业营销的水准、宽度及这个企业营销所覆盖的面积。事实上，很多企业的产品质量水平非常接近，但是渠道能力却相差很远。对品牌来说，通过好的商品、好的渠道进行持续的价值观表达，在新冠肺炎疫情之后的很长一段时间里存在利好。在互联网背景下，渠道的创新性与多元化更加突显出渠道的影响力。渠道的本质是让购买更好地发生，而对用户来说，每种消费行为都是一种表达，有表达就会被看见，就会产生被认同的需要，所以好好利用这些机会，就会形成新的渠道价值。

6.1.1 渠道为王

在商业领域，渠道是指商品销售路线，即商品的流通路线。厂家的商品通过一定的社会网络或代理商卖向不同的区域，以达到销售的目的。渠道是制造商与用户之间关于产品所有权的转移路径或帮助用户进行产品所有权转移的部分。美国营销协会（AMA）对渠道的定义是：公司内部的组织单位和公司外部的代理商、批发商与零售商的结构。销售渠道级别和销售渠道结构通常分为以下几种：

销售渠道级别	销售渠道结构
0 级销售渠道	生产者→用户
1 级销售渠道	生产者→零售商→用户
2 级销售渠道	生产者→批发商→零售商→用户
3 级销售渠道	生产者→代理商→批发商→零售商→用户
	生产者→批发商→中间商→零售商→用户

当一种产品的产能超过市场需求时，要想把产品卖出去，厂家就要开始依赖渠道。因为面向厂家的是代理商，面向用户的是零售商，规模化的大型仓储超市和连锁企业因此发展了起来，它们掌握了市场话语权和定价权，逐渐对上游形成了控制，沃尔玛便是一例。

如果说产品质量是第一生产力，那么渠道就是第二生产力。在渠道为王的时代，一家厂商如果在商场、超市、批发市场、专卖店等重要场所都能占据较大的市场份额，商品摆得多、货架盘面大，那么它就是一个赚钱的企业。因此，当时有人说：得渠道者得天下。现如今你看一个东西卖得好不好，看看货架就知道了，而货架在哪里呢？在大家的手机里，在天猫，在京东，在拼多多，与之前相比，如今的渠道和货架已经发生了变化。渠道为王的时代变成了流量为王的时代：谁拥有更多的流量，谁就能在这个时代赚钱。对品牌来说，天猫除了是一个重要的销售渠道，还是一个重要的宣传媒体——向品牌收费做广告的地方。

随着新技术的发展，无论是今日头条、抖音还是快手，无论是新媒体还是短视频，渠道为王、流量为王都已式微，上述这些平台逐渐占据了市场的主导地位。它们通过强大的服务能力，以及提升生产、推广和消费体验，将内容生产者、内容推广者（渠道）和内容用户大规模地整合在一起，它们在给用户带来更多价值的同时，也控制了用户的时间和选择。例如，抖音带你“15 秒游历一个新世界”，结合抖音橱窗、鲁班、抖 +、星图等，抖音这个平台已经成为整个产业链的核心。

随着用户消费个性化日趋突显，他们对产品与服务的要求也越来越高，渠道、流量带来的广告效应和转化率在逐渐降低。同时，随着经济发展，铺租、流量、营销成本越来越昂贵，如果企业还拿着“老地图”，必然找不到“新大陆”。在今天，以用户为中心的营销模式才是最为重要的。下一个时代，将是**用户意义经济**的时代。

6.1.2 绕不开的流量

流量就是进入销售漏斗的潜在用户数量。流量成本指的是我们在每一个渠道每获得一个用户，要为此付出的平均价格。如果把我们的销售过程比喻成一条河床的话，那么流量就是从不同渠道不断流入河床的水源。在这个用户交互方式日新月异的时代，获得流量来源再也不是开一家店或者把线下的店搬到线上那么简单，而且吸引流量的方式也有很多，如口碑、社群、自媒体电商、直播等。

流量是人跟物之间的关系，其本质是用户的使用时间。罗振宇在 2016 年抛出了一个 GNT（国民总时间）的概念，意在说明互联网用户量已接近天花板。事实上也是如此，在互联网发展的下半场，产品推广与品牌营销的目的已经不再是抢占用户，而是通过短平快的内容，快速吸引用户的注意力，抢占更多用户的时间。因此，短视频、直播等产品形态快速崛起，成了时代主流。企业不得不在用户碎片化的时间里，用最短的时间、最短的内容见缝插针。

国民总时间一般可分为实用总时间和娱乐总时间。零售、餐饮类的需求占用的是实用总时间；娱乐总时间是用户用于娱乐放松的碎片化时间。国民总时间还有一种分法，是分为三大消费板块：以淘宝、京东、天猫、唯品会为代表的**产品消费**，以美团、饿了么、大众点评、滴滴为代表的**服务消费**和以微博、小红书、抖音、快手、知乎、豆瓣为代表的**内容消费**。

微观经济学中最常提及的三个成本要素是沉没成本、边际成本和机会成本，这三者最大的共同点是，它们都与时间有关。沉没成本决定了人们如何看待过去，边际成本决定了人们如何对待现在，机会成本则决定了人们如何面对未来。企业的价值就是由它所构建的连接决定的，商业竞争虽说是对用户时间和空间的争夺，但其本质却是对时间的争夺。翻看一下中国商业流量演变的历史，大致可以分为三个阶段——

第一阶段：人去找货（传统零售）；

第二阶段：货去找人（B2C 电商）；

第三阶段：双向互动（新零售）。

第一阶段，人去找货。从最早的**赶集**和物资交流开始，流量已初具雏形。在早期社会的发展中，人们通常会规定一个日子，在这个日子，各个城镇的人都拿出自己需要交换和销售的物品，在市集上进行交换和销售，换得物资和金钱。而随着社会不断发展，市集逐渐发展成**百货商店，**一站式满足生活所需和购物需求。随着百货商店对人流的聚拢效应逐渐提升，百货商店周边又建起了新的配套商业或新的百货业态，这就构成了**商圈。**同时，百货商店日益庞大，又裂变出专门用于购买日用百货和瓜果蔬菜的**超市，**以及专门用于购买大小家电的**网购平台。**

第二阶段的货去找人和第三阶段的双向互动，则构成了我们最近这十年开始发展并壮大的货架电商及微商、社交关系链货架。中国的市场属于城乡二元结构，其一是以一、二线相对发达城市为主的城市消费市场，其二是以三、四、五线相对欠发达城市、乡镇和乡村为主的城镇消费市场，即所谓的下沉市场。因此，上面描述的三个阶段的流量史变迁，也正在三、四、五线城市交叉上演。

私域流量是 2019 年的热词，与之一同产生的则是增长焦虑。随着流量红利逐渐枯竭，过去的营销逻辑玩不转了，增长焦虑已经成为无数商家的痛点，这也是私域流量火爆前的背景。人们期待从私域流量中找到新的流量突破口、新的增长方式。但如果你只是不断地在朋友圈发卖货信息，或者不断拉群搞秒杀，那么你的用户只会离你越来越远。私域流量本身并不是什么新东西，私域流量的本质是人和人的关系运营，是用户关系管理。

无论是流量、私域流量还是运营，其实都在科特勒所定义的营销的关键环节当中。私域流量的转化强调的是长远性和持续性，完成交易不是终点。以用户的终身价值为导向，持续地提供内容和反复触达池内用户，提高用户复购率，并借助用户实现传播、裂变才是其最终目的。私域流量转化路径特有的多样性是会员制所不具备的，因此商家在任何时候都不应该把用户看作一个数字。用户是活生生的人，商家需要有温度地去连接，去互动，去参与他们的生活。

如何建立流量生态圈

（1）淘宝 / 天猫：不能只依靠站内宣传，还要重视店内直播。

（2）微博：KOL 关注度水分太多，要找性价比高的 KOL。

（3）小红书：完美日记你学不会，尾部网红也有价值。

（4）微信公众号：红利期已过，后期待直播发力。

（5）B 站：内容如果做不好，带货基本没希望。

（6）微商分销：适合走量的爆款逻辑。

（7）短视频：值得品牌投入所有资源和精力。

6.1.3 重新定义货架

流量越来越贵、公众号打开率越来越低、平台越来越垂直分散、用户越来越挑剔、消费触点越来越多、品牌传播背景噪声指数级上升——随着这些问题的出现，中国电商经过十几年狂奔，增速开始一路下降。电商平台之间的用户也在重度重合，2018 年，主流电商平台活跃用户总数达到 13.92 亿人，大大超出 8.29 亿人的网民人数。从以百货商店为中心的实体零售到以平台为中心的电商零售，再到以人为中心的社群电商零售，人们的消费方式逐渐发生变化。交易对象正在从‘物’转移到‘人’，零售业也从交易时代进入了关系时代。

市场增速放缓，竞争对手却不断涌现，争夺流量的成本增加。一旦销售的增速跟不上流量成本上涨的增速，大批商家都将面临亏损。有数据显示，商户普遍要花 20% ~ 30% 的营业额来购买流量。天猫的 20 万个头部商家买走了平台 80% 的流量，只剩下 20% 的流量给腰部的商家瓜分。然而，即使求诸流量，也只能获得短期收益。

以美妆市场为例，我国美妆市场总规模已达 450 亿元，平均年增速达 12%。就是在这样一个有着增长红利的行业，也存在每五年一次的大淘汰：第一代淘品牌已日渐式微；以完美日记、花西子、橘朵、Girlcult 为首的新一代国产美妆品牌强势崛起。虽然同样是线上起家的，新一代国产美妆品牌对平台的依赖性却大大减小，在淘宝、抖音、小红书、微信等不同的流量池中有着更灵活的生存方式。

在"存量厮杀"的世界里，"自建鱼塘"的行动开始了。2020 年开篇时的全民微商局面，一方面帮微商正了名，另一方面也促进了社交电商、私域流量的发展。在我看来，连接用户的能力决定了品牌的价值，而私域流量的逻辑是对用户的精细化运营，甚至可以说是用户赋能。用户心智是个复杂无比的系统，爱因斯坦说那是个"内宇宙"。王兴认为，互联网领域的竞争规律没有本质上的改变，不是在原有领域把原来的人挤掉，而是扩大了新的战场。新的玩家占据了新的战场，创新永远在边缘，要寻找第二增长曲线，从主流市场忽略的点开始去占领市场。无论何时，商家都必须记住：你能触达的人，叫流量；购买你产品的人，叫用户；帮你介绍用户的人，叫粉丝。当所有人都在考虑做流量的时候，你就要考虑怎么能将用户转化为粉丝。**未来，流量很重要，用户更重要，粉丝最珍贵！**

有赞创始人白鸦老师说，未来的零售门店，应该有三个货架：

（1）实体货架，如固定的商店和工作人员；

（2）周边同城货架，如外卖、小程序、官网；

（3）社交关系链货架，如员工的朋友圈。

6.2 赋能终端：商圈商场的场景体验化

随着用户的体验需求不断增加，越来越多的企业将着眼于将线下商店功能向多行业领域拓展。在线下商店中融入更多跨领域体验平台已经成为终端发展的必然要求，也会成为企业业绩增长的不小的助力。

6.2.1 吉列、居然之家所理解的终端

有一次，菲利普·科特勒去见吉列公司的 CEO，问他是如何定义其市场业务的。大家猜猜，吉列公司的 CEO 是如何回答这个问题的？很多人可能会猜测，吉列公司的 CEO 的回答是“剃须刀”，但是你要注意到它的产品远不止剃须刀这一项，吉列公司还进入了电池、口香糖，甚至护理产品行业。吉列公司的 CEO 回答说：“吉列公司的市场定义是高度清晰的，就是做超市收银台一平方米货架空间的生意。”这类业务从用户行为上讲有高度统一性——快速消费品、场景提示性购买，并且利润极高。

基于这个市场定义，吉列的增长方式就非常独特——看看货架上有哪些品类可以进入，观察哪些品类符合上述的用户购买特质，研究怎样布局才能让在收银台结账的用户更容易购买等，吉列就是在这样的市场定义下进行空间占领的。

2018 年，居然之家（北京金源店）就涉足了餐饮、电影院、生鲜超市等多种业态，并把夜晚闭店时间延迟到了晚上 9 点，相比其他的家居卖场，营业时间延长了一到两个小时。2019 年，居然之家在北京居然之家家居体验 Mall 开了一个名叫“MINIZOO·快活岛”的萌宠乐园。园区内有水族观赏区、鸟语林区、啮齿动物区、两栖爬行区、萌宠动物区、儿童游乐区、书吧休闲区等多个体验区——一看就明白，居然之家瞄准了亲子市场，希望通过在此玩耍的小孩子把那些正在远离家居卖场的成年用户“拽回来”。①

虽然 2018 年 2 月阿里巴巴向居然之家投资了 54.53 亿元（持有其 15%

① 居然之家的萌宠乐园只有适宜作为宠物饲养的动物，无野生动物和珍稀动物。

的股份），但家居市场是一个慢赛道，这个市场是由用户审美的代际变化驱动的。这意味着零售商也必须从商品的源头出发，重新做研发、设计等，家居行业的发展方向注定是需要比拼长跑的方向。居然之家在线下体验店中加入其他业态甚至设置儿童游乐区，对“不可定义的门店”这个维度做了有益探索，也获得了业绩上的回报。

可见，要想获得稳定的利润来源，企业必须意识到差异化是企业的生存之本。这种差异化不只着眼于企业内部的产品、技术等的差异化，更是要在用户的认知中建立差异化，这才是企业真正的商业价值的源泉。

6.2.2 重新定义终端：业绩增长市场

如果我们把终端的概念虚化，那么任何可能带来业绩增长的用户接触点，都可以被定义为终端，我理解的重新定义终端有如下三个层面：

第一个层面的终端，我认为是在现有终端中的一个小创造，最典型是宜家的终峰体验。终峰定律是诺贝尔经济学奖得主、心理学家丹尼尔·卡尼曼提出的一项营销逻辑。这个定律是说人们对一件事往往只能记住两个部分：一个是过程中的最强体验——峰；另一个是最后的体验——终。在逛宜家的时候，很多消费者会抱怨：即使要买一个很小的东西，都需要把整个宜家逛完才能买到；也有人抱怨说宜家太大了，连洗手间都找不到；还有人抱怨说想了解产品的细节，等半天才会有服务员来做解答。结账的时候，排队也特别拥挤，产品还要自己取……宜家的终峰体验中的峰就是它的产品试用，而终就是出口处的1元冰激凌。当消费者拿到冰激凌的那一刻，所有的不满情绪都会得到缓解。这个1元冰激凌在交易结束的时候给了消费者一个结尾体验，冰激凌的定价也为你的整体心理感受奠定了基础。

即便我们做不到所有环节都让用户满意，但一定要把销售环节中的最好时刻和结尾时刻把握好，让用户满意。

第二个层面的终端，我认为是公司的员工。无论是稻盛和夫创造的“阿米巴经营”（追求销售额最大化和成本最小化），还是洛可可的“上上细胞管理”机制（把公司变成一个个小单位，使其拥有独立的财务、质量、用户、服务流程管理等 7 大管理体系，所有的上上细胞背后必须有品牌的支撑），抑或是永辉超市的一线员工合伙人制，都是激活个体的方式。有人曾经这样说，决定公司规模大小的是每一位员工梦想的总和。

有一个叫 Zappos 的鞋子网购平台，这个平台的鞋子和其他地方的鞋子其实没有什么区别，只是平台服务有所不同。**它的客服 KPI 不是一天接到多少个用户打来的电话，而是用户在挂断电话时有多高兴。**所有新员工，不管是哪个部门、什么级别，都要先去客服中心接几个星期的电话。用户想和客服聊多久，就可以聊多久，最长通话时间记录是 10 小时 43 分钟。威廉 • 詹姆斯说 :“人性中最深切的心理动机，是被人赏识的渴望。”因此，该平台超强的呼叫中心机制，令其在众多平台中脱颖而出。

星巴克也坚信，要想让用户满意，首先要让员工满意。星巴克将每个员工称为伙伴，每位新入职的员工，会收到店经理的欢迎邮件，入职后会收到公司的欢迎礼包，并且会与店长共同品尝咖啡。为了与员工分享成功，星巴克还推出了“咖啡豆股票”全员持股计划。霍华德 • 舒尔茨在提及自己的成功之道时说 :“星巴克之所以成功，是因为有一群对工作全情投入并引以为傲的人——他们为咖啡而兴奋，他们渴望为用户服务。他们不是生产线上的零部件，他们不是成本栏里的一项。他们的激情和奉献，就是我们的第一竞争力。没有这些，星巴克必会全盘皆输。”

第三个层面的终端，我认为是 300 万个自媒体从业者。他们分布在微博、微信、抖音、头条号、快手及传统的门户平台（如百家号、企鹅号、网易号、汽车之家及音频类平台等）中。他们的变现方式有内容变现、广告投放、IP 变现、电商模式、衍生服务收费及其他与渠道共生的形式等。

6.3 门店就是立体杂志

随着消费方式更加多样化，要想吸引更多用户走进线下商店，商家往往需要提供更多独特的服务。在未来，门店的布置和服务将会成为品牌在线下的核心竞争力。要想使线下商店的运营获得成功，就要将门店当作一本立体杂志展示给每一位用户。

6.3.1 现场：在水里研究水

评价零售模式绕不开两个标准：一个是成本效率，另一个是购物体验。新零售模式是以用户体验为中心的，借助互联网技术将交易效率和生产效率最大化，更高效、更优质地服务用户。

在大多数商品都能在线上电商平台买到的情况下，用户去实体店消费的目的主要是“FACI”——

F，Fun: 享受逛和选的乐趣，发现和试用新产品，享受新的购买体验；

A，Assistance: 在门店获得产品使用说明 / 指导、店员帮助；

C，Certainty : 确认放心，确认是正品，确认合身，确认商品无损；

I，Instant: 即刻满足需求，获得及时的反馈和帮助。

随着快递物流的发展及线上产品去山寨化，实体店 Certainty 和 Instant 的优势逐渐减弱，Fun 和 Assistance 的优势则进一步强化。发挥线下门店的场景塑造能力，将购买体验立体化、乐趣化，使其成为部分消费群体愿意专程为此付出时间、精力和金钱的独特体验变得越来越重要。同时，店员主动营销、业务能力之外的综合服务能力也得到了进一步加强。

事实上，品牌能够完全掌控传播效果并获得高受众注意力的触点只有门店。在电商的其他渠道中，品牌的广告信息不但迅速老化，而且只是海量信息中的沧海一粟。因此，不再只是把实体店作为销售渠道，而是将其作为媒体进行区域覆盖的发展模式将成为实体店新一轮发展的契机。实体店将作为“品牌 IP”存在，其塑造的独特体验和品牌影响力将成为影响当地用户认知并吸引目标用户前往消费的核心驱动力。

国际零售专家道格 • 斯蒂芬斯在其专著《零售无界：新零售革命的未来》中，提出了“门店即媒体”的概念：他认为，随着线上线下所有角落持续进化成可购物的“门店”，现在的实体店就可能演变成零售商或品牌可拥有的最强大、及时、可测的媒体，空间设计、商品、流程和服务都将成为一种媒体化、广告化的展现。

之所以这么说，原因有三个：首先，实体空间会让用户拥有网店完全无法复制的、与零售商或品牌相关的体验；其次，在注意力迅速转移且呈碎片化的世界里，购物空间让购物者有机会全面（包括认知、情绪和身体方面）参与品牌体验，这是其他媒体形式无法持续提供的；最后，这些实体店的体验效果非常好测量，因为这里的用户不像大多数广告媒体的用户是隐藏的或是要估算的，他们就在那里，是活生生的人！

那么，如何将门店打造成年轻人的打卡店，并使其自带流量光环？品牌年轻化和实体店重新吸引年轻人的方法之一是将门店“网红化”。网红店大多扮演着内容制造和内容营销的角色，其在制造和传播内容时更具社交性与互动性，借助它们进行宣传不仅能提高与用户的互动频次，而且能大大提升门店的转化率和知名度。

人们只会关注“与我有关”的事情。菲利普·科特勒在中国演讲时，提到了营销的最高境界：ME（Marketing Everywhere），即营销无处不在，用户可能看到的所有地方都是广告位。短视频以快节奏、吸睛的特点，提供了“15 秒游历一个新世界”的可能性，这也给品牌出了一道“压轴题”：只有 15 秒，怎么能让年轻人记住你？答案就是：忌自说自话，宜搭台看戏。

品牌要提供给用户超额价值——资源价值、人脉价值、知识价值、信息价值等——以获取其认可。因此，品牌的门店管理者和运营者要改变原有的传统思维，可以在现实中的卖场、零售终端将信息以更立体的方式呈现，即“门店媒体化、商品媒体化”。其营销方式可以总结为七大关键词：Star、Moment、Magic、Fun&Play、Touch、Feel、Digital。

（1）Star：针对品牌能见度，目标是成为商圈明星。Mall 店变革带来了新的赛道变化，在 Mall 店时代，用户都是随机购买的，而随机购买使信息服务的价值得到了提升。因此，商圈导视的重要性就不言而喻了。因此，选择人流量最大的地方曝光品牌，用简洁有力的视觉锤和超级话语生成的广告形态实现商圈覆盖，以对用户进行有效拦截，将最终实现终端导流。

（2）Moment：针对产品包装纬度。包装是品牌最大的媒体，产品包装、货架、店招等可称为企业的自媒体，因此，强化产品包装是一个重点。设计负责打中，营销负责打穿，爆品和专属款主要用来强调产品的差异化和个性化，从而吸引更多用户。

（3）Magic：针对空间体验纬度。橱窗 IP 主题化、片区陈列美观化，都为用户提供了进店的理由。例如，提供游戏感的互动参与区、网红直播间可以吸引一拨想要打卡网红店的“朝拜者”。唐三彩、橙小橙、优一客、优衣库等品牌大胆创新，主动吸引年轻人前来打卡。

（4）Fun&Play：针对门店活动形态。无论是设计师的小型沙龙还是 IP 新品签售会，抑或是文创主题联名艺术集市，都是粉丝通往趣味空间的“任意门”。

（5）Touch：针对离店触达。参考宜家、优衣库等品牌，有条件的品牌可以制作自己的杂志，分享品牌主张、主推新品、爆款解构、门店列表、线上线下优惠券、粉丝互动玩法等。

（6）Feel：针对店员主动营销。有店员专属的二维码联动微店小程序 24 小时卖货、直播卖货、拍摄店铺 Vlog 等形式。店员是销售引擎，也是会员发展和品牌营销的终端，为店员提供即时激励政策能够提升店员的积极性。

（7）Digital：针对实体店的数字化、智能化。AR 技术、云货架、虚拟试戴、迷你彩妆秀、生物识别、AI 换脸、物联网技术等都可以尝试，丝芙兰上海旗舰店就为该品牌打了个样。

6.3.2 THE GLARE 的门店杂志化

THE GLARE 是上海 K11 里的一家网红店，创始人古诗玄别具匠心地将 $1600m^2$ 的面积切割成 Luxury（奢侈品牌）、High-End（高端时尚）、Sneakers（潮流休闲）三部分，再用 Stella McCartney、Jimmy Choo、Rick Owens 等 30

多个当红品牌填满空间。和I.T、连卡佛等买手店不同，THE GLARE的运营模式更像是介于买手店和品牌旗舰店之间的模式，与每个合作品牌都使用“单点单卖”的授权模式。这家店相当于商场的CPU，“用户在成为我们的高级会员后，在中国购物就能享受到米兰的价格”。

“用户为什么不愿意进到商场里面？很大的原因就是每个商场都差不多，我们希望改变这件事，把商场当作立体杂志来运营，时尚本来就是快速的、一直不断改变的事情，商业也要不断改变，我们要传递给用户的是最新的时尚概念和氛围。”于是，用户在THE GLARE里面行走更像是走在艺术展区。“软装的部分每周都在调整，硬装的部分预计一两个季度调整一次，THE GLARE在带给用户新鲜感上确实花费了很大心力。”

为了培养用户追逐潮流的能力，THE GLARE决定在每周二、每周四举办主题时尚活动，还与上海交通大学合作开设时尚课堂，通过这些方式将THE GLARE打造成为“魔都”潮流时尚人士聚集地，而此举无疑是给未来中国奢侈品市场的繁荣铺路。THE GLARE自身也在努力增强用户黏性，除价格优势外，THE GLARE还计划开设甜酒Bar专供会员积分兑换使用。

在中国，超过3万平方米的购物中心数量一直在增加，2018年增加到530家，2019年增加到930家，秉承“时尚立体杂志”设计理念的THE GLARE，为品牌突破空间边界、商业边界、业态边界，重构消费场景打了个样。

6.4 社区零售，从消费的时代到关系的时代

社区零售的发展不同于一般线上零售的发展，其传播过程更加注重人与人之间关系的建立。社区天然聚集了具备相同生活特性、消费习惯的人群。瞄准社区，就不必再从茫茫人海中挑选目标用户，从而减少了识别用户、触达用户的获客成本。虽然单个社区购买力相对有限，但是其客群稳定、复购率高，易形成规模化和可复制性高的优点，使社区的商业利益仍然可观。

6.4.1 社区零售成价值洼地

社区是城市基本的构成单元。从城市商业发展的空间角度来看，社区商业不同于都市级商业中心和区域级商业中心，它以服务于本社区及周边社区的居民为主，以便民、利民、满足和促进社区居民的消费为目标，主要配置日常生活必需品和生活服务业的属地型商业。

随着流量红利的枯竭，互联网平台逐步转入线下市场。从发展趋势来分析，电商零售额最多占社区零售总额的35%。社区零售凭借更垂直、更靠近用户生活的独特优势，逐渐在竞争中崭露头角。零售本质上拼的是成本、效率和体验，因此，社区是绝佳的零售升级场景。根据罗兰贝格管理咨询公司的预测，2020年社区商业零售额占社会消费品零售总额的比例将达到40%。而中国城镇化的发展仍在继续，社区将成为重要的消费场景之一，社区新商业也会在整个城市商业发展进程中扮演越来越重要的角色。未来，社区商业业态边界模糊，零售、餐饮、休闲娱乐、文化等行业将会深度融合。同时，社区用户为服务付费的比例将逐渐增大，并将更加注重消费场景体验和社交体验。社区零售具有分散性、需求多样性、本地化等特点，对于社区零售，品牌必须重视三个指标：

（1）复购率。复购率来自用户留存，重视用户留存的背后是精准选址和精准选品；

（2）ARUP值，即一个用户在某个周期内的交易总额。要提供有温度的服务，让用户反复下单；

（3）NPS（口碑传播）。要努力使用户购买你的商品和服务后，向他周围的朋友传播、推荐。

6.4.2 拼多多·百果园·连咖啡

通常来说，用户的购物诉求可分为即时性、直接性和舒适性三种，这三种诉求对应三种零售业态：

（1）即时性对应便利店，1天24小时，1年365天，任何时候都可以通过便利店在家附近买到需要的东西；

（2）直接性对应购物中心，以压倒性的商品容量的力量来吸引用户，体现自己的价值；

（3）舒适性要求把卖场设计成一个舒适的时空场景，将商品购买过程愉悦化，使用户闲适放松。

深层分析一下，这三种购物诉求背后对应的是人性中的私密性和社交性需求。私密性通常需要用**利益**来驱动，而社交性则更多面向心理满足和名气需求，如下图所示。

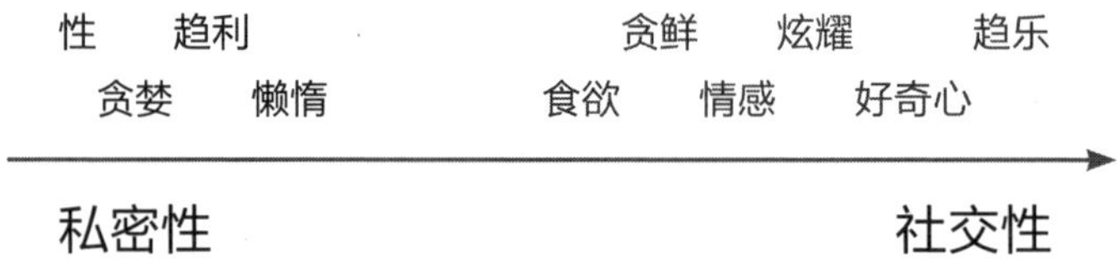

因此，如果我们想要用户主动为品牌做一些动作，就必须切中用户的内心需求——用户做完这个动作能够得到什么？人们最在意的两件事是自我表达和利益驱动，其实就是名和利。我们来看看下面这些品牌是怎么驱动用户的。

拼多多的宣传标语如“多实惠，多乐趣”“拼着买，才便宜”等，都是很实在的表达。拼多多是一家专注于C2B拼团的第三方社交电商平台，用户通过发起和朋友、家人、邻居等的拼团，可以以更低的价格在拼多多上买到商品。拼多多旨在凝聚更多人的力量，用更低的价格买到更好的东西，让用户体会到更多的实惠和乐趣。通过沟通分享而形成的社交理念，是拼多多的新社交电商思维的体现。

2018年7月26日，拼多多（NASDAQ：PDD）正式登陆美国资本市场，美国东部时间2020年12月14日16：00市值为1742.85亿美元。截至2020年9月底，拼多多平台年活跃买家数达7.313亿人。而阿里巴巴中国零售市场年度活跃消费者达7.57亿人，京东的活跃购买用户数达4.416亿人。拼多多的用户也并非像臆测中那样来自偏远地区，一、二线城市用户的占比近50%。黄峥说：“消费升级不是让上海人去过巴黎人的生活，而是让安徽安庆的人有厨房纸用、有好水果吃。”2020 年有 24.8% 的用户通过拼多多购买了他从来没有见过的商品。平台活跃买家平均年度支出金额为 1842.4 元，较前一年同期增长了 47%。拼多多到底做对了什么？**拼多多将 1.0 的漏斗流量模型，通过裂变，变成了 2.0 的茶碗流量模型。**

1.0 流量漏斗模型　　2.0 流量茶碗模型

你这一辈子虽然不一定为别人拼过命，但一定为别人在拼多多上砍过价！拼多多虽然裂变的玩法众多，但“核心武器”其实只有一个：利用现金红包、优惠券等利益点，驱动用户分享。对品牌来说，这种方式虽然“简单粗暴”，但只要玩法和策划方案做得足够好，哪怕此前在线上零基础，也能够迅速引爆社交媒体。所以，我们看到抖音、网易严选等也都开始了裂变式营销布局。

百果园的玩法是小程序 + 门店联动，百果园的门店本身已经开在了社区周边，百果园把拼团分为陌生人拼团和熟人拼团，前者的目的是带流量，后者的目的是促交易。

陌生人拼团是用爆款带动增长量。百果园选出一些价格稍低的爆品，比如 0.1 元的奇异果，以打破陌生人的生疏和不信任感，提高成团的效率和速度，百果园称其为“流量团”，主要是用低价来拉新客。据了解，在百果园的拼团参与者中，15% 都是新用户。

熟人拼团是用拳头产品带动销售额。对于熟人来说，相对于产品的质量，价格不是太敏感。百果园挑选出 15 ~ 20 元的拳头产品，在这个价格区间，用户的思考时间不会太久，有利于尽快成团，同时还能为企业带来一定的销售额。从数据上看，百果园小程序上线 6 个月，月新增用户峰值达 300

多万人，通过拼团，百果园提升了 20% 的分享率和转化率。

拼多多和百果园采用的都是利益驱动分享的方式，只要是微信中的好友，都有可能通过分享，从而进行信息传播。通过老用户的分享和推荐，让新用户进行体验、了解，产生认同感，进而购买，再成为老用户，然后，进行下一轮的分享。

连咖啡（Coffee Box）是口袋咖啡馆小程序，切中的是“贪嗔痴”中的“痴”。在游戏设置中，连咖啡用“基金”“福袋”等字眼替代“现金”“红包”等字眼。据说，每个女生都有一个开服装店的梦想，而不论男女都有开咖啡馆的梦想，口袋咖啡馆可以让用户 1 分钟内在线上开店。这是一个养成游戏，通过“装修”的方式，店主可以装扮自己的“店面”，展示审美风格，用户都非常乐于将成果主动分享到朋友圈，因为这是在展示自己的“作品”。店主每卖出一杯咖啡，将会获得 2 元的咖啡馆基金，这笔基金可以用来装扮咖啡馆，也可以用来兑换产品。

“每当我在微信群、朋友圈分享它们的时候，我都是骄傲的，这与金钱无关。并且在商品介绍中，我还可以向自己喜欢的男孩告白，如果他关注我的咖啡馆，那么他肯定会看到的。”一名口袋咖啡馆的店长这样说。

连咖啡最早是以微信公众号为入口的，主要提供星巴克、Costa 等店的咖啡外送服务以积累用户，后来则专注于自有品牌 Coffee Box 的咖啡。口袋咖啡馆非常成功地用游戏感和参与感让用户深度融入、主动分享，并完成分销动作。作为一个独立小程序，连咖啡日活用户达 20 多万人，每天新开馆 5000 多个。连咖啡宣称，有 20% 的新用户来自咖啡馆的自传播。

6.5 万物皆可“沉浸式”

“沉浸式”承载了关于空间、五感、IP 的各种畅想，释放出了各个领域的商业想象力。如今，影响人们对消费场所选择的不再是单一的目标物品，而更多的是对情境的偏好、对代入感和互动性的追求。

6.5.1 从迪士尼乐园到 teamlab

迪士尼乐园是沉浸式空间的先行者。1955 年迪士尼乐园的开设，标志着沃尔特·迪士尼成功打造了属于迪士尼的“沉浸式”乐园，其提供的主题体验在历经市场变幻之后，仍然具有难以替代的吸引力。

迪士尼乐园之所以占据了“沉浸式”产业的半壁江山，与其多维的场景呈现、细致化的游乐服务、可参与可互动的游乐项目等体验是分不开的。过去十几年间，迪士尼一直在试图打造一个娱乐闭环，将电影的场景通过主题乐园来延伸，当出现了乐园不能够提供的场景时，迪士尼便将度假酒店融入这一闭环中，让个性化的体验成为可能。

美国加利福尼亚州和佛罗里达州两座迪士尼乐园扩建的星球大战主题乐园已经有了正式的名字：Star Wars: Galaxy's Edge。园内还将建设一家全新的沉浸式度假酒店，为此，它们创建了一个全新的世界：背景设置在 Batuu（巴图）星球黑峰哨——银河系一个遥远的边境前哨站，这里是一个自由贸易港，远离帝国视线，是藏污纳垢的热闹所在，充斥着走私犯、赏金猎人、罪犯和冒险家等各色人，也是星球大战中很多重要角色的必经之地。

整个乐园非常重视故事性和角色互动，客人们不是与迪士尼的员工互动，而是与 Batuu 的居民——那群走私犯、赏金猎人、罪犯和冒险家们进行互动。乐园内设置巡回的人物角色和各种道具，他们将与客人互动，并作为不断发展的故事情节的一部分，在一天中不断推动情节的发展。星球大战主题酒店将 HBO 的“神剧”《西部世界》的一些理念融了进去，模糊了影视创作与现实之间的界线。主要面向高净值成人群体，将他们带入虚构的世界和情境中，完成一系列探险、猎奇、放纵和发泄的角色扮演诉求。住在酒店内，不仅可以休息，还可以经历各种冒险。在以星球大战为主题的佛罗里达州奥兰多豪华酒店，银河星际巡洋舰将于 2021 年开始接待客人。

而真正让沉浸式空间突显立体化商业价值的则是 teamlab 灯光秀。2017

年 7 月开始，“teamlab：舞动艺术展 & 未来游乐园”空降深圳，在为期 5 个月的展期内，参观量达 38 万人次，这是深圳迄今为止观展人数最多的主题展，也是中国有史以来票房最高的艺术展览。

teamlab 是 2001 年以东京大学研究所的学生为中心所创立的，团队从最初的 4 人发展到拥有 400 多名程序员、工程师、数学家、建筑师、网页设计师。teamlab 的很多作品都在强调改变世界的愿望，强调创造性和未来。通过打破艺术、科学、技术、创造的界线，用全新的艺术手法为观众带来突破现实的沉浸式体验。

teamlab 的创始人是猪子寿之，因为看重团队合作而又最欣赏《海贼王》中的路飞，所以公司以“team”命名。猪子寿之说：“小时候看电视，总觉得电视里有另一个维度的世界。”到了大学时学了应用物理，他觉得：“既然科学能改变人类对世界的看法，那艺术也行。”teamlab 作为“沉浸”领域风向标风靡全球，它打破了“一种艺术和另一种艺术”“艺术和游客”“自己和他人”之间的界线，让来访者融入艺术，并成为艺术的一部分。在流光溢彩的外壳下，大家在人与物质、人与人的真实互动中找到了乐趣。作为一个文创项目，teamlab 用科技手段来呈现艺术，呈现人、科技、创造和未来的关系，除了能刺激消费，更能为人们带来感动。

越来越多的企业加入沉浸式娱乐产业，根据 NeXT SCENE 发布的《2019 全球沉浸式设计产业发展报告》，沉浸式娱乐产业在全球范围内拥有超过 45 亿美元的市值。近年来涌现的密室逃脱、沉浸式艺术展览、VR/AR 游戏、交互型教育、沉浸式餐饮等也在“沉浸”领域做出了各种尝试。沉浸式空间为未来的文娱产业提供了一种趋势和设想，并为其他行业注入了求变的力量，商业美陈、快闪店等实体经济的售货方式创新就是体验沉浸式产业成果极佳的案例。

6.5.2 “沉浸式”成为商业空间升级的利器

从购物中心的发展轨迹来看，无论是第一代社区型购物中心，还是商圈辐射范围更大的第二代超级购物中心，都是以购物为主要功能的，空间形式比较单一。到了第三代区域型购物中心出现，即“Mall”型购物中心出现，虽然改善了单一的空间形式，但基本上仍沿用室内封闭式空间。随着消费观念的发展、消费结构的升级，人们的消费行为和动机由单纯的购物转向多元、复合的体验，于是，第四代购物中心——更具开放性和体验感的用户沉浸式空间迎来了发展。这种新型商业空间更加注重对用户生活方式的探索和指引，极具开发潜力，被视为商业地产的全新增长点。在电商大行其道的今天，线下商业空间本身也正处在客源流失的险境，亟须突围。

从用户的角度来看，“千禧一代”是在互联网的陪伴下长大的。在全球消费浪潮的审美教育中，他们的眼界提高了，同时也对线下购物的体验提出了新的需求——他们需要的是社交互动和娱乐体验中心。“你知道现在的女孩子逛街成本有多高吗？用上 100 多元的眉笔、200 多元的口红、300 多元的眼影、400 多元的粉底、500 多元的香水，这些只是基本操作，还要特地约 Tony 老师（发型设计师）做最新款发型，前一天晚上就搭配好服装，涂好指甲，贴好面膜为第二天化妆做准备……”这段网上的描述释放了一个信号：商场 / 购物中心要配得上这全套行头啊。

世邦魏理仕的一份研究发现，“千禧一代”把 37% 的收入花在了休闲娱乐上，每月会花 9 天时间用于看电影、聚会和参加活动。也就是说，在他们的用户画像中，文娱消费和社交属性是两个重要的标签。顺应这股消费潮流和趋势，对于购物中心来说，构建体验型的业态是重中之重。购物中心不再只是“买买买”的目的地，在这里你还可以进行社交、读书、运动、“遛娃”等，它更像是各种生活方式的聚集地。以往商场的作用是将商品“推”给专注于购物的用户，而未来的商场将作为一个平台，拉动更多价值观和兴趣爱好相仿的用户进行消费，更强调体验性和互动性。“沉浸式”的应用和表达，让用户得以在各种娱乐或消费体验过程中获得交流和反馈，从而使心理需求得到满足。

北京 SKP-S 商场的“未来农场”沉浸式设计，将整体的商业空间打造成了“移民到火星”的故事场域，设置不同的主题艺术装置，并带领内部的商铺共同进行主题营造。从店铺装饰，到售卖的商品及营销活动，都是这场“沉浸式”实验的一员。中国用户消费正在从商品消费转向体验消费。多数用户认为，参与体验式购物“更容易买到适合自己的产品”。同时，有趣的体验也能勾起更多用户内心的分享欲望，形成主动的口碑传播，触及更多的潜在用户。

品牌案例 蓝瓶咖啡：咖啡品牌的独特美学

品牌档案

名字：蓝瓶咖啡（Blue Bottle Coffee）

创建人：詹姆斯·弗里曼

创立时间：2002 年

创立地点：美国，加利福尼亚州，奥克兰

成就简介：

（1）使用烘焙 48 小时以内的咖啡豆；

（2）使用有机咖啡豆；

（3）慢咖啡，每杯咖啡制作需耗时 5 分钟；

（4）日式咖啡的致敬者；

（5）致力于推广单一产地咖啡豆；

（6）第三次咖啡浪潮的重要构成。

试图凭几十家门店打败拥有几万家门店的星巴克？它凭什么掀起新

一代咖啡革命？它又为什么说每一家店都有一颗老灵魂，进而被誉为咖啡界的苹果公司？这家火遍全美、潮至日本的品牌到底是什么来历？为什么咖啡迷们愿意花4小时排队只为喝一杯它的手冲咖啡？这个品牌叫什么呢？它就是蓝瓶咖啡（Blue Bottle Cafe）。

詹姆斯·弗里曼（James Freeman）在成为蓝瓶咖啡创始人之前，是一个专业的单簧管演奏家。他的咖啡生意始于加利福尼亚州奥克兰一家不足20平方米的车库。他将这家小店命名为蓝瓶咖啡，蓝瓶咖啡这个品牌名源自1683年欧洲第一家咖啡店的店名，从取名也能看出詹姆斯·弗里曼对品牌的期望，他不想做一家跟着潮流走的咖啡店，而想做一家开创先例的咖啡店。独特的风味，帮他招揽到了第一批忠实用户。

蓝瓶咖啡的“网红之路”从旧金山开始。从客观条件来看，旧金山的房租在全美最高，开店成本极大。而从人文条件来看，旧金山凭借着20世纪60年代的嬉皮文化，加上迁居北滩的意大利移民，孕育出了标榜意式或美式烘焙的嬉皮咖啡酒馆、人文咖啡店等，而如今雨后春笋般冒出的精品咖啡馆，使旧金山成为咖啡浪潮的重镇。

2003年12月13日，弗里曼在旧金山美食殿堂“渡轮大厦农夫市集”的第一家店开业了，在这个顶尖时尚的集合里，进驻的摊贩俱为一时之选，对于蓝瓶咖啡而言，这里不啻为初试身手、累积经验值的一线战场。在旧金山12月典型的阴霾天气里，人潮不如预期，但当弗里曼把第一杯手冲慢滴的单一产地黑咖啡交到客人手中时，和客人亲切互动的感觉还是深深地振奋了他。

一年半以后，蓝瓶咖啡成了农夫市集里最受欢迎的咖啡店。尽管门外排着长长的队伍，弗里曼仍坚持“杯杯手冲慢滴”，蓝瓶咖啡有一句历史性宣言扬名在外：“我只售卖烘焙出炉不超过48小时的咖啡豆给我的客人，让他们享受咖啡豆最美味、最巅峰的时刻。”

弗里曼对咖啡的热爱感染了整个品牌，品牌坚持宁愿让客人多等几分钟，也不愿牺牲咖啡的多层次口感。蓝瓶咖啡还提供需要花费十几小时，一滴一滴收集咖啡豆风味的冰滴咖啡。手冲、冰滴这些都是费工又耗时的方法，连锁咖啡店做不到也不敢做，要想在繁忙都市中来一杯单品咖啡，你只能到蓝瓶咖啡。蓝瓶咖啡也因此建立起了区别于他人的风格。

在此期间，招牌产品“纽奥良冰滴咖啡”诞生了，蓝瓶咖啡将独家研发的配方菊苣磨成的粉末加入咖啡中。特殊的甘甜气味和现冲冷泡的冰咖啡完美融合，而且火候拿捏和冲泡技术也特别讲究。渐渐地，蓝瓶咖啡成了旧金山高品质、好喝咖啡的代名词，也赢得了科技圈大佬们的青睐，推特创始人埃文·威廉姆斯和 Instagram 创始人凯文·斯特罗姆都曾光顾过蓝瓶咖啡。

2005 年，蓝瓶咖啡实体店 Coffee Kiosk 在海思村（Hayes Valley）开业，凭借采用单一产地、新鲜优质的有机咖啡豆和杯杯手冲滤滴的精湛工艺，蓝瓶咖啡在竞争激烈的旧金山咖啡圈获得了声望。

2009 年 5 月，蓝瓶咖啡进军 SFMOMA（旧金山现代美术馆），这一步成为将其推向极致精品咖啡的划时代手笔。蓝瓶咖啡老板娘凯特琳·弗里曼是个独具匠心的糕点师傅，她推出的 27 款 SFMOMA 系列甜品，将安迪·沃霍尔、马蒂斯、辛迪·雪曼等大师的经典作品都变成了美味的艺术品。

2014 年 4 月，蓝瓶咖啡推出方便携带的纸罐装纽奥良冰咖啡，进军有机食品连锁超市全食超市，结果市场供不应求。2016 年 4 月，蓝瓶咖啡又推出原味的罐装冷泡黑咖啡。许多老用户都希望蓝瓶咖啡保持本地化、保持原有规模，担心蓝瓶咖啡发展得越来越迅速，会遗失当初的纯真与坚持。

2015 年 5 月 4 日，弗里曼写下了对渡轮大厦店面的告别文：“渡轮大厦市场的摊位是我毕业的母校、我的训练场、我的思考摇篮和实验研究中心。这 11 年走来，我们会像最初那样细心采集、烘焙冲泡和精心准备咖啡。”

只是周六渡轮大厦市场的摊位，再也装不下蓝瓶咖啡的雄心抱负了。

在 2014 年、2015 年，蓝瓶咖啡先后完成了 4600 万美元、7000 万美元的融资。它的投资方阵列中，既有富达、摩根士丹利、谷歌风投这样的大牌机构，也有 U2 乐队主唱博诺、奥斯卡最佳男配角得主杰瑞德·莱托、专业滑板手托尼·霍克及 Instagram 创始人凯文·斯特罗姆这样的个人。

随后，蓝瓶咖啡风潮从旧金山蔓延到洛杉矶、纽约、日本。2017 年 9 月，雀巢以 5 亿美元的价格，收购了蓝瓶咖啡 68% 的股份。被收购后，蓝瓶咖啡保持原状，独立运营。这次收购最耐人寻味的是，第一次咖啡浪潮时期的巨头收购了第三次咖啡浪潮时期的代表，为了打败第二次咖啡浪潮时期的巨头星巴克。

第一次咖啡浪潮发生于 20 世纪三四十年代，当时美军把咖啡当作必需品，带到世界各地，防止作战时疲劳。随后，速溶咖啡崛起，代表品牌是雀巢。

第二次咖啡浪潮发生于第二次世界大战后，意大利的蒸汽加压萃取浓缩咖啡的方法被人们熟悉，这时咖啡豆一般采用深度烘焙法，因为人们比较喜欢烘焙后的焦糖感和醇厚度，星巴克等连锁咖啡品牌出现并风靡一时。

第三次咖啡浪潮是 2000 年出现的精品咖啡浪潮，强调咖啡的地域之味，提倡浅度烘焙，突显咖啡本身的味道。蓝瓶咖啡就是第三次咖啡浪潮的代表。

与星巴克相比，蓝瓶咖啡主打的是强调个性、独立和精品的咖啡。蓝瓶咖啡提供一般连锁咖啡店难以匹敌的口感，它瞄准的对象是坚持咖啡口感的小众人群。这也是《怪咖时代：小众势力崛起，愈怪愈有商机》（*We are all weird: the myth of mass and the end of compliance*）的作者、营销大师赛斯 • 高汀倡导的观念：中间消费市场已逐渐陷落，你不用关注中间用户，只需要讨好一群有特别喜好的“怪咖”，就可以依靠这群狂热者来撼动市场。

店里没有折扣商品，也不提供无线网络，价格表也非常简洁，甚至都没有像星巴克那样区分中杯、大杯和超大杯，每个单品只有一个规格和价格，价格虽比星巴克贵但也基本合理。蓝瓶咖啡并不强调快速消费，对于弗里曼和他的团队来说，最重要的三个词是美味、宾至如归和经久不衰，希望到店的人能够好好地享受自己的饮品，喝完就离开。如果你一定要找人聊天，他们希望你能与咖啡师交谈，并且谈咖啡。蓝瓶咖啡的每一款咖啡均适用于咖啡滤纸现场手冲，用户可以在吧台看到整个操作过程。

弗里曼对店面设计有自己独特的美学理念，在选址上，选的都是旧工厂、老仓库、歌剧院、艺术博物馆这类有故事或有格调的场地，如洛杉矶艺术区、东京代官山、纽约布莱恩公园……每家咖啡馆与所处社区的格调相符，有着独一无二的灵魂，也让每家店自诞生时起就像是一件艺术品。

选好新咖啡店的地址后，弗里曼和团队会花很多时间制作幻灯片，展示他们想要的那种感觉：布鲁克林的一家蓝瓶咖啡店面灵感来自法国作家普鲁斯特的卧室；曼哈顿切尔西区的一家蓝瓶咖啡店面灵感来自美国作曲家伯特·巴哈拉赫，东京的一家蓝瓶咖啡店面是由废弃的电器工厂改造而成的，店面具有独特的空间美学，让蓝瓶咖啡有着咖啡界的苹果公司的美称。我跟虎嗅网组织的第一届虎跑团去日本研修时，还专门去新宿 NEWoMan 的蓝瓶咖啡店参观过，确实每一家门店设计都走冷淡风，用开放的空间感外加简洁的设计，陈列出一系列手冲咖啡器具。而所有的设计都在向用户传达一个信息：这不是一家普通的连锁咖啡店，而是一个回归咖啡本质与专注冲泡一杯好咖啡的地方。

过去 7 年，中国咖啡生豆的消耗量年复合增长率达到 21.74%，远超全世界 2.53% 的水平。目前，中国人年平均咖啡消费杯数为 6.2 杯，与欧美日等地存在着十几倍的差距，市场前景很好。从市场规模来看，中国咖啡市场规模已达千亿元，2025 年预计达万亿元。同时，中国咖啡市场的客单价与美国市场差距并不大。星巴克大杯拿铁在中国的售价为 32 元 / 杯，在美国的售价为 4.45 美元 / 杯。

蓝瓶咖啡何时进入中国？事实上，蓝瓶咖啡从 2013 年到 2017 年都在不同的时间段申请各类商标。成立于 2008 年的广州向天果，旗下拥有蓝樽、蓝瓶咖啡等多个相关商标，最早的注册时间为 2012 年 9 月 7 日。蓝瓶咖啡不断进行申诉，其背后的动力就是中国咖啡市场强大的吸引力。商标作为企业核心的资产之一，在开拓中国市场过程中将起到重要的作用。目前蓝瓶咖啡还无法在中国核准注册，或许我们还要再等上一段时间。

面对蓝瓶咖啡的崛起，星巴克也开始感到担忧，于是推出了 Reserve 甄选咖啡店，成为网红单品的“冷萃咖啡”，说起来还是蓝瓶咖啡最早推出来的，星巴克却复制了这一单品。

Business Insider 网站将蓝瓶咖啡流行的秘诀总结如下：

（1）经营哲学在目标人群中获得共鸣：弗里曼执着地追求那些富于艺术气息和美感的产品，不辞辛劳地搜罗 20 世纪 50 年代古董咖啡机或日本产的老式咖啡机，慢烘细酿他们的咖啡。

（2）他们非常重视产品的新鲜度。其他咖啡馆通常使用一周前烘焙的咖啡，而弗里曼则坚持提供 48 小时内烘焙的咖啡。而且他们使用的所有咖啡豆都是有机和“荫下栽种”的。

（3）蓝瓶咖啡拥有非常忠实的粉丝群，他们愿意为这种精致优雅的体验付出更高的价格和更漫长的等待——由于每杯的现场制作时间为 5 分钟，因此等候的队伍会相当长。

（4）这个品牌拥有一种特殊的魔力，捧着那个印有天蓝色标志的棕色外卖杯走在街上，一种特别的优越感会油然而生。弗里曼表示：对我们来说，慢工出细活是非常重要的。总有人不耐烦等那么久，不过没关系，到目前为止，这个商业模式被证明是有效的，那些肯等待的用户，（在品尝之后）通常都会再次光顾。

第 7 章

触点：

以人为中心

便捷的方式、舒适的体验，

是零售永恒的追求。

有数据表明，用户每天接触的视觉信息约有 12 万 G（相当于看 8 万部 90 分钟的高清电影），所以在本书的第 2 章，我就专门讲到，在如今这个视觉社交的时代，对品牌来说，颜值即正义。光有料还不行，酒香还怕巷子深，有颜有料才是不二法则。有料即品牌的差异化价值，**竞争战略的本质就是创造差异化价值。**具体而言，竞争战略就是要做到总成本领先、差异化和聚焦用户，从而突破现有竞争，开创蓝海。

品牌是企业的无形资产，树立一个鲜明、差异化的品牌形象，将有助于它成为产品与用户之间的情感纽带。当品牌形象与用户自我认知相吻合时，吸引新用户首次购买和促成老用户重复购买就不是难题了。

从用户的角度来看，品牌要引领用户向上，而不是向下迎合用户。**只有能让用户成长的产品 / 品牌，才是长青的。**有了差异化价值这个底层逻辑，品牌的整合传播还要出现在用户感知最强烈的触点上，与用户产生共振、共鸣，让产品成为用户意义经济的介质。在同质化的市场中，唯有传播才能创造出差异化的品牌竞争优势。

菲利普 · 科特勒将营销分为四个阶段——

营销 1.0：解决企业如何更好地实现交易的问题，即从产品到利润。

营销 2.0：以用户为导向，不仅需要产品有功能差异，还需要向用户传达情感与形象。

营销 3.0：以价值观为驱动。

营销 4.0：企业将营销重心转移到与用户的互动上，让用户参与到营销价值的创造中来。让营销在带来利润的同时，也通过感情与价值观的传达，在企业和用户之间缔造深度联结。

7.1 没有线上线下，只有品牌和体验之分

在新零售时代中，线上与线下的界线将被模糊，用户会更加关注品牌的体验感。因此，为用户创造独特的体验已经成了品牌发展的重要一环。

7.1.1 用户自己就是英雄，品牌只是提供了一个道具

“我们的一生会遇到 8 万人，会打招呼的是 39778 人，会和 3619 人熟悉，会和 275 人亲近，________________。”商业哲学家吉米·罗恩说，你是你最常接触的 5 个人的平均值。（也就是说，你接触什么样的人，你就会变成什么样的人。你和什么样的人一起生活，你的生活就会变成什么样。）还有一种说法，你通过 7 个人，可以找到比尔·盖茨的联系方式。虽然世界在人际关系层面紧密得像一条锁链，但是……好吧，我还是把第一句的最后小半句补上：“但最终，都会失散在人海中”。对于品牌来说也是如此，你都不知道自己为何会被用户抛弃。品牌，有时缺的不是产品，而恰恰是和用户沟通的地方、沟通的方式，甚至沟通的语气。

“我们‘95 后’大多是独生子女，成长在物质相对充裕的年代。本科大部分毕业于 2017 年以后，赶上了房价最高点和互联网浪潮渐渐冷却的时间点。这使得我们改变命运的欲望比上一代人更低。所以，朋友圈里已经很久没有‘北漂伤痕文学’了。但我们获得认同感和价值感的欲望比上一代人更强，普遍性孤独、普遍性轻度抑郁、普遍性失眠。”这是一个真实的个体乃

至群体的情绪写真。为什么这几年在年轻人中最流行的是民谣和嘻哈？因为民谣说出了你的孤独，而嘻哈能让你显得很酷。这个年代摇滚为什么总不够火？因为摇滚是愤怒的，还有，不太好惹，这会让你更加孤独。在商业活动中，不停建立弱关系，有时比建立强关系更有效。

2019年，11亿多的移动互联网用户平均在线时长是5小时以上，"90后"主流人群每天在线时间约为6 ~ 8小时。新冠肺炎疫情期间，年轻人的在线时长基本上会达到8小时以上。在用户重度数字化的环境中，品牌如果没有出现在手机屏幕中，没有淘宝店，没有小程序，没有线上CRM管理，没有抖音蓝V和小红书等账号矩阵，就等于离开了战场。

品牌必须出现在手机屏幕中——即便无法完成交易，也可以进行用户沟通与品牌建设。虽然私域流量的理论还不完善，甚至有不少人对它嗤之以鼻，但不可否认的是，"线上获客"正在加速代替"传统获客"。朋友圈、微信群、社群、店群、直播平台、抖音、快手、小红书正在成为传统品牌数字化的入口，甚至成为新品发酵的主战场，成为品牌和用户有效沟通的地方。品牌必须更多地考虑OMO（Online-Mobile-Offline），以新的方式提高服务效率。因为用户已经从以前的被动接收转化为通过"指尖+点击"来主动选择了。

在商业故事里，怎么做永远比怎么想更重要。

7.1.2　一个36.8℃的客服

全球的迪士尼乐园都有很长时间的亏损期，日本东京的迪士尼乐园是全球迪士尼乐园中第一个赢利的。它是怎么做到的呢？是依靠极致的营销和极致的服务。

极致的营销和极致的服务让客流量总和相当于每个日本人平均去了7次，成为世界主题公园门票复购率的第一名。关于极致的服务，上文中我们提到过丽思卡尔顿酒店。东京迪士尼乐园是怎么做的呢？齐藤茂一先生在东京大学阐述如何打造高复购率的销售策略时讲道，东京迪士尼乐园最感动人心的教育是把成年人当作小孩子看待，关注他们在园区是否开心，是否享受在园区的这段时间。**齐藤茂一说，面对顾客，我们不说“欢迎光临”，而说“耶，好久不见”。**这个温暖点，直接诠释了什么叫让游客“宾至如归”。

还记得前文中我们提到的那个以用户服务取胜的鞋子网络销售平台 Zappos 吗？从产品维度来看，它卖的鞋子和其他地方的鞋子毫无差别，它强化了自己的极致服务属性，它的客服的 KPI 不是一天解决了多少个用户的问题，而是用户在挂断电话时有多高兴。对于这样的服务态度和水平，你觉得用户有什么理由不在它这个平台上买鞋子呢？这已经与用户达成情感层面的深度认同了。

无论用户与品牌有什么交集，用户都希望与自己沟通的是一个人，他们希望在一个账号的背后有一个活生生的人，而不是一个只会自动回复、机械回答的机器人。完美日记在微信体系内打造了一个虚拟女性 IP“小完子”，并让几百人同时运营。根据天猫数据，2019 年“双 11”当天，天猫 49 个美妆品牌成交额超过了 1 亿元。其中百雀羚、完美日记等本土国货品牌占据 13 席。完美日记站在风口的最前列。创立 18 个月后，完美日记已然成为天猫美妆品牌销售额冠军，在 2019 年“双 11”期间，更是成为天猫首个销售破亿元的美妆品牌。从 2017 年 3 月成立到 2020 年 3 月，完美日记获得了 1 亿美元的融资，短短三年，市值达 20 亿美元。

新一代国货美妆品牌有个显著特征，即瞄准年轻群体、擅长营销和搞创意，明星代言，加上 KOL（关键意见领袖）、KOC（关键意见消费者）带货双管齐下，从而引发素人粉丝的又一轮自传播。完美日记已经完成对美妆品牌小奥汀的收购，并在 2019 年 3 月初推出战略新品牌完子心选（Abby's choice），其定位为 C2M 美妆时尚品牌。据逸仙电商新零售事业部总裁冯琪尧称，接下来完美日记会加快开店速度，未来三年计划在华东开店 200 家，在全国开店 600 家。而另一个新国货美妆品牌毛戈平已经不声不响地开设了 250 多家门店，几乎遍布国内各省份和直辖市。橘朵、稚优泉、珂曼等品牌则纷纷开始进军美妆集合店。

7.1.3 只有 15 秒，怎么记住你

1968 年，安迪·沃霍尔（Andy Warhol）在斯德哥尔摩的现代博物馆举办个人展览时说："未来，每个人都有 15 分钟举世闻名的机会。"抖音把这个时间浓缩到了 15 秒，15 秒就可能提供一个成名的机会。

在英语里，还有一种更古老的说法，叫作"nine days' wonder"，用来形容轰动一时、昙花一现的事物。中文博大精深，也有个精简的表达——"方生方死"（出自庄周《庄子·齐物论》："方生方死，方死方生。方可方不可，方不可方可"）。那么。如何能在满足用户预期的同时，保证品牌沟通的标准化程度，还能有趣生动地自带传播属性呢？互联网烘焙品牌熊猫不走蛋糕提供了一个有价值的案例。

熊猫不走蛋糕是广东惠州的一个品牌，主打产品是生日蛋糕，以"线上下单 + 仓库配送"模式，为用户提供生日蛋糕购买和仪式感配送服务。用户通过微信公众号、美团、公众号、大众点评等平台下单，即可获得"3 小时送达，超时免单"的专属配送。配送过程中，配送员会身穿熊猫服，现场进行 2 分钟的舞蹈表演，通过互动形成二次传播。品牌策略从用户洞察开始，最终找到关键点：**不是为用户制作一个好吃的蛋糕，而是为用户创造一个快乐的生日。**

通常来说，一个生日蛋糕的消费流程可以分为购买、收货、拆包装、插蜡烛、许愿、吹蜡烛、合影、分蛋糕、吃蛋糕、庆祝、拍照、分享到朋友圈。然而，其消费重点却不是蛋糕，而是过生日。让生日蛋糕变成用户过生日时的一个道具，因此蛋糕的品质只要在水准之上即可，着力点在于生日蛋糕如何发挥一个营造气氛的"道具"功能。

小马宋团队在帮熊猫不走蛋糕做营销策划时，就从用户的这个消费过程着手，看看在每个节点能为用户提供什么价值，其中，他们找到了收货环节的"Aha Moment"：收货环节强化了熊猫人送货的概念。熊猫不走蛋糕在经营上加强熊猫人配送员的培训和话术引导，每个月都更新唱歌和跳舞内容，

同时熊猫人会主动与用户合影，引导用户多发朋友圈。他们还为熊猫人送货创作了一句话：有只熊猫来送货，唱歌跳舞真快乐。通过实践中的不断迭代，熊猫不走蛋糕共创造了 100 多种不同的用户体验方式，团队平时也会定期进行头脑风暴，在配送中不断更新玩法，给用户带来持续新鲜有趣的体验。在熊猫不走蛋糕的产品系列中有一个单价 1999 元的蛋糕，这个蛋糕的特殊性在哪里呢？就是你可以请六只熊猫一起上门唱歌跳舞。

“熊猫不走蛋糕，祝你生日快乐”，这句品牌 Slogan 把熊猫不走蛋糕和这句人人都会说的话强行绑定，随着越来越多的人知道，它就会成为一种条件反射，只要想到过生日，就会想到熊猫不走蛋糕，想到熊猫不走蛋糕给用户带来的各种快乐。而在营销手法上，熊猫不走蛋糕通过注册会员、裂变拉新等方式多次发送优惠券，使生日蛋糕这种使用频次较低的商品人均年复购频次达到 4 次以上。另外，优惠储值也是一个很好的留住用户的方式。

熊猫不走蛋糕 2017 年 12 月开业，仅一年时间，已进驻广州、佛山、惠州、东莞、珠海、中山等 6 个城市，拥有 270 万个用户，月营收超 1400 万元，并保持每月 15% ~40% 的增速。2020 年，熊猫不走蛋糕志在入驻 50 个城市，覆盖华东、华中、华南、西南、西北五大地区。

最新一期的《麦肯锡：2020 年中国用户调查报告》提出了五大关键消费趋势：

（1）三、四线城市消费新生代成为增长新引擎；

（2）多数用户出现了消费升级，在升级的同时，有的用户更关注品质，有的用户更关注性价比等；

（3）健康生活理念继续升温；

（4）旅游消费更注重体验；

（5）本土高端品牌崛起。

7.2 是认知战而不是价格战：好的营销永远在为用户创造价值

价格战的目的，是让用户仔细权衡之后，选择你；认知战的目的，是让用户只知道你。价格战的目的，是在比较中胜出；认知战的目的，是让比较消失。实物与用户不同，实物是手段，用户才是资产。企业必须从思维和认知上进行改变，将流量思维转化为用户思维。用户思维就意味着打的是一场认知战。

7.2.1 价格战不可避免

价格战是指企业间通过竞相降低商品的价格而展开的商业竞争行为，其内部动力主要有市场拉动、成本推动和技术推动，目的是打压竞争对手、抢占更多的市场份额、消化库存等。个别企业为了把对手彻底挤出竞争市场，有时还会依靠自身的经济实力，以低于成本的价格销售商品，从而达成打压竞争对手的目的。

价格战的本质是市场充分发展后，同质同价的卖家们为了能够得到更多的市场份额及“不可扩张”的资源，不惜通过降低利润去占领市场。价格战一般分为三种类型：

（1）进攻型，快速占领市场，最大可能地抢占竞争对手的市场份额；

（2）狙击型，细分市场，瞄准目标，有效打击竞争对手，瓜分对手的市场份额；

（3）防御型，以牺牲战略性产品为代价，维护和巩固现有市场，并以此扩大自己的市场占有率。

任何一个新兴市场，随着市场的发展壮大，必然会有更多的品牌进入，它们会充当挑战者，令既定市场更加蓬勃发展。随着产品的丰富化、多样化，生产同一产品的企业日益增多，导致产品结构雷同，技术附加值低。企业为抢占更多的市场份额而不得不进行策略性降价，所以价格战是不可避免的事情，行业也会进行重新洗牌。优秀的企业，会投入大量的时间和精力在研发产品及研究用户方面，以期始终领先一步。

从运营的角度来看，价格战有时也是一种市场策略：通过价格战，切入市场，获得用户，再细分市场，增加利润，最后实现利润最大化。雷军的小米公司开创了“生态补贴硬件”的做法，即测算手机毛利率的底线，获得用户和流量，再通过广告及其他业务溢价补贴硬件，其成功的关键是非手机业务的毛利使硬件保持了市场终端的竞争力，且取得了巨大成功。

我们从两个指标来看企业的业务模式，一个是周转率，另一个是利润率。一纵一横，形成四种类型业务：

（1）“白粉型”业务——周转率高、利润率高；

（2）“原子弹型”业务——利润率高、周转率低；

（3）“可乐型”业务——周转率高、利润率低；

（4）“自杀型”业务——利润率低、周转率低。

总地来说，价格战是一种以牺牲利润为代价来获取营业额增长的营销方式，然而，利用价格战打开市场无异于饮鸩止渴、竭泽而渔。如果企业长期打价格战，那么利润就会减少，在研发、技术改进、营销、管理等方面的投入也将随之降低，致使发展后劲不足，使得企业陷入恶性循环的泥淖中。20世纪90年代，彩电、手机的价格战打得就很惨烈。2010年12月爆发的京东和当当的价格战也是打得轰轰烈烈。京东想拓展新业务，动了当当的图书大本营，自然会遭到报复性还击。也有人认为，京东不断挑起和上市公司当当的价格战，是为自己赴美上市做铺垫。

5月25日，苏宁发布了“J-10%”省钱计划，承诺今年参加补贴活动的家电、手机、电脑、超市品类商品，比京东百亿补贴商品到手价至少低10%。一直都很低调的苏宁，此举真的令人大吃一惊！新冠肺炎疫情之后的第一个“618”电商购物节，京东则选择用联合快手、明星直播、直接让利等方式来回应。

价格战，不管多惨烈，依然是靠产品本身赚钱，而且会牺牲利润。新冠肺炎疫情期间，随着用户需求的抑制，企业迫于资金回流和出清的压力，便会产生一种错觉，即这个世界没有新的突围方法，用户喜欢性价比高的东西，所以部分企业可能会选择“杀敌一千，自损八百”的价格战。但这是一条极其危险的道路，价格战的本质是企业认知单一化及知识结构的断裂，是新冠肺炎疫情后期商界要警惕的另一场“瘟疫”。

7.2.2 认知战的战场在用户头脑里

我们先来听一个掘地蜂的故事，这个故事我最早是在李善友老师的课上听到的，作为混沌大学在深圳的合伙人，我很荣幸听了两次李善友老师的现场课。掘地蜂的故事来自芒格的《穷查理宝典》：有一种蜜蜂叫掘地蜂，它挖了一个洞后，会往里面放一些储备的粮食，把孩子生在里面，然后会再放一些粮食进去。研究蜜蜂的科学家一直盯着它看，发现一件很神奇的事情，掘地蜂每次把食物拖到洞口时，它并不是立刻把食物拖进去，而是把食物放在那里，它自己飞进洞里去检查一下它的孩子还在不在，然后再出来把食物拖进去。

科学家曾惊叹于掘地蜂的智能，于是针对这个细节做了一个实验：趁掘地蜂进洞勘察时，科学家把食物拿远一英寸。他们发现，掘地蜂从洞里出来后，会把食物再拖回洞口，放下，然后重新进洞检查。科学家重复同一个动作 40 多次，掘地蜂就是不直接把食物拖进洞里。这说明什么？说明掘地蜂看似智能的行为背后，其实是基于基因的刻板行为。它的基因中内置了这样一个先验的模式，是这个基因让它这样做的，掘地蜂本身并没有思考、判断和决策能力。

掘地蜂的行为，不过是基于既定思维的自发式反应。针对掘地蜂的行为，哲学家丹尼特提出了一个有点恐怖的问题：“你凭什么确信自己不是掘地蜂？”科学研究证明，人类 95% 的行为是由基因决定的自发式反应，而另外 5% 的所谓的理性行为，也往往是由既定思维决定的自发式反应。也就是说，我们看似理性的行为，几乎都是刻板的自发式反应，我们以为是

“我”在学习和决策，其实是我们的“思维方式”或者叫“心智模型”在起主导作用。

因此，决定你能力层次的，并不是你的知识量，而是你的心智模型。它们之间的差别在于你是否掌握了学习背后的道理，你是否拥有了更高级的思维模型。难怪芒格会说：“人类只有发明了发明的方法之后才能快速发展；我们只有学习了学习的方法之后才能成为高手。”

另一个故事是说，有位妈妈带着年幼的女儿逛街，逛街回来，女儿画了幅《陪妈妈逛街》。妈妈拿到女儿的画一看，顿时蒙了：女儿的画上，没有车水马龙，没有高楼大厦，只有一根又一根奇怪的柱子……女儿画的是什么？妈妈端详了半天，才突然醒过神来，女儿画的，是一条条人腿。女儿年幼个子矮，被母亲牵着手走在街上，根本看不到成年人看到的车水马龙。她看到的只是无数条成年人的大腿在走来走去。原来，认知高度不同的人，看到的世界是不一样的。

猎豹移动的 CEO 傅盛把人的认知状态分为四种：不知道自己不知道、知道自己不知道、知道自己知道、不知道自己知道。听上去像绕口令，实际上这是认知升级的四个阶段：

（1）不知道自己不知道——以为自己什么都知道，是一种自以为是的认知状态。

（2）知道自己不知道——有敬畏之心，开始保持空杯心态，准备丰富自己的认知。

（3）知道自己知道——抓住了事情的规律，提升了自己的认知。

（4）不知道自己知道——永远保持空杯心态，是认知的最高境界。

可怕的是，95% 的人都处在第一个认知状态，这也就是为什么大多数人碌碌无为。技能的差别是可以量化的，但认知的差别是不可量化的。人和人之间最本质的差别就是认知的差别。只有敢于自我否定，保持空杯心态，一个人才有可能真正成长。所谓成长就是认知升级。

认知，是个体认识客观世界的一种信息加工活动。“认知战的战场在用户头脑里”，美国对冲基金教父瑞·达利欧的新书《原则》的核心思想是：一个人真正的成长，就是不断自我进化，当然也包括自我认知能力的进化。老子也曾说过：“知人者智，自知者明。胜人者有力，自胜者强。”完美不是重要的，完成也不是重要的，重要的是自己要有清醒的认知和开始的能力。如今我们处在一个大拐弯的时代，每个行业的认知都在迅速叠加，跨界越来越普遍。如果不保持“自我否定”的认知状态，我们很难升级对快速变化的行业的认知。

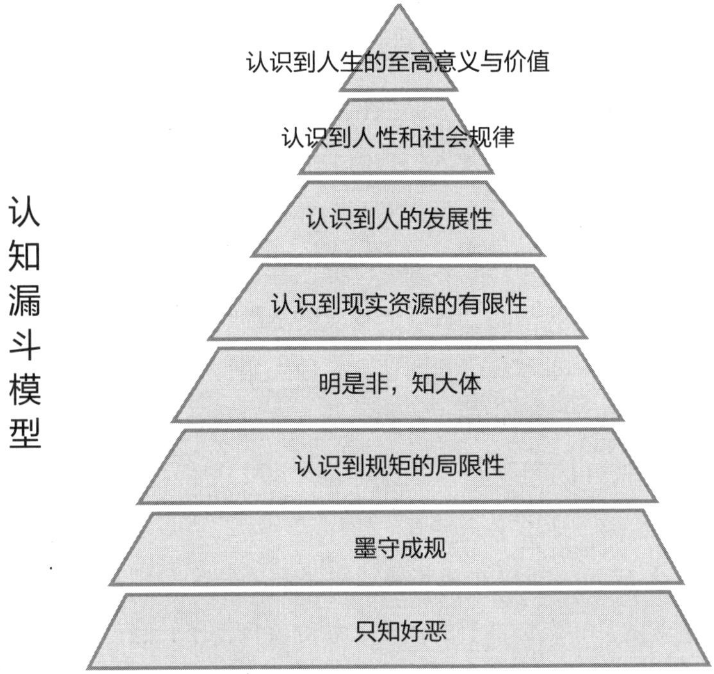

7.2.3 战略的本质就是影响并掌握用户的认知

回到企业经营的现状，从某种程度上来说，认知战和价格战的差别，就是销售和营销的区别。

销售就好比狩猎，求的是眼前利益。运气好时打着一次吃三天，运气不好时饿肚子三天才打着一次。营销就好比圈养，求的是长期利益，眼前的牛羊未必马上就吃，而是让它们不断繁殖增多。换一种说法，电商和零售消费品牌，最终都走向两种模式：一是靠规模和流通的效率驱动（以价格战为主的方式），二是靠品牌和服务的溢价驱动（以认知战为主的方式）。

“农夫山泉有点甜”“中国味，鲁花香”等广告词就调动了用户的认知力，让用户感觉到农夫山泉确实比其他矿泉水略甜一些，鲁花花生油确实比其他的油更香一些。很多面包店为了强调面包的香气，用奶油拖地。公牛插座和沃尔沃汽车都强调安全性能，但实际上对插座和汽车而言，安全性能是一项基本要求，但沃尔沃在强调安全性能时也吸引了那些更关注安全性能的用户，也正因为用户本身就具有较强的安全意识，不开快车，所以沃尔沃的安全记录自然会更好，这帮助人们强化了品牌认知，是认知大于事实的又一例证。如果品牌的信息能够楔入用户的心智中，用户将只会看到你的信息，甚至放大对你的感知，而且会忽视乃至阻止竞争品牌信息的进入。用户认知决定了选择，选择强化了用户认知。唯有“先入为主”的认知不可复制，因此它才成为企业的终极战略。**战略的本质就是影响并掌握用户的认知。**

上面也说到了，雷军最厉害的地方是他先用性价比高的产品吸引用户，靠增值服务来赚钱，后续在用户心智中建立了品牌认知：小米是物美价廉、性价比高的品牌，以至于连很多大佬都认为只要进了小米门店，可以闭着眼睛买东西，不会吃亏，只会占便宜。所以，小米门店每平方米营业面积上的年营业额高达 27 万元，仅次于苹果。在罗永浩的首次抖音直播中，小米的产品只是稍微做了一点价格上的让步，立刻就售罄了，这是从价格战到认知战的经典案例。

江南春早在 2017 年就指出，中国商战的核心要素已彻底改变。30 年前，企业经营的核心要素是生产端、这时广东人最厉害；15 年前，企业经营的核心要素是渠道端，这时浙江人、福建人最厉害。后来有了天猫、京东、淘宝，渠道基础设施被互联网重建，想买某个品牌买不到的可能性越来越小。所以生产端、渠道端都重要，但这只是竞争门槛，最重要的是用户心智，如何让品牌在用户的心智中占据最有利的位置，让品牌在用户脑中成为首选，是企业必须关注的事，所以企业要打赢的就是这个认知战。

什么是第一？第一个打入用户心智的叫第一。占据用户心智的四种方法如下：第一种是代言品类，第二种是占据特性，第三种是聚焦业务，第四种是开创新品类。**企业经营的最大成本来自用户的认知成本，**企业的战略就是调动所有资源，克服人们长久以来的选择惯性和经验，建立新的认知：用户价值是 1，营销是 0。企业 80% 的利润来自 20% 的用户，而进行市场细分，就是要找出并满足那 20% 的用户，营销的本质在于不断用优质的产品或服务创造独特的用户价值，这是经营者需要认真思考的。

7.3 社交媒体演化与视频化兴起

随着互联网技术的不断发展，社交媒体也在不断演化，视频已经逐渐成为内容传播的主要方式。在未来，视频传播将会成为品牌和用户进行沟通的重要途径，而随着用户逐渐年轻化，以及社交媒体的不断演变，品牌也将做出更多探索。

7.3.1 中国互联网编年史

2000 年前后的新闻门户网站是中国互联网的第一个冲击波，改变了中国人与信息的关系。

以阿里巴巴和京东为代表的电商则是第二个冲击波，改变了中国人与商品的关系。

2011 年，互联网开始改变用户与服务的关系，团购元年来了，O2O 盛行，垂直电商转向综合电商成为一个趋势，京东、当当的产品从 3C / 图书扩展到了多品类。

2012 年，垂直电商迎来巅峰期，唯品会在美国成功上市，“海归”陈欧创办聚美优品。

2015 年，供需主导权的改变孕育了共享经济。快的和滴滴在资本力量下于情人节合并，58同城和赶集网合并，美团和大众点评合并。2016年，百度从如日中天到遭遇重重劫数，All in[①]人工智能使它似乎有了新气质，市值得到恢复；得益于社交化、视频化和商业化的强势驱动，微博二次崛起。

2017年，市值仅9亿美元的聚美优品宣布私有化，将从美国退市，唯品会9年沉浮后，抱紧腾讯和京东的大腿；2020年4月15日，聚美优品正式从纽交所退市。独立于BAT之外的今日头条，带着几个爆款产品（如抖音、火山、西瓜），成为TMD[②]里最亮眼的那个；阿里巴巴提出了新零售方式，盒马鲜生、无人咖啡店、无人酒店等新物种出现。

2018年，网易严选将采买、仓库、售后和定价权掌握在自己手里，开起了实体店。同类型的还有米家有品、淘宝心选等。知识付费开始兴起：高晓松、马东、罗振宇、吴晓波，还有许知远们，对内容精心雕琢，对花钱订阅的用户负责。

2019年，国潮兴起，盲盒流行，私域流量、增长焦虑成为热词，抖音和微信小程序可能是下一个电商增长极。

2020年，新冠肺炎疫情让人措手不及，中国移动互联网用户达10.8亿人，微信视频号出现，主力用户群体互联网化完成。

7.3.2 从微博、微信到今日头条、小红书

2004年，第一代网红在天涯社区崛起，此时是BBS时代。

2005年，芙蓉姐姐、韩寒都开通了博客，此时是博客时代。

2009年8月，新浪微博上线。

2012年4月，微信朋友圈上线。

2012年8月，今日头条上线。

2013年2月，微信公众号上线。

---

① All in原本是扑克游戏中的术语，常见于德州扑克、梭哈、razz等牌类游戏。后延伸用于投资或创业领域，指在过程中投入所有资源、拼尽全力。

② TMD是互联网企业今日头条、美团和滴滴的合称。

2014年1月，头条号自媒体上线。

2014年10月，小红书福利社上线。

2016年9月，抖音第一个版本上线。

微博创立之初，曹国伟和陈彤按电话簿打电话邀请名人来开微博，一个名叫姚晨的演员一开始并没有被寄予厚望。也许是因为博客时代有“博客女王”徐静蕾的存在，微博时代似乎也需要一个标杆人物，后来，姚晨凭借在微博踊跃参与公共话题而人气飙升，从此晋升为“微博女王”，还一度荣膺“联合国难民大使”。姚晨和微博一起收获商业价值，还被邀请参与2014年微博在纳斯达克的敲钟仪式。

2011年11月，在深圳的威尼斯酒店，吴晓波和马化腾第一次见面。马化腾教吴晓波下载了一款叫作微信的App，通过“摇一摇”的功能，两人加上了好友。那时，凭借着QQ的势能及张小龙对人性的洞察，微信的日增用户数峰值已达到20万人。

2013年，阿里巴巴入股新浪微博。微博由公共话题时代走进电商网红时代。

2014年，小红书成立。其成立的初衷是把全世界的好东西，以最短的路径、最简洁的方式提供给用户。

2015年，微信已经“统治”了中国人的社交。

2016年，Papi酱首条视频广告以2200万元的价格卖出。网红从“吸睛”时代进入“吸金”时代。微博“社会化媒体”与微信“自媒体”的结合，使中国人不必再从纸媒/电视媒体获得信息。

2018年，今日头条的营收超过500亿元，而新浪微博才100多亿元。通过和马云PK直播带货，李佳琦成功“破圈”，获得关注。如果说2014年风靡全球的冰桶挑战是微博秒拍的爆款的话，2019年踢矿泉水瓶的狂欢已经将关注点迁徙到了抖音。

2019年“双11”期间，薇娅和李佳琦直播间的观看人数同时突破3000万人，其中薇娅成交额达27亿元，李佳琦成交额达10亿元，网红带货能力堪比顶级商场。

2020 年首个交易日，网红经济概念股成 A 股爆款，行业板块全线飘红，整个板块涨幅超过 6%。据了解，仅在 2019 年一年内，10 只头部的网红经济概念股平均涨幅均超过 130%。

2020 年 3 月，微博日活用户达 2.41 亿人，快手日活用户突破 3 亿人，抖音日活用户为 4 亿人。

7.3.3 社交零售 2.0 与视频号

腾讯广告联合波士顿咨询公司（BCG）共同发布的《2020 中国“社交零售”白皮书》，分享了社交零售时代用户和品牌剧变的趋势。提到“社交零售”，很多人的第一反应可能是“在朋友圈卖货的微商”。实际上，它比较恰当的定义是“品牌通过线上社交生态来影响用户购买决策的营销或销售方式”。

《2020 中国“社交零售”白皮书》数据显示，社交媒体在中国的渗透率超过 97%，并且有 69% 的用户在社交媒体上分享过自己网购的链接。2019 年，小程序日活用户超过 3 亿人，累计创造了 8000 多亿元交易额，比 2018 年增长了 160%。与此同时，多达 82% 的用户在进入销售渠道前就已经通过社交媒体等渠道获取了足够多的信息，做好了购买决策。可见，现阶段社交网络的价值已不限于触达和影响，而是进一步地直接触发购买行为。

从消费目的来看，“个人放松解压”“提升家人生活品质”越来越重要。美团和大众点评提供的数据显示，2019 年，33% 的用户的目标是个人放松解压，30% 的用户的目标是提升家人生活品质。而在为家人而进行的消费中，美食、电影 / 舞台表演、亲子 / 乐园等是购买频率最高的产品和服务。

社交媒体的用户有这些特征：

（1）“吃瓜”[①]心理。微博上有大量“吃瓜”群众，主要是一些跟风表达

---

① 指在互联网上旁观一些事件的发展。

自己思想和情绪的用户。如果在做品牌传播期间善于抓住这类群体，可以带来很大的“自传播”流量。

（2）个性张扬。所谓的标签党就是这一代人创造的，你随时都可以看到一些超话、潮文化、打卡圣地，很多的品牌创意，都源于抓住了用户张扬的个性。

（3）爱生活懂分享。有创意、接地气的内容，就算人们知道是品牌的软文，还是喜欢将之分享出去。如果品牌能够抓住这类群体，相信也有很多可深挖的空间。

（4）信赖 KOL 的号召力。74%的中国用户至少知道一位中国设计师，45%的人打算在未来 12 个月内购买更多的中国设计，小众奢侈品牌在 20~24 岁的女性中特别受欢迎，这些新品牌更多地依赖于名人和 KOL 的宣传力量。

（5）喜欢 IP 和盲盒。人设的打造可以帮助品牌用差异化的个性和鲜明的价值主张吸引年轻人，但差异化的人格 IP 离不开内容的长期输出，比如海贼王。在社交媒体的用户看来，标准化意味着没有创造性。

短视频是一个 UGC（用户创造内容）平台，短视频成为品牌的一个新渠道：**账号是店铺，内容是销售，内容的创造者是销售员。**在娱乐消费市场上，抖音和快手正在成为真正的“王者”，它们收割了巨量的用户和他们的时间，并且通过不断添加新的内容形态和产品功能——中长视频、直播、电商、游戏、知识付费等，将用户花费在其他产品上的时间源源不断地吸过来。

抖音的运营策略是，以主题为标签，让普通用户去模仿，然后创新，之后反哺形成新的主题。剧情反转、集成创新、角色扮演、行业揭秘、关联创意、技术流、标题党技巧、忽略技巧直接上干货被誉为八大抖音策划技巧，但这些也以月度为时间单位进行迭代和进化。不可否认的是，抖音成功地满足了人们低级的消费娱乐需求，以及自我展示的心理需求。当用户进入“刘易斯拐点”时，平台必须进一步提高每月用户贡献的收入（APRU 值），进一步细分所提供的服务，将现有巨量用户的消费潜力挖掘出来。

迄今为止，抖音已成为最大的品牌传播场、最大的话题流量池，具备最强的用户时间拖带能力，虽然当下未必，但未来必定是最大卖货通道。任何品牌在短视频层面，都可以 All in 抖音。

而电商收入则是快手的新故事。与抖音全力做导流不同，快手并没有放弃自建电商体系，甚至谈下了不少产业带的合作。最新的一轮融资完成后，快手的股东背景中既有腾讯也有阿里巴巴，不少人将其解读为保持电商中立的必要一步。

2020 年 2 月，抖音月活用户突破 5.2 亿人，百度好看视频一度超越西瓜视频，跻身短视频领域三强。

中国短视频用户市场的天花板达 7 亿人左右，即便将抖音和快手的用户去重，留给这个市场的增量也已经不多了。2020 年将是抖音与快手之间的白刃战之年，但有一支新力量也不可忽视，那就是依托微信生态的视频号。按照国民总时间的概念，快手有 3 亿日活用户，抖音有 4 亿日活用户，短视频的沉浸式收看体验，占领了用户不少的使用时长，也养成了用户看短视频的习惯。腾讯虽然投了快手，也扶持了微视，但没有自己的产品体系。微信所面临的竞争压力是它需要做最坏的打算——被抖音、快手夺走更多的流量和使用时长，同时也可以准备迎接一个最好的未来——视频号与抖音、快手三足鼎立。

如果说抖音和快手的流量是“广场流量”，那么微信视频号的流量则是熟人圈子的“沙发流量”。微信做视频号是想丰富它的内容生态。虽然社交是刚需，但社交需要内容和黏性。作为熟人社交手段，大家看重的不是视频本身，而是视频背后的好内容、好观点。这给了“古典自媒体”（是指不做短视频和直播的自媒体）一次新的内容创作的机会。视频号是除小程序外获得微信资源最多的新产品，之所以看好视频号，其实是看好 11 亿活跃用户中待爆发的海量精彩内容。

7.3.4 内容驱动的年轻化

品牌与人类的发展一样，有自己的生命周期，年轻化是一个与时间对抗的命题，品牌每时每刻都在老去，也每时每刻都面临着年轻形象的再塑。只有不断地朝年轻化迭代，才能保持品牌的活力和吸引力，不被用户抛弃。但我们也看到，很多品牌的所谓年轻化，将年轻人想得太过简单，仅仅达到了“形”的贴近，却夭折在了“神”的部分。年轻化不是换个LOGO，不是换个包装，不是请个年轻明星，不是利用二次元、黑科技、社交、段子等流行文化作为营销噱头，也不只是分化出一个定位年轻人的子品牌。

品牌要想年轻化就需要真正去洞察年轻人的生活态度，先在价值观上找到和年轻人真正的契合点。年轻人需要被品牌引导与告知，究竟什么是更好的生活，或者更好地表达“我是谁”“我想成为谁”及“我希望别人如何看待我”，强调“我”而不是追随“他”。

为何品牌年轻化被奉为某种标准，原因有二：一是市场用户趋于年轻化，年轻人作为网络上最活跃的群体，擅长制造并且影响舆论，这也意味着，如果年轻人不喜欢你，随时可以让你的企业深陷舆论的旋涡；二是品牌年轻化是品牌延长产品生命周期的必然。小罐茶推出马卡龙色系的彩罐也是基于这个策略。

步入2020年，意味着什么？生于1990年的第一批“90后”已经步入而立之年；生于1995年的第一批“Z世代”人群已经25岁；生于2000年的第一批“千禧一代”已经20岁，即将踏入社会。以他们为代表的“新世代”用户正在崛起，成为国内消费市场的生力军。新一轮品牌代际更替的周期，也已由他们开启。所以，宝马才会选择易烊千玺为品牌代言人。对于品牌来讲，抓住年轻人就相当于抓住了市场。CBNData《2018中国互联网消费生态大数据报告》显示，2018年在融合诸多小众文化的国潮服饰领域，“90后”的消费金额达65%，同比激增450%。

随着时代语境的变化与流行文化的来袭，用户需求与原有品牌的定位之间的冲突越来越明显，消费市场发生了三个变化，即生活健康化、需求差异化、连接情感化。有着80多年品牌历史的百雀羚做了一个标准示范：说起百雀羚、谢馥春，没几个都市女性会觉得酷，顶多感慨一下奶奶的味道令人怀念，能在朋友圈晒出的限量口红和大牌面霜才是她们渴望的东西。百雀羚该如何破局？早在2016年，百雀羚就用一张长图“霸屏”了朋友圈，新颖的创意和大号的推动，使其成为现象级营销事件。“双11”期间百雀羚又用脑洞大开的古典风广告剧让用户感受到百雀羚不囿于“国礼”形象，愿意改变既定标签的印象。基于品牌灵魂，不失文化调性，大量运用年轻人的语言，提出“东方有大美”“认真，你就赢了”“认真，让东方更美”等品牌价值观，通过现象级营销事件带领受众去感知品牌的内涵，百雀羚成功打造了东方美学代表品牌的形象。

在情感营销上，百雀羚利用80多年的传统和历史，唤起用户的怀旧情结，使其产生对理想化过去的回忆和向往；在娱乐营销上，百雀羚则不按套路出牌，努力迎合年轻人的喜好。从三生花系列到故宫美什件，从《一九三一》到今天的《见微知著》《多了一点》。百雀羚通过用户喜欢的方式，为品牌注入新鲜血液，让经典老品牌显得“年轻力”十足。百雀羚的年轻化转型，在营销上始终透露着其对年轻人的理解，将“年轻”“关怀”等诉求与自身的品牌理念结合，抓住一切机会与年轻人互动、对话。成功激活了消费群体，并在品牌年轻化的形象和销售转化量上都实现了质的突破。

百雀羚制作的品牌宣传长图节选

关于品牌年轻化，后起之秀六神也颇值得称道。1990年，上海家化的科研人员从《本草纲目》的古方六神丸中得到灵感，萃取成六神原液注入花露水，“六神花露水”就此诞生。随着消费群体日趋年轻化，六神品牌逐渐老化，那么摆在品牌营销面前亟待解决的问题，就是如何与年轻用户进行有效沟通，改变品牌老化形象。六神以明星红人社交媒体账号为阵地，在夏天特定的传统节气为品牌发声，打造“六神在手，一夏无忧”的热点话题，发布《玩转花露水》《抗蚊血泪史》等动画短视频，风趣幽默地将花露水的多种用途展现在用户的面前，后来又推出清凉沐浴露系列短视频，结合日常生活场景，引发全民用六神的大规模讨论，其产生的连锁反应，一度让六神电商平台的产品销售火爆。

已成立 123 年的锐步（Reebok）更是采用逆向思维，签下 80 岁“高龄青年”王顺德为品牌代言人，组成加起来超过 200 岁的“超高龄组合”。锐步看中了王顺德身上年轻的态度——坚持、自信、突破极限，向年轻用户传递“任何年纪，都可以活出自己的样子，突破极限，打破年龄的疆界”的观念，升华了代言人背后的品牌精神。太平鸟 2015 年就成立了“网红”事业部，邀请张亮为代言人，举办万人演唱会，将秀场搬进音乐节。为体现时尚调性，太平鸟还和 gogoboi 等时尚博主合作，这些看上去都是很“年轻化的新玩法”，但效果不太好，直到它真正找到跟年轻用户沟通的理想人格，最终和李宁一起，成为中国潮牌的代表。

2020 年“后浪”们将占据整体消费力的 40%，不仅如此，他们已经掌握了一半以上的话语权，Z 世代聚集的基地——Bilibili（B 站），必然成为品牌聚焦关注的新战场。如果内容产业有光谱的话，那么它的两端分别是内容的娱乐度和严肃度，B 站承载了 Z 世代的内核情感需求，它正在破壁和迎来商机。不少品牌对于 B 站营销的态度是“想要触碰却又收回手”，品牌应在内部大胆起用年轻人，同时尊重 up 主（指 B 站的内容生产者）本身的原生内容创作。

以前做品牌，目的是方便区分，现在做品牌，目的是让用户心动万分。心动万分可不只是一见钟情，除颜值力、产品力和场景力之外，最重要的是找到品牌的理想人格，这是年轻用户最想要的品牌指引和价值支点，围绕这个原点，用可感知、可视化的内容去提升自己的创新力和传播力，释放心动信号。特斯拉、苹果、SK-Ⅱ、农夫山泉等品牌告诉我们，品牌内容的触达有时比产品触达更重要，相比产品价值，品牌价值对用户的影响更长远。

品牌年轻化的工具思维

通过娱乐化的方式去讲述品牌内容。

偶尔进行无关紧要的“自黑”，增加品牌亲和力。

多关注热点事件、网络流行语，并快速理解应用。

利用新的表现形式，如长图插画、表情包、段子、短视频等。

关注和了解网络亚文化现象。

7.4 直播会成为品牌的标配吗

相比传统广告，通过直播，品牌不但可以展现产品的结构、性能、优势，还可以展现品牌的实力和认证信息等，同时，直播还可以有效解决信息不对称的问题。以化妆品为例，通过主播一步步地进行产品使用、形象展示，看主播渐渐从素颜到化妆完毕，完整地对比使用效果，既让用户看到了产品的好处，又给用户带来了购买欲。而且，在此过程中主播还可以和用户实时互动，精准答疑，建立信任感。可以说，**直播不仅是卖货阵地，也是品牌宣传阵地，甚至是用户调研阵地和服务入口。**

7.4.1 直播已经成为电商的标配

直播缩短了品牌到用户的分销层级，将用户的注意力集中，提高了转化率。通过大规模的批发销售，直播带来了价格优势，其优质的商业模式将实现多方共赢，并成为电商良性成长的基础。如今，直播已成为除搜索外，品牌新品冷启动的重要原力点。据艾媒咨询预计，2020 年，直播电商的市场规模达 9610 亿元，同比增长 111%。2019 年直播电商之于电商大盘的渗透率为 4.1%，预计 2020 年渗透率在 7% ~ 9% 之间，直播带来的真实感和人格化，恰好弥补了电商平台与用户之间薄弱的信任联结。

直播电商身处黄金赛道，且具备良好的商业模式。东北证券股份有限公司发布的《大风口！直播电商“人货场”趋势解读》从三个方面分析了直播发展趋势：

（1）人。对标短视频达人的成长路径，短视频电商直播跨界踊跃，电商达人的成长红利期会相对集中在2020年往后的2 ～ 3年中。电商MCN（相关头部公司有星期六、如涵控股、立昂技术、芒果超媒、中广天择等）承担传媒与消费转换器的作用，内容能力及供应链管理能力是竞争的核心。然而，伴随行业竞争加剧，成为头部、肩部达人的概率逐渐变低。

（2）货。得益于长期沉淀的购物生态（2019年网购人群人均支出为9000多元），淘宝直播客单价范围广。快手、抖音与淘宝用户重合度达50%以上，有较好的消费基础，目前客单价较低，通过品牌可以提升客单价空间。

（3）场。尽管淘宝、快手、抖音是目前直播电商的三大战场，但行业新进入者也在不断涌现。社交类中，种草和垂直类直播（如游戏直播平台），为保持平台调性和氛围，可能对纯带货直播有天然的克制。而微博是中国的核心网红平台，微信则有着极度私域化流量，两者都极具潜力；电商平台中，京东和拼多多作为两大代表积累了大量用户，同样有建立自身直播体系的机会。

2020年2月，用户平均观看直播的时间为72.4分钟。虎牙、斗鱼、YY、花椒及映客五大平台占据用户80%的直播观看时长。2019年，李佳琦赚了将近2亿元，另一位网红李子柒赚了1.6亿元。与2018年上市公司净利润指标相比，有2123家公司的净利润不及李子柒的收入。

李彦宏、董明珠、梁建章，那些让时代浪潮裹挟进直播间里的企业家们，虽然无法对着屏幕喊“双击六六六”，但话题价值和带货价值堪称一流。董明珠的抖音首秀虽然失败（在线人数峰值21.63万人，商品销售额22.53万元），但第二场在快手直播的商品销售额破3亿元，第三场在京东的直播商品销售额破7亿元，给董明珠、格力及京东都挣足了面子。

7.4.2 从薇娅到李佳琦再到罗永浩

薇娅（Viya），本名黄薇，1985年出生于安徽省庐江县，2016年5月，与淘宝直播结缘。在薇娅正式成为淘宝直播的一名主播四个月后，其引导成交额达1亿元；2017年10月，薇娅在直播中为一家零粉丝的皮草店引导销售额达7000万元；2018年，“双11”零点后开播的两小时里，她直播间的销售额达2.67亿元。淘宝总裁在公开演讲中对薇娅赞叹有加：“以淘宝直播上的红人薇娅为例，能实现一场直播百万人观看、上亿元成交额的成绩，（证明直播带货）已经不是点缀，而是未来商业模式的主流”。

2020年4月2日，继卖完价值4500万元的火箭后，薇娅首次直播卖房，将自己的直播间搬到了样板间，率网友“云看房”。根据淘宝数据，当日直播最高观看人数高达1950万人。薇娅在直播里多次强调：“我们这次卖房不在于卖多少，是希望这个行业能更加透明化。”截至4月9日，此次直播使复地地产累计成交15套，合同金额超2000万元。

直播是在创意设计、柔性供应量、物流效率、网络基础设施的基础上才获得生机的，各大电商平台都想站在直播这个风口“飞起来”。李佳琦曾是化妆品柜台的一名美容顾问，因为行业不景气才开始做直播。李佳琦的成功，一方面得益于他的过往经历，优秀美容顾问的必备技能是几句话内就能拉近自己和用户的距离；另一方面则是源于他的刻苦钻研。如果你把他的成功粗浅地定义为颜值取胜就太武断了。他卖口红对女性的吸引力并不来自脸，而是来自对“女性想要什么样的口红”这件事的深刻认知。

2011年，1992年出生的李佳琦考入南昌大学艺术与设计专业，2015年毕业后他顺利当上了南昌市欧莱雅专柜的一名美容顾问。2018年9月，他成功挑战“30秒涂口红最多人数”的吉尼斯世界纪录，成为世界纪录保持者，被称为“口红一哥”。从李佳琦的谈话来看，他对自己的定位比较清晰，认为自己不是艺人也不是网红，只是销售员；他觉得有关部门对于电商直播的监督是有必要的，主播应当对用户负责。伴随着一句“Oh my God，买它！买它！买它！”李佳琦全网粉丝数超 5000 万人。

李佳琦家里放口红用的货柜，放置了 1 万多只不同色号、不同品牌的口红。对于一个口红大佬来说，放置这么多口红也许并不奇怪，但可怕的是只要你说出一个色号，李佳琦就能在 3 秒的时间内，在这一万多只口红里找出来你说的这只。可以说，对于口红及护肤品，李佳琦就是一本活字典。护肤美妆是一门科学，从认识自己的皮肤，到选择适合自己的产品，到最后完美地使用这些产品，李佳琦和其他美妆 KOL 们帮美妆品牌走完了一个消费闭环。

相比薇娅和李佳琦，罗永浩是另一种存在。在创立锤子科技做手机失败后、沟通软件子弹短信失败后、打造 TNT 工作站系统失败后、加入小野电子烟失败后、成为鲨纹科技“首席忽悠官”失败后等，失败一词似乎永远萦绕在罗永浩这条不断破局的路上。刘润老师说：“直播是很多人的梦想，但只是老罗通往梦想的盘缠。”据罗永浩看的那份招商证券报告显示，整个直播电商市场 2019 年成交总额约超 3000 亿元，未来有望冲击万亿元体量。于是，罗永浩立志再次转行，在几个平台之间，他最终选择了抖音，据说抖音花了 6000 万元的签约费。

抖音为什么要花大价钱签下罗永浩？因为淘宝直播已经立起了李佳琦、薇娅两大标杆，快手直播中有辛巴家族、散打哥家族等众多带货能手。而 2019 年成为 iOS 免费 App 榜单第一名的抖音，在大众印象中却是一个跟小红书类似的内容型“种草”平台。就算抖音跟天猫签了 70 亿元的年框，也去不掉这种印象。因此，抖音花重金牵手罗永浩，或许是急于打造一个自己的直播带货标杆。

2020 年 4 月 1 日 20：00，“相声界的脱口秀直播选手”罗永浩登场，在 20：00—23：10，我全程看了这场直播。虽然整场直播谈不上翻车现场，但确实状况频出。

罗永浩抖音电商直播带货首秀成绩单如下：按下单金额，成绩是 1.7 亿元，但抖音平台统计的是成交金额，即最终的支付金额 1.1 亿元。累积观看人数 4892 万人，音浪抖音里的虚拟货币收入 362.3 万元，创下了抖音平台目前已知的最高带货纪录。直播当天共售卖了 23 款商品，其中信良记小龙虾销售 171805 件约 51 万盒，销售额累计 2000 多万元，夺得当日销量冠军。

第二场直播加入了“援鄂复苏计划”，以 1 分钱 5 斤的包邮价售卖湖北的橙子。罗永浩扎根的领域依然是科技、生活、文化产品，而且着重对品牌的宣传，而李佳琦和薇娅则主攻美妆和服装领域。不过老实说，三小时的直播带货全程看下来真的会让人产生生理上的不适。也令人由衷感慨，从招商、选品、定价，到活动规划，到直播，到退货率管控，到结算，到处理售后问题，到宣传吸引厂商，直播背后同样要有一个非常庞大的团队，并且要求非常专业。一场完整的“直播”并不仅仅发生在直播间的这几个小时里：真正要做好直播，一样要跑完整个从用户初次触达到留存、长期运营的闭环。

尽管第二场直播的交易总额与观看人数都不如第一场高，但通过“老罗直播卖货”话题带起来的曝光量，以及助力湖北等活动，抖音已经在品牌方、用户、KOL 心中贴上了“直播带货”的标签。抖音与罗永浩的合作显然是双赢的，与其说罗永浩是去抖音带货，不如说罗永浩带的货，就是抖音本身。

2020 年 4 月 12 日，拼多多邀请马布里在拼多多开启直播电商首秀，售卖其品牌旗下的数款篮球。这次直播阵势浩荡，但数据不佳。直播获得约 2.1 万人观看，售出货物 158 件。而百度（以秀场直播为主）、虎牙、斗鱼（游戏直播）等平台也已入局。斗鱼在主播间右下角上线了“斗鱼购物”功能，与阿迪达斯、耐克等运动品牌展开了合作；虎牙则在直播间上线了“小黄车”入口，与有赞合作，主播可以自营开店，或选择带货分佣。淘宝、快手、抖音、拼多多、京东、百度、虎牙、斗鱼、蘑菇街、微博小店都已入场，直播带货领域已然是百家争鸣。

7.4.3 万物皆可播：淘宝直播间的 2.27 亿句“宝宝”

以前淘宝只有货，直播之后第一次有了人。数据显示，淘宝直播时，主播将商品、销售信息传达后，每场约1.5%的用户会直接购买（大促期间比例接近10%），40%的用户会被影响到未来购物的相关决策，比传统媒体转化率高很多。淘宝直播中用户渗透率最高的是二线城市，其次是三、四线城市。抖音直播和快手直播用户中三线及以下城市用户占比较多，其中抖音直播的三线以下城市用户占比为55.9%，快手达到60.4%。

2020年受新冠肺炎疫情影响，宅在家成为许多人的常态。通过短视频平台消遣娱乐成为大部分人的选择，直播也享受到了红利。随着互联网技术的发展，以直播为代表的KOL带货模式给用户带来更直观、生动的购物体验。直播带货转化率高、营销效果好，逐渐成为电商平台、内容平台的新增长点。可以预见，主播、网红和KOL未来会成为各类品牌进行社会化营销的重要途径，品牌植入方式也将愈发丰富。

猎聘网数据显示，淘宝直播以绝对优势成为2019年用户最爱看的直播平台。淘宝作为目前直播模式最为成熟的平台，其模式主要分为红人带货和商家自播两种，90%的直播场次和70%的成交额来自商家自播。2019年，淘宝直播带货量同比增长将近400%，而天猫“双11”当天，淘宝直播带动的成交额达到了200亿元以上。

淘宝App月活用户数为6.5亿人，淘宝直播App月活用户数为7500万人，用户基数庞大，但应用社交属性较低。淘宝直播进店转化率超60%，但退货率较高。随着直播的不断发展，淘宝直播已逐渐从内容运营过渡到主播的“经验+专业”分级运营的阶段。经验涉及的维度包括直播场次、时长、平台活动完成率、粉丝留存率。专业涉及的维度包括单场直播栏目设置、有效宝贝投放、月直播订单、进店转化率、订单退货及差评售后服务能力。

2019年3月，淘宝直播推出了“主播成长”体系，通过该体系主播能了解到自己等级所处的位置。主播被分为三个大的级别——头部主播、腰部主播和新进主播。淘宝的主播等级反映的是主播的影响力，主播想要提升自己的等级，需要积累经验值和专业分。

淘宝内容部总经理玄德在淘宝直播盛典上曾公布了几组数据：2019年，

淘宝直播积累了 4 亿用户，全年 GMV（Gross Merchandise Volume，成交总额）突破 2000 亿元。其中“双 11”当天直播 GMV 突破 200 亿元，177 位主播年度 GMV 破亿元，2019 年淘宝直播带动了接近 400 万人就业。2020 年淘宝直播发展方向为以直播店铺化为主，流量运营私域化、主播孵化精细化、机构运营层级化为辅，让直播带货继续发力。

《2020 年淘宝直播新经济报告（定版）》的最后写道：“作为首个爆发的新经济业态，淘宝直播用了 4 年时间，创造了一个全新的产业，推动直播电商进入成熟期；淘宝直播的爆发，表明在新经济时代，商业的核心将从流量变成人。通过有故事、有创意、有温度的人本身，实现新的爆发，淘宝直播新经济是人的新经济。”

刘涛以花名刘一刀入职阿里巴巴，首场带货 1.4 亿元；汪涵把综艺模式搬进了直播间，第一档直播带货节目《向美好出发》在淘宝直播上线。

在淘宝直播间，一年 2.27 亿句“宝宝”，正是对“人的新经济”的最好证明。淘宝直播重新定义了“宝宝”，用这样的方式拉近了人与人之间的情感距离。与此同时，淘宝直播的强互动性和实时反馈性等特征，也缩短了用户的决策时间，提升了效率，消弭了信息时间差，真正实现了所见即所得。

但是，直播会创造新故事吗？到目前为止，在整个直播产业链中，直播电商占 30% 的市场份额，头部主播挟流量和关注度的优势对厂商进行破坏性开采，低价才能走量成为趋势，这其实是不利于厂商、销售渠道商和用户之间形成长期共生共赢关系的。很多甲方因为增长困境，将电商直播视为提升销量的唯一出路。

从目前的生态现状来看，吸引人们去观看电商直播的，不是内容，而是低价，而且最好是全网最低价，主播的房间不过是一个展示低价的渠道而已。所以直播的头部竞争，并不是什么粉丝数、播放量竞争，只是价格竞争。从这个维度看，电商直播与聚划算是一样的：类似刘一刀、汪涵这样的头部主播的影响力越大，拿货的价格就越低，就越能吸引粉丝，最后形成一个循环。

有些商家发现，在与某些电商主播后，短时间内确实带货数据很好，几万个产品可能刚上架就会被抢购一空，但转头将产品价格恢复后，该卖不动的货，还是卖不动。

对奢侈品来说，直播会是一种好方式吗？在中国，奢侈品品牌也在一再努力适应中国年轻一代消费潮流的变迁。尽管路易威登在小红书的直播间“翻车”，但在“万物都要直播”的时代，在新冠肺炎疫情中飞速赛博化的奢侈品品牌，仿佛一个姿态优雅的贵妇人，向着年轻人聚集的游乐场坚定地走来。

7.4.4 品牌必须理解带货之外的直播价值

如今，淘宝、抖音、快手、京东、拼多多、B 站都开放了直播功能。小红书、蘑菇街等导购社区也在直播领域做过诸多尝试，甚至 QQ 音乐、网易云音乐也开始在直播领域发力。有关数据显示，阿里巴巴、京东每个平台预计有 10 万种商品每天都有人直播。内容电商，即“内容 + 电商”，其实就是把能吸引你的任何信息和商品销售结合。以前我们将“内容 + 销售”叫作植入，即在内容中植入广告；而今天的“内容 + 电商”，则是在广告中植入内容。好的内容通常就两点标准：要么让观众产生情绪上的共鸣，要么给观众提供新的信息。

对品牌而言，直播已成为当今媒介环境中必须被认真考虑的一种传播手段。事实上有大量品牌通过直播的方式实现了快速增长，溜溜梅通过直播销量逆势同比增长 264%，梦洁家纺天猫店销量同比提升 11%，中粮福临门每天通过淘宝系直播等活动收获 9000 名新客。品牌营销的一大原则是：用户在哪里，营销就应该出现在哪里。

“59 秒”是深圳一家做 LED 紫外线消毒的品牌，其理念是让消毒像“洗手一样简单”。2018 年年底，59 秒天猫店开业，2019 年 3 月，品牌开始与头部主播合作在淘宝直播。过去 1 年间，59 秒在淘宝上做了超过 70 场直播，平均每 5 天一场。“对一个新产品来说，这是让大家了解它的好平台。”新冠肺炎疫情期间，59 秒有了爆发性增长，线上成交额超 4200 万元，同比增长 740%。在杀菌消毒家电细分行业，59 秒已从排在 200 名之外的“非著名品牌”一跃成为排名前三的知名品牌。

2019 年，直播被工具化，似乎所有品牌都陷入了魔怔，带货成了第一诉求。2020 年第一季度，新冠肺炎疫情期间，我们看到很多品牌都在做直播，宝马在天猫直播、耐克在腾讯直播、复星带领 17 个品牌在抖音直播，还有更多品牌在线上开启直播，微信也开启了视频号。很多品牌开始直播动作并不是为了卖货，而是为了与用户沟通与品牌建设，保持用户连接。比如复星的品牌群直播，就只是它营销内容场景化的尝试。复地地产联动薇娅直播卖房，卖出去多少房子不是最重要的，重要的是这是阿里房产的一次尝试，是复地地产的一次品牌价值呈现，是“薇娅第一次卖房”这一话题带来的内容价值和传播效应。

尽管直播已经被大多数网友所熟知，但对于品牌方来说，直播营销依旧处于发展初期。直播带货的整体叙事完全是非线性、碎片化的，这也意味着直播实际上并不适合做品牌构建：一个品牌故事很难在几分钟内讲完，直播间里的观众也很少会有耐心听单方面的输出。例如，董明珠在抖音首场直播里讲格力和自己的创业故事，从各方面反馈来看，用户就并不买账。目前直播所涉及的商品品类，大多还局限在美妆、百货这类女性用品和珠宝玉石这类非标品领域，迅速反应并率先采取直播营销的品牌，将会有机会获得更多的行业红利。

随着直播经济把“人”聚合到直播间，把“货”展示在屏幕前，把“场”延伸到每一个小店、卖场甚至仓库，电商直播已经在各个方面改变了我们的消费和购物方式。

当今品牌直播必须思考的五个问题——

（1）品牌直播普遍存在内容乏味、时间太赶、无持续性、低品质感四大痛点。

（2）每个品牌的直播需求不同，有的适合日常直播，有的适合节日直播，要根据自己的需求选择直播平台，制订直播计划。

（3）未来品牌直播的频次可能会达到一年百场的强度，对直播进行规划是需要补的一门课。

（4）直播带货再厉害，也带不出一流品牌，带货没那么神奇！直播背后，品牌价值建设不能被忽略。

（5）直播卖货是结果，不是目的，品牌要看清直播的价值：到底希望通过直播获得什么？在品牌传播上，必须在直播间外有其他动作来做补充。

7.5 价值共同体：内容驱动的去中心化

随着用户消费要求逐渐提升，内容为王的意义叙事逐渐成为新时代营销行业的最佳起点。营销的去中心化使更多品牌开始了内容化的运营。向用户输出品牌就要以内容决胜负，用内容来树立起品牌形象，从而获得更多用户的青睐。

7.5.1 一个问题：用户会选择你的品牌吗

品类即品牌，你的品牌出现在用户心智的首选名单里了吗？为什么是万象天地？为什么是星巴克？为什么是安德玛？为什么是海底捞？我曾经众筹创建过一家咖啡馆，坐落在深圳福田区梅林天虹边上，名字也很好记，叫深圳很多人咖啡馆。在找品牌定位的时候，有人说定位为创业咖啡馆吧，有人说做年轻人恋爱空间吧，我就问创始股东们一个问题：深圳有那么多咖啡馆，酷热夏天或者料峭冬日，一个人，为什么要山长水远地来我们咖啡馆？理由是什么？是否足够充分？

所以回到这一节的标题，品牌主们都来问自己一个问题：当用户走出家门，他会选择你的品牌吗？为什么？

中国绝大多数企业，急于发展、营销、增长、转化，但并不具备品牌影响力。很多品牌做营销，这些品牌难道都是为了推新品吗？它们是为了保持与用户的沟通，完成品牌建设的重要环节，这是一个长线思维下的行为。因此，无论是直播卖货还是单一的视频推广，都不足以建立品牌，品牌是长期思维下引导出的结果，需要有长线的品牌营销逻辑去推动。当你通过优质内容占领了用户心智，用户每每可以优先想到你时，你的品牌力构建就已初见成效。而所有那些成就你的品牌效应的内容、形式、渠道，都是对你的品牌的有效构建。

7.5.2 喜茶的三个产品线：门店、饮料、公众号

艾瑞咨询的报告显示，2019 年中国广告主最关注的营销手段是“内容营销”，51.7% 的受访者选择了这一项，它的受重视程度超过社会化营销（47.2%）与公共关系打造（32.6%）。

内容营销以图片、文字、动画、视频、直播等介质向用户传达有关品牌的相关内容。

如果问喜茶是卖什么的，你肯定会脱口而出，他们是卖茶饮的。实际上，喜茶创始人聂云宸曾亲口说，**喜茶有三个产品线：第一是门店，第二是饮料，第三是公众号。**

为什么门店和公众号也是产品？喜茶标准门店风格以黑白灰简约现代风格为主，在不断增加门店数量的同时，也相继推出 LAB 店、黑金店、粉色主题店、白日梦 DP 店等。喜茶的门店不像星巴克，如果它希望你坐在那社交，它不会把位置设计得那么不舒服，没有靠背，又挤又窄。喜茶的门店在设计时就是希望客人拍照的，它是一个内容的载体，而不是社交的空间。所以它是一个产品，其设计目的是希望客人在自主传播的时候有东西可以发。

公众号编辑是“键盘上的推销员”，其工作是用文字的形式把产品推荐给用户。喜茶公众号运营从始至终的核心理念就是用全新的风格诠释灵感与酷（喜茶的品牌定位就是灵感、酷、设计和禅意）。西瓜数据显示，喜茶公众号的活跃粉丝预估有 206.96 万人。首条推文平均阅读量达 10 万 +，介绍

喜茶香港首店开业消息的那篇文章，10 分钟阅读量达 10 万，其公众号威力堪比超级大号。

在形式创意上，公众号推文用动画、动图、漫画、长图、模特组图、视频等多元形式相结合，通过精致的图文排版呈现不同推送风格及格调。其设计风格多样，有港风、像素风、旧上海风等。通常情况下，相连三篇推送会以统一风格组合呈现，并善于通过“横屏”浏览模式，创造属于喜茶公众号的独特风格，以提高品牌辨识度，促进受众的持续主动关注。

在内容创意上，喜茶公众号善于抓场景化与故事性，紧贴大众话题，通过流行元素与内容的融合，注入喜茶的情感，获取内容的高效输出与传播。此外，公众号注重避开网络爆款词汇，不随波逐流，比起享受追求快流量的快感，喜茶公众号团队更偏向于慢慢寻找专属于喜茶的“喜茶式浪漫”。

除了新品、新店的基础推文，喜茶推文还包括了几个特有的系列板块——喜茶实验室、喜茶灵感铺、喜茶态度星球、喜茶白日梦计划、喜茶小剧场。所有系列都秉持酷、潮及超前时尚态度进行品牌文化和商业信息的传播，迎合了追求特立独行的年轻消费人群的期待。

2018 年喜茶被媒体称为“一家被茶饮耽误的设计公司”，2019 年喜茶又被称为是一家“被茶饮耽误的新媒体公司”。喜茶的内容创新永不止步，2020 年 4 月 3 日，喜茶首个子品牌“喜小茶”门店营业，单品定价在 6 ~ 15 元之间，不知道到时喜茶又会被如何定义。

2020 年 5 月，喜茶公布数据称，喜茶小程序的注册用户已超 2600 万人，复购率在 300% 以上，门店 80% 以上的线上订单来自小程序。

7.5.3 为什么品牌需要借势营销

全球著名的市场监测和数据分析公司尼尔森跟踪了 2017 年的 15000 款上市新品，一年后只找到 50 个。虽然新品没存活下来的原因很多，但其中新品的传播体系没有构建起来、新品传播不出去是主因，对于新公司 / 新品来说，预算不足是常态，那么就要善于借势营销。

借势营销是指品牌通过各种方式，及时响应世界各地发生的热门话题和事件，将品牌信息融入用户喜闻乐见的环境中，在这些环境中潜移默化地让用户了解并接受品牌的一种营销策略。借势营销为品牌目前的一大难题提供了解决方案，即“如何在快速多变的传播生态下，吸引用户驻足”。随着选择愈加丰富，如今的用户对营销内容的要求也越来越高。品牌推送的信息需要独特精准，方能突破重重阻碍并对用户产生影响。

人作为社会性动物，天生具有交流分享的本能，而热点本身就自带“用户参与感”。通过借势营销，品牌能够根据渠道环境设计营销活动，消除一切杂音，让品牌在合适的时间与地点与用户建立联系。

罗永浩第二场直播结束后，最引发热议的不是助力湖北农产业，一份帝王橙只需 1 分钱，当晚卖出 12.33 万份的记录，也不是 5 折售卖的 10 辆哈弗 F7，而是本场打赏榜单的榜一和榜二。榜一和榜二猛刷礼物，排名交替上升，最终，打赏超过 1313 万音浪的“小鑫鑫老师”荣膺榜首，榜二“周文强太太”的打赏也超过了 1095 万音浪（约合计人民币 100 多万元）。围观群众在巨大的好奇心驱使下，想方设法去弄清楚二位“土豪”的背景。

因为罗永浩提前已经明确，当天直播的打赏全部用于向湖北捐款，所以榜首之争，争的是公益之名，要知道做慈善并不是一件容易的事情，被媒体报道会被认为是炒作，不被报道又被认为力度不够，所以这次两位铆足劲来争这个第一，说明了几件事——

（1）前面章节提到，要争做第一，因为只有第一才会被记住。

（2）以公益之名行打赏之举，一举多得。

（3）初代网红罗永浩抖音带货第一场火爆后，第二场期待值更高，打赏榜顿时变成黄金广告位。

（4）抖音大咖云集，花样百出，如何吸引关注？借势最热门的人是个好选择。

结果就是，提前宣传“准备了一个亿”的“小鑫鑫老师”，抖音账号新开就斩获粉丝 67 万多人，她故作神秘，随后被网友发现，她白手起家于淘宝直播，创立 MZA 化妆品牌。比起品牌拿着喇叭不厌其烦地主动搞广告，这种被网友主动探索的方式，效果更好。

品牌案例 李子柒，现象级自媒体的诞生

红纱遮面，眉心红印，是网友对她的初印象。她有很多外号，“东方美食生活家”“仙女”“迪士尼公主”等。2020 年 4 月 29 日，她在 YouTube 上的粉丝突破 1000 万人，成为首个在该平台粉丝破千万人的中文创作者。1000 万粉丝是什么概念？号称是美国影响力最大的媒体的 CNN，粉丝 792 万人；号称是世界最大的新闻广播机构的 BBC，粉丝 558 万人。这些媒体机构发布的视频超万条，背后的团队动辄上千人，而她从入驻到现在，发布了 108 条视频，每条都是爆款。截至 2020 年 6 月，她在海外各平台总粉丝数已超 1400 万人，累计全球粉丝过亿人。她是李子柒，“90 后”，四川绵阳人，摸爬滚打进入短视频行业仅 4 年。

李子柒 2016 年之前的人生，惨过卖火柴的小女孩：幼时父母离异，6 岁受继母虐待，后被爷爷奶奶带回老家抚养，14 岁爷爷去世，她不得不辍学外出打工。年幼无学历，为了找工作，她睡过公园长椅，啃过两个月馒头，后来做过饭店服务员、做过夜场 DJ。赚到的微薄薪水部分自用，部分寄给奶奶。2012 年，李子柒 22 岁，那年奶奶生了一场病，于是她抛掉所有工作回到奶奶身边：“离得近一点，我也安心一些。”

2016 年，在弟弟的鼓励下，李子柒开始接触短视频领域。刚开始，李子柒甚至都不懂专业视频剪辑，只能靠傻瓜式的手机软件剪辑视频，闪退、关机对她来说是家常便饭。一个 10 分钟的视频，别人可以一次性完成，她却要一次一次重复剪辑，一个视频要花上两三天时间。后来在朋友的指点下，李子柒买了人生中的第一台单反相机和第一组三脚架。她一个人抱着它们爬山上树，遇到特殊角度，家里的大小板凳、盆盆筐筐都得派上用场。李子柒说，当初自己的想法很简单，只是想告诉那些远离了乡土、自然的人们，原

生态的生活是什么样子的。她不曾刻意策划，只想做一个农耕生活忠实的“记录者”。

着眼平凡生活，收获不凡成就

李子柒的视频，都是在她四川的农村老家取景的。视频里，她穿着古风的衣服，用着当季的食材。在农村小院里，穿着一袭素衣，安安静静地做美食，那种不急不躁、享受生活的过程，实在让人觉得赏心悦目。古典的食物、古法的工序、古老的传统、古朴的炊具、古雅的氛围，再配以素淡的古装和悠扬的古调，李子柒的视频以“古”为特色，总能瞬间拉你回到“采菊东篱下，悠然见南山”的陶渊明式生活。

李子柒的厨艺继承自她的爷爷，李子柒的爷爷是村里的乡厨，会很多菜式。平日里李子柒除了下地，还会编制竹器。视频中我们看到李子柒编竹篓、编蒸笼、劈柴、种地，李子柒曾说过，你们羡慕的生活技能，或许只是别人的求生技能。

“视频风格和内容，我觉得还是跟我从小的生活环境有关吧。那时，我们农村里面吃的、用的、穿的，一切都要自给自足。所以，当我要做短视频的时候，我肯定是从我比较熟悉的地方去入手。”

2017 年 5 月，她发布了一条致谢视频，呈现出了她自己一人一团的艰辛。在视频里，她写道：“2 万多条素材，来来回回开关 4 万次，按每条素材走 25 步来算，步行约 260 公里。不求您能喜欢，但求能给努力做内容的自媒体人最基本的尊重。”这让很多人知道了，镜头外的那个李子柒，其实和大多数普通人一样。想要的东西，要靠自己的努力去争取。

百转千回，最终她以诗意的步履，开启了另一种生活的大门。我看过一个视频是李子柒自己种棉花、摘棉花、采棉花、纺棉花，最后做出棉被的过程。只看那一朵朵棉花从一个美丽女子手下生长出来，最终变成暖身的被子，就足以令人发自内心地赞叹了。桃花开了，她采来酿成桃花酒；枇杷熟了，她摘来制成枇杷冰；柿子红了，她拿来晾干做柿饼；酸枣掉了满地，她拾来做成酸枣糕。

在她的镜头中，有春种秋收、榨菜清粥，有笔墨纸砚、活字印刷，有养蚕缫丝、华丽蜀绣。无论是令人垂涎欲滴的清新美食，还是劳累农活，都是李子柒自己一个人完成的。看她的视频，你能深刻地领悟到《道德经》中“人法地”这三个字的意义。大地承载万物，人和其他万物同处于其中。在人和自然的互动中，人类展现出自己的百般心思，千般机巧，万般灵气。日出而作，日落而息，一箪食一瓢饮，看似平淡无奇的日子，她却能够把它过成一首诗、一幅画。

长期主义，慢即是快

李子柒的视频与许多博主的不同，她拍摄的时间跨度会拉得非常大。比如酱油在别人视频中，也许只是一味调料，但李子柒会叙述将一粒黄豆变为一滴传统手工酱油的全过程，亲手实践传统酱油酿造技术，再做出各种美食。再比如姜的一生，拍摄从春末下姜种，到发芽、收获，历经漫长的季节。

兰州牛肉面被誉为“中国面文化的活化石”，制作工序繁杂考究，对于操作年限和技术要求极高，李子柒历时两个月向技艺精湛的老师傅求教，终于完成了视频录制。从资料查阅、走访调研、深入学习到独立拍摄，到剪辑再到最终呈现，前后历时三个月。为了制作蜀绣，李子柒看了蜀绣纪录片，并联系蜀绣国家级“非遗”继承人孟德芝学习了半年，才习成绣技。为拍摄木活字印刷术，李子柒又花了小半年的时间请教老师傅，用近两年时间手工制作出了文房四宝。

李子柒纯手工制作中国古代传统美妆产品，眉黛膏、染唇纸、胭脂等汉妆被一一重现，人们得以了解古代女子妆镜台前的惊艳一角。李子柒自己挑砖，制作好水泥，然后开始砌砖窑，烤出了独一无二的面包！养蚕、缫丝、刺绣、竹艺、木工……李子柒可以说样样精通。徒手做“竹沙发”，从伐竹到组装，一点也不含糊，就连自己吃剩下的葡萄皮，也可以用来染成袅如紫烟的轻纱薄裙。

在李子柒的视频里，我们看到的生活是清早山谷骑马，是桃花树下叼着狗尾巴草的悠然自得，但我们无法想象的是，年轻的李子柒是怎样忍受生活背后的艰辛的，这种奇异的特质注定了她会有一个非凡的人生。《中国日报》给她的视频的评论是："仿若一幅自如闲适的山水画，激发着人们返璞归真的情感共鸣，带有明显的李子柒的个性符号，是她不忘初心、追求美好的真实写照。"《中国新闻周刊》评价她："在乡野山涧之间，在春风秋凉的轮替之中，她把中国人传统而本真的生活方式呈现出来，让现代都市人找到一种心灵的归属感，也让世界理解了一种生活着的中国文化。她用一餐一饭让四季流转与时节更迭重新具备美学意义，她让人看到'劳作'所带给人的生机。"

中国传统文化输出者

"看到结尾她和她奶奶一起大笑，我看哭了，眼泪在眼眶里打转。"

"难以相信，我最喜欢的 YouTube 频道，竟然是一个我完全听不懂语言的频道。"

…………

随便扫一眼评论区，满满都是来自外国友人的夸赞。要知道，李子柒的视频从来只有中文字幕！饶是如此，数百万的外国粉丝一边不懂一边看，一边求翻译一边看，并且不吝笔墨，在评论区尽情表达他们的喜爱。她用了另外一种全世界人民都"听得懂的语言"：最真实的生活。我们都向往田园牧歌的美好，都对地球另一个角落人们的生活充满好奇。春耕夏种秋收冬藏，一箪食一瓢饮，一畦菜地，一缸古瓮，李子柒只是简单、纯粹地记录着自己在田园生活中的每个片段、每个场景。

"当众人齐集都市，我定会返回空无一人的山峦，高声歌唱生活。"李子柒坚持在自己的生活圈里，吃好三餐，过好四季，用心发现身边的美好点滴。靠着这些实打实的生活技能，她重新定义了"生活"。她凭着自己的影响力，把博大精深的中华文化，正向地对外输出。不仅如此，她还把这些象征中华传统文明的物件，作为礼物送给国际友人。很多外国人通过她的视频，知道了更多的中华传统美食。

在“网红出海”这条路上，李子柒也是最吸金的红人博主之一。YouTube 数据显示：作为“东方古风美食博主”的李子柒，单月广告联盟收入 464 万元，是大中华区“单个视频合作费用”最高的。全球人民对她如此喜爱，是因为她的视频让全球人民对充满了中华历史沉淀的田园生活心生向往和憧憬，同时也给更多人带来了治愈的力量。

200 多年前，古希腊哲学家亚里士多德说：“幸福是我们一切行为的终极目的。”我们获得幸福容易吗？至少李子柒给了我们一个方向：真实，简单，质朴。一切都源于自然，快乐地“劳动”，安静地守候成长，这也就是她传达的生活即修行的意义。

李子柒之于品牌的 5 个关键词

初心：假如她一开始就本着成功（商业）的路子去做这一切的话，也许就不能取得今天的成绩，也不会受到主流媒体的高度赞誉。“无心恰恰用，用心恰恰无”。

符号：更多时候，“李子柒”只是一个符号，这个符号通过视频这个载体，为现代焦虑人群勾勒出了一个象征着田园舒适生活的“乌托邦”。

价值支点：提供了一种稀缺性、一种差异化价值，用超配意识做到现象级。

渠道：选择了以 YouTube 为主战场，获得强关注和曝光，反哺国内。

匠心：专注长期价值，原生呈现，做好品牌声誉管理，让人们相信了时间的力量。

第 8 章

IP：

移动互联网时代新式人格化标签

超级品牌就是超级 IP。

价值观才是这个时代最稀缺的资源。超级 IP 以其人格化属性，获得了狂热粉丝的价值观认同；以其穿越周期的内容化特征，自带势能和流量，获得了跨媒介经营的商业实现可能。在移动互联网环境下，在泛娱乐化生活方式下，超级 IP 成为精神商业时代的社交货币和最强吸金石。

8.1 IP 的定义及其与品牌的区别

近年来，围绕着 IP 展开的各类衍生产业层出不穷，更多企业着力于 IP 的打造，甚至知名品牌也在与各式 IP 联名，以创造更多收益。那么，什么是 IP？ IP 与品牌有什么区别?

8.1.1 什么是 IP

IP 一词最早于 17 世纪中叶由法国学者卡普佐夫提出，后为比利时著名法学家皮卡第所发展。皮卡第将之定义为“一切来自知识活动的权利”。1967 年《世界知识产权组织公约》签订后，该词才逐渐为国际社会所普遍使用。传统意义上，IP（Intellectual Property）就**是知识产权，是一种无形资**

产，IP 产业特指具有长期生命力和商业价值的跨媒介内容运营。

吴声将 IP 定义为**有内容力和自流量的魅力人格，内容的持续生产形成值得期待的被订阅机制。**超级 IP 具备独特的内容能力、自带话题的势能价值、持续的人格化演绎、新技术的整合应用、更有效的流量变现特征。但我个人觉得阑夕的说法更贴切：**IP 是指能够仅凭自身的吸引力，挣脱单一平台的束缚，在多个平台上获得流量、进行分发的内容。**一个真正的 IP，应有以下三点特征。

首先，IP 是无形的。IP 折射的是价值观、人生观、世界观或哲学层面的含义，它最终要和人们产生情感上的共鸣。不少人片面地认为 IP 就是一部小说、一首歌曲、一部电影或一个形象，认为创作 IP 就是创作以上这些具体的形态。实际上，IP 形态本身的价值并不高。这些形态只是 IP 的载体，人们通过这些形态来理解 IP 释放的内核。

其次，真正的 IP 是永恒的。IP 包含的是一种普世价值，这些普世的价值观和哲学，可以跨越文化、政治、人种、时空及一切媒介形式。由此，海贼王等超级 IP 通过价值观的沉淀对全球观众产生审美影响和文化层面的持久影响。小说、电影、音乐等承载 IP 的具体形态也许会因热点转移、时代变迁而消失，但 IP 如卓越品牌一样，有穿越周期的能力。

再次，IP 有强大的延展力。一个强大的 IP 可以出现在小说、动漫、游戏、电影、电视剧、舞台剧等各种文化创意形态里，形成一部部优秀的作品。通常来说，IP 都有一套规范化的管理模式，主要体现为——

（1）IP 的三观（世界观 / 价值观 / 人生观）。

（2）IP 故事塑造（出生 / 身世 / 使命感 / 磨难坡度）。

（3）IP 角色塑造（名字 / 身份 / 性格 / 标签 /Slogan/ 口头禅）。

（4）IP 的传播载体（流行话题 / 亮点 / 弱点 / 角色关系）。

（5）IP 的形象设计（主色调 / 辅助色 / 辨识度带来的差异化记忆点）。

（6）IP 的场景化规则（情绪状态 / 氛围 / 道具）。

作为一个 IP，首先要具有吸引流量的作用，必须是让人感兴趣、情不自禁想要关注的。而且，IP 可以在多个行业、多个平台上出现。比如，一个动漫 IP 可以在视频网站上，以视频的形式展出；也可以被做成手办，在购物平台上售卖；还可以制成漫画作品、游戏、盲盒等。

IP 在这种对自身价值展现方式上下求索过程中，逐渐形成了由上游、中游、下游组成的“金字塔”式 IP 产业链：上游主要包括网络文学、网络动漫及其他类别，其中以网络文学市场规模最大，达百亿元级别；通过电影、电视剧、网络剧等方式实现 IP 内容变现属于中游范畴，市场规模达千亿元级别；游戏、动漫衍生品、实景娱乐主题公园、玩具、图书等产品则归于 IP 产业链的下游，预计市场规模能达两千亿元级别。

8.1.2 IP 与品牌的区别

IP 是一种无形资产，但大众甚至部分从业者对 IP 和品牌都有一些“傲慢与偏见”——

其一，将 IP 形象等同于 IP。那些“国民级”App，从新浪到搜狐，从天猫到京东，从飞猪到得到，都有自己的 IP 形象。于是很多品牌都群起跟风，有些甚至在没搞清楚为什么要做的前提下，不惜斥巨资设计出一个 IP 形象，最后只能摆在公司门口，不了了之。

其二，以完成 KPI 的心态去速成 IP。很多品牌看到超级 IP 通过授权就能赚得盆满钵满，便照猫画虎，也想赶紧开发一个 IP，然后就可以坐收授权费了。于是，他们启用团队历时良久设计出一个形象，然后开始写一些性别、年龄、优点、缺点、来自什么星球、有什么爱好之类的简介，接着推出表情包、参加展览、跟艺术家跨界、做商业美陈……这些做法似乎没错，但实际上忽略了 IP 最核心的东西。殊不知，IP 跟品牌一样，都是和用户共同进行价值塑造、相互赋能的结果。那么，品牌与 IP 到底有什么区别？

品牌有几个关键要素，即符号、产品、识别、差异化。简单来说，品牌是以产品为基础，又高于产品，并且通过符号化来区隔竞争者的符号。品牌价值主要体现在用户价值（功能、质量、价值，也可以叫作品质、品位）和自我价值（知名度、美誉度、忠诚度）上。品牌是对企业主体的边界、结构、特质和取向的一种描述，其价值主要来自外部市场，是通过产品与服务来支撑价值主张的。

IP 则是以内容为起点发展起来的。IP 的产生和发展都必须以源源不断的优质内容为基础，离开了内容，IP 的生命力将走向衰竭。IP 以内容的方式来完成对价值观和文化观的阐述、诠释，从而形成面向公众的表达，本质上内容就是 IP 价值本身。IP 变现收获的就是一种"归属感消费"。

品牌是垂直作用力，品牌定位就是锚定某个品类和产品，越往下延伸锚定力越弱；IP 是水平作用力，IP 以内容锚定某种人格，超级 IP 有很强的跨界能力，可以做到历久弥新。不是所有品牌都是 IP，但品牌可以打造成为 IP，即 IP 是品牌进化的高级阶段。比如，吴承恩创造孙悟空这个形象已经1000 多年了，经过历史的积淀，这个形象不仅没有衰落还历久弥新，获得了一代代青少年的喜爱。这就是 IP 的力量，时空变幻，孙悟空的连接力是永恒的。

耐克是一个优势品牌，备受追捧，但要让人们记住它，需要品牌投入更多的资源做更多的宣传。它很难让用户主动去谈起，所以它不是一个 IP。而耐克的乔丹联名款 AJ（Air Jordan）是一个 IP。它因乔丹的标签而具有人格化特征，能自带流量，完成自传播。罗永浩也是一个 IP，其"基本不赚钱，就是交个朋友"的口语化表达，成了非常好的社交货币。

我们在前文中提到的可口可乐，则成为某种社交货币，完成了从优势品牌（肥宅快乐水）到超级 IP（乐趣 + 梦想）的跨越。可口可乐通过笑脸包装、表情海报、昵称瓶等年轻人喜欢的方式，为品牌成功打造了人格化特征。可口可乐赞助《美国偶像》就是在彰显自己对梦想追求者的支持，并在互联网引发了大量的话题，从而完成了 IP 的转化。

从用户的角度来看，品牌和用户之间的关系是价值交换关系，因此品牌需要清楚地诠释自己的价值主张，并以此主张占领用户大脑。IP 和用户的关系则是一种频率共振，是“走心”的共鸣。IP 的终极目标是追求价值和文化认同，因此它提供给用户的是一种情感寄托。

曼德拉说：“如果你用一个人听得懂的语言与他交流，他会记在脑子里；如果你用他自己的语言与他交流，他会记在心里。”随着用户主权时代的到来，IP 从内容化升级到人格化，成为移动互联网时代人格化定义标签。IP 自带粉丝，有强大的流量入口，能快速引发社交裂变，并能在短时间内衍生出巨大的购买力。它不再仅限于一个文创角色，其类型非常广泛，包含动漫游戏、艺术文创、文学、影视综艺、明星名人、知名品牌、教育 / 学院、体育赛事等受大众欢迎的类别。

IP 的价值，实际上是“熬”出来的伟大，或者应该说不单单是“熬”，更多是对 IP 的内容运营和价值沉淀。比如，皮卡丘、海贼王等到现在仍是日本王牌 IP，其严苛繁复的监修是 IP 持有方对于 IP 保护的最后防守线。

8.2 从巧虎、熊本熊与三只松鼠到盲盒、潮玩展

从巧虎、三只松鼠、熊本熊等萌态可掬的卡通动物形象 IP 的火爆，再到以 Molly（茉莉）为代表的潮玩产业的发展，越来越多的萌系 IP 正在逐渐攻占人们的心房，这也是市场年轻化的体现。打造相关 IP 不仅能帮助品牌树立形象，更为品牌的人格化发展打下了良好基础。

8.2.1 巧虎、熊本熊与三只松鼠

营销大师费瑞兹（Feruz）说：“拒绝，是用户的天性。”经过萌化的卡通 IP 形象则容易让用户卸下心防。大卫·奥格威提出了著名的 3B（Beauty、Beast、Baby，即美女、动物、婴儿）原则，即人们天生喜欢可爱的事物，因此，可爱的品牌也更能受到人们的青睐。在《卡通形象营销学》一书中，作者通过实验证明了卡通形象能够影响用户的行为：“带有卡通动物形象的零食比没有卡通动物形象的零食，用户购买意愿会增加 25% 左右。”巧虎、熊

本熊、三只松鼠等，都属于卖得了萌、耍得了帅的 IP。

萌文化在主流文化中大行其道，B 站的发展也可以从侧面印证这一潮流。需要特别强调的是，并不是贴近年轻人的卖萌耍帅，都会赢得关注。卖萌耍帅之所以成为主流文化的一支，是有其深层心理需求逻辑的。“可爱”是为了获得反馈和互动，与新型的社交连接方式有关。比如，我们看到一只可爱的小狗，会忍不住上前逗一下，这其实就是“可爱”的作用。现在的年轻人每天都能在互联网上接触到陌生人，为了有效地进行互动，萌系表情包就起到了很有用的桥梁作用。所以，年轻人喜欢卖萌，本质上是在社交中渴望得到反馈。

《乐智小天地》是由日本教育集团 Benesse Corporation（倍乐生株式会社）和中国福利会联合出版的针对学前儿童的早教产品。2006 年 6 月，《乐智小天地》开始发行，第一年就收获 3 万名会员，迄今已有近 200 万名会员。巧虎的商业模式以巧虎 IP 的塑造为基础，以《乐智小天地》和《巧虎开心成长乐园》为核心产品，衍生出丰富的周边产品和媒体作品。它采用会员预付款按季或年征订、快递寄送上门的方式销售。同时，它在大型商场人流密集的通道中开设实体店面，作为商品展示、用户体验及申请订购的触点。

我本人是一个巧虎的超级用户，我儿子赞赞不满一岁就与巧虎成了好朋友。迄今为止，我已连续订购了四年。分析起来，巧虎除了持续以丰富、高感知的内容去强化这个 IP，还有几点值得借鉴。

在用户洞察上，“90 后”“95 后”后逐渐成为结婚育儿的主力人群。他们的受教育程度更高，消费能力更强，对科学育儿、早期教育理念的认可度也更高。巧虎抓住了这些家长在子女教育投资上价格不敏感的特点，对接家长缺乏幼教知识和工具的痛点，结合先进的教育理念，与中国福利会合作，成功进行本土化定制，成为一款优质的幼教产品。

在产品研发上，巧虎每项产品的开发前都做过详细的调查分析。比如，在为主人公“巧虎”和“琪琪”打造角色设定时，选取了数万名 3 ~ 6 岁学龄前儿童作为样板，将其分为男女两组进行调查，其中老虎获得 73% 的男孩的青睐，兔子则获得68%的女孩的青睐。巧虎率先推出集打造自我、心灵、社会“三位一体”的独有立体成长模式，以孩子为主角，让孩子动手操作、探索发现，引发孩子尝试的兴趣，并在这个过程中对其进行潜移默化的教育。《乐智小天地》将目标定位为培养孩子的“自我调适与管理力”“社会适应力”“探索思考力”三大核心力。

在销售模式上，巧虎主推亲友口碑营销（体验经济和有偿亲友介绍），以增强说服力和提升品牌可信度。会员只要介绍亲友订购产品即可获得一定的礼物奖励。这些礼物奖励都是巧虎特制的非卖商品，由于获取渠道的局限性，提升了礼物奖励本身的价值，并增加了“友介”的动力，从而形成口碑营销闭环。据悉，巧虎60%以上的订购都来源于“亲友推荐”。根据母婴研究院整理的《魔镜市场情报》，2019年7月的淘宝+天猫平台数据显示，巧虎早教教具销量排名第一，其销售额为1116万元，同比增长30.3%，市场份额为39%。

那个看上去笨笨的、脸上有个标志性腮红的熊本熊与三只松鼠都是“可爱本爱”，也都是广为人知的IP。它们都具有杰出的延展能力。熊本熊具有高度拟人化特征。他有自己的职位——熊本县的旅游局局长，熊本县位于日本西部、九州岛的中心位置。2010年10月，熊本县知事蒲岛郁夫召开紧急新闻发布会，宣称外派出差到大阪的公务员“熊本熊”失踪一周了，请知情人士在推特上联系官方，并打上“#kumamonn”的标签。于是，网络上不停更新着各种目击熊本熊的照片。

为了一头玩具熊，一方政府居然召开新闻发布会！对于这种“戏精”行为，社交网络上的“吃瓜群众”十分受用，纷纷表示“太有趣了！”通过一系列的事件营销，熊本县最终将已经在大阪小有名气的熊本熊推向了日本全国，使其“国民萌宠”的形象深入人心。根据日本银行的计算，熊本熊出道头两年就为熊本县带来了1244亿日元的收益（约合76.3亿元人民币），熊本县也从一个落后的农业县变成了日本热门旅游地。

但熊本熊时而“呆萌”、时而“贱萌”的表情和不按常理出牌的行为，如美滋滋地吃火锅、追着柴犬满公园转圈等一系列贴近生活又逗趣的行为在社交网络上持续传播，让人惊喜不断。

2019 年，一直标榜为“年轻人的休闲时光陪伴者”的三只松鼠，宣布其全年销售额突破百亿元。这家成立于 2012 年的位于安徽芜湖的食品电商企业，服务用户已超一亿人。章燎原或许会想起自己 18 岁那年，看到表哥用矿泉水洗手时的情景，“谁说矿泉水就不是用来洗手的？”思路决定出路，不用生产一样可以卖货。他用 8 年时间打造了一家市值 300 亿元的龙头企业。连《人民日报》都赞誉其“成功帮消费者养成了吃坚果的好习惯，成为下一个国货领头羊”。

三只松鼠塑造的三个 IP——松鼠小贱、松鼠小美、松鼠小酷，具备可爱形象、星座、爱好、个性等。这样的品牌设定具有趣味性，能够快速吸引目标用户的关注。此外，三只松鼠以主人和宠物之间的关系，替代传统商家和用户之间关系，客服以松鼠的口吻与用户交流并亲切地称呼用户为主人。这样的沟通方式提升了用户的消费体验感，打造了超预期服务，增强了用户黏性，品牌由此具备了立体形象和人格属性。

三只松鼠从一个超级产品进阶到 IP，始于 2018 年 4 月 9 日起在北京卡酷少儿频道首播的《三只松鼠》动画片。围绕网红、IP 和二次元来实现品牌的 IP 化和人格化，是三只松鼠的“泛娱乐化”战略，其核心是“打造内容垂直的 IP，搭建立体式的产业经营平台”。动画片因其超强的可塑性成为其中的关键一环：它可以是一部在各大电视台轮番播出的动画，是一个无须支付广告费的广告；它可以授权给文具、服装、游戏、电子产品等各个行业；它可以成为商业美陈、舞台剧等艺术表现形式；它甚至可以成为零食店、KTV、餐饮店、医院、酒店等业态的主题。

除坚果外，三只松鼠这个 IP 已经融入各种日常的生活场景：毛绒玩具、抱枕、手机壳、拖鞋、水杯、口罩、卡套等。最近，三只松鼠发布公告称拟使用自有资金 4225.62 万元投资设立 4 家全资子公司，除 1 家仍为休闲食品公司外，另外 3 家为婴童食品公司、宠物食品公司和礼品公司。到 2025 年，三只松鼠的开店目标是拥有1000家投食店，1万家松鼠小店。三只松鼠以动画为支点，持续性地进行内容输出，帮助企业建立纵深的产品线，再通过多角度扩散，产生有集群效应的商业面，面对各维度发酵，帮助企业打造出立体式产业经营平台，这也许才是不可定义的三只松鼠的“松鼠王国”。

8.2.2 绕不开的泡泡玛特

回望2019年，虽然《新周刊》给出的年度汉字是“南”，但是在我心里有另一个答案——“潮”。从上半年热议的“潮牌”（主要体现在服装上）到下半年火爆的“潮玩”（主要体现在盲盒上），曾经人们眼里的“非主流”正在主流化。2019年“双11”的战绩榜单上，11个新锐品牌拿下行业第一，一批新颖而富有活力的品牌迅速走进大众视野，为中国消费行业掀起了新浪潮。

钟薛高、泡泡玛特（POPMART）、三顿半成为其中的佼佼者。如果把名单范围扩大一些，完美日记、元气森林、花西子、汉口二厂汽水、阿尔法蛋、中国李宁都在其中。这其中，泡泡玛特并不是一个新的存在。早在2010年，王宁就在北京中关村的欧美汇开了第一家实体店，确定了“像超市一样售卖潮流产品”的模式，取名泡泡玛特。但他很快发现这个模式有很大的问题：产品不聚焦、模式复制成本低、很多产品在网上都有售卖且价格更便宜。泡泡玛特作为线下渠道商，不仅有店租、人工等硬成本，还要受制于上游，利润被挤压得厉害。于是，王宁便琢磨如何转型。

2015年，Sonny Angel系列为泡泡玛特创造了3000多万元的营收，占其总营收的近30%。团队经过调研，挖掘到用户的“收集”热情，这种热情通过盲盒的方式被迅速放大，进而产生了社交属性。拿下Molly的独家IP版权后，泡泡玛特的转型之路渐渐打通。在天猫发布的第一个Molly系列，每套售价708元，200套售罄仅用时4秒钟。之后，泡泡玛特陆续与Fluffy House、Labubu、妹头、Satyr Rroy、PUCKY等众多国内外知名IP达成全面战略合作，实现了潮玩的量产化。

2017年1月，泡泡玛特一度登陆新三板，后于2019年4月退市。从使用“潮玩”这两个字到 Molly 系列销售额达 3 亿元，泡泡玛特用了不到 3 年时间。对于泡泡玛特的成功，有人说靠 IP，有人说靠渠道，也有人说在正确时机切对了市场。王宁自己却说：“我觉得我们就像很多企业一样，创业的过程当中可能刚开始想做的是 A，然后做成了 B，突然有一天在 C 成功，可能有一天在 D 伟大。”

在“潮玩”这个词出现前，人们称这些艺术衍生品为 Artist Toy（艺术家玩具）。年轻、先锋的艺术家用玩具的形式表达艺术，结合雕塑与绘画，同时糅合年轻人群的价值认可，令 Artist Toy 这个行业日益蓬勃。泡泡玛特意识到世界各地有许多非常优秀的艺术家还未走入大众视野，这些艺术家都相对专注在一个 IP 上，如小女孩 Molly、小怪兽 Labubu，他们一画就是数年。一些艺术家以雕塑和绘画结合的模型玩具为载体，以高价出售少量玩具为生，逐渐积累铁杆粉丝，但这些 Artist Toy 的商业化并不成熟。

英国哲学家怀特海说，世界的悲剧就在于有想象力的人缺乏经验，而有经验的人缺乏想象力。如何既让设计师有充分的时间专注于创作，又能释放其巨大的商业价值呢？泡泡玛特利用自身完善的产业链帮助艺术家解决了这个问题。它就像一家唱片公司或经纪公司，从商业角度帮助艺术家成为 IP，再借助中国制造推出产品。王宁说：“我们相当于在这个市场上搭建基础设施和构建生态环境，通过工业化和商业化的改造，让它走到了更多人的主流文化面前。”

潮玩成为年轻人的新宠。2019 年“双 11”期间，泡泡玛特以 295% 的增量达成 8212 万元交易额，卖出潮玩超 200 万个。仅 9 秒就有 55000 个盲盒售出，首次超越丹麦乐高、日本万代，成为天猫旗舰店玩具类目销售第一名。线上之外，泡泡玛特在线下也已打造好了相对成熟的零售网络，在全国 56 座城市铺开 130 家直营门店，外加近 700 台机器人商店（机器本身就是商店）。

2017 年 9 月，由泡泡玛特主办的首届北京国际潮流玩具展（Beijing Toy show，BTS）在北京国家会议中心开幕。BTS 不仅是中国内地首个大型潮玩展会，而且其构建的潮流文化生态圈，从侧面反映出社会对于潮流文化的接纳，逐渐树立起了潮流文化产业的文化自尊。

2019 年的 BTS 延续了“Back to Play”（玩心回归）的广告语，带领大家找回童年那个真实且纯粹的自己，入场人数超 10 万人（2017 年首届才 2 万人入场）。粉丝们不仅可以抢购到人气潮玩品牌和设计师发布的展会限定作品与新品潮玩，还能在主舞台活动中与龙家升、Ayan、植田明志等明星潮玩设计师近距离互动，全场集徽章等活动更是让参展粉丝惊喜不断。展会结束，大量粉丝晒出自己在 BTS 上购买的限定品，在闲鱼、葩趣等二手交易社区，求购 BTS 限定品的帖子层出不穷，从线下到线上，泡泡玛特正在全面掀起潮玩热。

中国长期以来创业主流梯队的目光，多数集中在科技、技术、金融领域，但实际上用户还需要很多感性的东西。这些基于感性需求的产品，会让人们觉得生活更加美好，未来最有价值的是 AI（人工智能）代替不了的东西。目前全球潮玩市场规模已超千亿美元，而中国的潮玩市场还在起步阶段。虽然泡泡玛特估值已达百亿元，并且成为“2019 年三季度胡润大中华区 15 家新上榜独角兽企业”之一，但在王宁的规划中，泡泡玛特未来会像迪士尼一样成为规模庞大的 IP 运营企业，以多种形式切入大众生活。2020 年泡泡玛特已经展开了海外布局，努力成为潮玩行业的迪士尼，走向世界似乎成为其志在必行的一步。2020 年 12 月 11 日，泡泡玛特登陆香港交易所，凭借盲盒之势风光上市，公司市值一度突破千亿元港元。

泡泡玛特的六大成功法则——

（1）占领“潮玩”这个品类，让人说到潮玩就想起泡泡玛特。

（2）找到 Molly 这个 IP，以爆品 IP 打磨一整套玩法。

（3）搭建从开发设计到生产销售的完整供应链体系，自主开发 IP 衍生品和拓展授权市场。

（4）拥有全国 130 多家直营门店、700 台机器人商店、天猫旗舰店及完善的分销渠道。

（5）自主研发潮玩社交平台葩趣 App，建立粉丝社群与盲盒交易阵地。

（6）主办北京上海双城国际潮流玩具展，将其打造为潮玩标杆盛典。

8.2.3 Molly 开启盲盒之魅

中文名：茉莉

英文名：Molly

设计师：王信明（Kenny Wong）

出生时间：2006 年

出生地：香港

性格：倔强、可爱、聪明、傲娇

特点：湖绿色大眼睛、金黄色卷发

特长：画画、想象、创作

Molly 其实不是一个新 IP。她出自香港知名设计师王信明之手。实际上在被泡泡玛特打造成“顶级流量”之前，已经存在 13 年了，在潮玩圈内算是“骨灰级”IP。如果你仔细观察，你会发现 Molly 的脸并不是非常典型的那种美美的、很可爱的造型。她噘着嘴，有一颗痣，从某些角度看感觉很奇怪。但正是因为这样的设计，让它有了很强的辨识度和记忆感。

2015 年，泡泡玛特在跟日本超人气娃娃 IP Sonny Angel 合作的过程中，提出了“潮玩”这个关键词，第一个走红的自主 IP 潮玩形象就是 Molly。随后，它与设计师毕奇、Seulgie Lee 合作推出的 PUCKY、Satyr Rroy 等系列潮玩也都受到用户的追捧。

Molly 的形象，是一个噘着嘴巴、一脸傲娇的小小画家。她大大的湖绿色眼睛中充满了对世界的好奇，表情童稚又独特。Molly 自 2016 年开始量产至 2020 年 2 月，共推出超 75 个系列，超 552 个玩具单品，还有近百个其他品类周边，粉丝遍布亚洲，一跃成为潮玩圈最火爆的 IP。

Molly 有多火？有一年 Molly 在北京举办签售会，时间为圣诞节前 3 天，北京非常冷，气温低至 -5℃。凌晨 5 点钟，签售会场外已有 2000 人排队。有人说，北京在历史上只有两次发生过凌晨四五点钟就 2000 人在门口排队的情况，另一次是 iPhone 4 发售的时候。Molly 最厉害的地方是实现了 IP 的"升维"：Molly 能够把其他 IP 元素融合到自己身上，它总是可以和这个时代最流行的东西合作，如玩具总动员 Molly、小黄人 Molly、王者荣耀 Molly、宫廷瑞兽系列 Molly 等。这种"升维"让 IP 的生命力变得更强大、更有渗透力。Molly 与《我只喜欢你》合作，开启了潮玩 IP 授权影视剧的先河。加上此前与《明日之子》及伊利味可滋、芬达的合作，表明泡泡玛特的 IP 授权合作版图正不断扩大。

以 Molly 和 Sonny Angel 为代表，其凭借较低的定价门槛（一般在 39 ~ 79 元之间）吸引低阶潮流爱好者。由于新品不断，每个系列都会按季节发售，一个系列一般有 9~12 种款式，每种款式在人偶动作、表情、服装上都有细节变化，因此产品复购率大大提升。这种源自日本扭蛋概念的**"盲盒"**销售模式迅速走红。

2019 年 8 月，天猫发布了首份《95 后玩家剁手力榜单》，手办、潮鞋、电竞、Cosplay（角色扮演）和摄影成为在"95 后"中热度最高，也最"烧钱"的五大爱好。手办这种产品，过去一年中在天猫上的同比销售额增加近 190%，客单价和消费频次均名列前茅，成为当代年轻人最"烧钱"的爱好。

在这一系列受"95 后"追捧的爱好中，盲盒收藏成为增长速度最快的领域。数据显示，天猫 2019 年有近 20 万名在盲盒上年花费超过 2 万元的"硬核玩家"，其中"95 后"占了大多数，购买力最强的用户一年购买盲盒耗资百万元。一套盲盒玩偶除了基础款，还包括隐藏款，甚至还有特别隐藏款。比如，一套 Molly 盲盒通常有 12 个常规造型，加上 1 个隐藏款造型，抽中隐藏款造型的概率约为 1/144。有的造型出现的概率更低，如 Molly 的西游金色特别款，抽中的概率仅为1/720。很多玩家为了抽到隐藏款，会不停地“买买买”。单个盲盒的价钱并不高，但如果总是“买买买”，积少成多，支出确实不菲。

而“炒盲盒”的风靡，导致盲盒二手市场异常火爆。闲鱼数据显示，2018年闲鱼上有30万名盲盒玩家进行交易，每月发布闲置盲盒数量较前一年增长320%，最受追捧的盲盒价格狂涨约39倍。Molly就曾在国际潮流玩具展的竞拍舞台上拍出了16万元的高价。而卖出去的收入又可以用于去买新的潮玩，这被称作“回血”，回血使得整个潮玩生态进入良性循环。

“70后”炒房、“80后”炒股、“90后”炒鞋、“00后”炒盲盒……许多人通过收集这个行为来获取满足感。小时候我们收集的是小浣熊干脆面的卡片，长大后变为收集盲盒和手办，潮玩越来越像年轻人的“邮票”，我们用收集潮玩来满足内心的需求。抽盲盒本质上是悦己型消费。人们购买潮玩取悦自己、识别同好或者欣赏把玩，把它作为宅家生活的情绪调节剂。盲盒是一种非常有仪式感的潮玩，拆的过程是一个能带来惊喜的过程。如果拆到的正是自己喜欢的，那种满足感无可比拟。曾有用户反馈，自己患有自闭症的孩子因为拆盲盒情绪得到了改善。盲盒为用户提供的更多是情绪价值，这也是潮玩本身的价值和魅力所在。

盲盒营销的精彩之处在于，它是一种社交货币。拆盲盒不仅让人上瘾，还具有可围观性和经验交流性。自买自拆是基础玩法，在B站、小红书、抖音、微博等平台上有不少拆盲盒的视频，如果一位玩家运气好，花很少的钱就抽到隐藏款，就会收获大量点赞。直播探店、逛展、抽盒的主播吸引了不少人气，“我在抖音抽盲盒”“我在快手云拆盒”的围观式拆盲盒体验持续火热。还有玩家发布经验帖，分享如何根据盲盒的重量、尺寸、摇晃的手感来判断盒子里是不是隐藏款。

事实上，“盲盒化”已悄然成为零售新物种们集体进化的方向。服装、鲜花等电商已开始跟进：由搭配师为用户打造专属的盒子，用户并不知道里面具体是什么。好搭盒子、Soda等服装电商的玩法是，在录入日常穿搭习惯、想要尝试的风格、尺码后，搭配师以盲盒的形式寄出单品，用户只有到手后才知道具体款式。花加 FlowerPlus 和花点时间等鲜花电商也纷纷跟进这一玩法：在用户录入房间大小、品种喜好等数据后，花艺师会每周为用户提供定制化的插花。就连深圳大学 2020 年的新生欢迎礼，都是一个巨大的盲盒——深圳大学竟然为 6914 名新生做了有 34 992 种组合的录取通知书！它将“独一无二”的盒子献给每一位经历了特殊备考时光的新生。

8.3 从猫爪杯到 IP 周边

回头看，谁能想到，2019 年的第一个爆款，竟然是一款星巴克售价 199 元的猫爪杯。事实上，猫爪杯的爆火是时代发展浪潮的必然结果。近年来，各大 IP 不断推出各式周边，可以说，周边产业的发展正在为 IP 赋予新的生命力。

8.3.1 猫爪杯为什么会火

每逢周年庆、樱花季、圣诞季、情人节等节庆，星巴克都会推出相关品牌周边。除了主题星礼卡，还有杯子、帆布包等。2019 年 2 月 26 日，星巴克像往常一样推出了自己的春季樱花主题周边，樱花限定猫爪杯就是其中之一：小巧的杯型、粉嫩的杯壁，注入牛奶后的可爱猫爪直击少女心。从网友热议的高频词中可以看到，在杯子正式发售前，网友讨论最多的是杯子的“可爱”和“好看”。猫爪杯一经推出就成了抖音爆款。“本想去公司楼下买一个，结果到那里发现有人凌晨 5 点就来排队了。”有人为了买它，竟然在星巴克门口安营扎寨、彻夜排队。售价 199 元的猫爪杯最高被炒到 2500 元，天猫旗舰店 30 万人收藏，开售秒光。星巴克因此被网友戏称为“主业卖杯子，副业卖咖啡”。

星巴克猫爪杯爆红背后的原因，有以下几点。

第一，品牌价值的重要性。星巴克用价格锁定和区分消费用户，又用咖啡文化影响用户，为用户提供了身份、审美、情感上的价值。星巴克使那些有一定品位和消费能力的人有了一种与品牌的黏性，用户认为："星巴克品牌能给我以身份的反馈"。杯子本就是星巴克与用户沟通的一种方式，星巴克一直善于把杯子当成讲述品牌故事的标签和介质，比如，星巴克会把用户的名字刻在杯子上。

第二，饥饿营销。猫爪杯火爆的路径是：线上引爆（抖音视频）→线下配合（加价争抢）→全网热搜（圣杯战争）。猫爪杯的大火，抖音和微博功不可没。在抖音上，凡是标注猫爪杯的视频，都能获得几万、几十万的点赞。在销售模式上，线下采用了"限量不限购"的方式——如果你排到了第一位，想买几个就可以买几个，买完后面的人就买不到了，这就是大家不惜半夜去排队的原因。线上采用了"限量秒杀"的方式，每天 15 点开售，每人限购一个。但大多数人还没见到杯子上线，杯子就已被抢购一空了。抢夺限量商品满足了一部分人乐于竞争的心理。

第三，情绪价值越来越重要。当一个社会进入物质丰沛期，商品的功能价值往往会成为基础前提，而商品附加值，尤其是情绪价值则越来越重要。女性用户的购买诉求有时很简单，好看、喜欢就够了。在这个"看脸"的世界，颜值爆表的猫爪杯似乎注定为社交分享而生，因为它能帮用户完成社交炫耀的任务。

第四，悦己型消费带来的猫咪经济。日本经济学家提出"猫咪心理学"：无论涉及哪个领域，只要利用好猫咪就能获利，即猫咪等于经济。"有些人表面看起来很风光，背地里连只猫都没有"，据说猫狗双全的人生是当下年轻人的追求。在新一代年轻人中，猫被列入和烟、酒、茶一样的依赖品行列中。如果没条件不能够真的养一只猫，除了去抖音"云吸猫"，至少可以拥有一只猫爪杯。

2020 年 4 月 7 日，星巴克（中国）宣布星巴克再推 6 款猫爪杯，其中 4 款全新星巴克猫爪杯已在全国星巴克门店推出，紫樱猫爪杯和萌趣猫尾杯于

4 月 13 日零点发售。猫爪杯在天猫星巴克旗舰店发售当天，一小时内便销售一空。相比 2019 年猫爪杯在天猫上线 0.07 秒售罄的记录，2020 年猫爪杯的销售明显“低调”了许多。

8.3.2 品牌跨界 ×IP 周边

前文我们讲潮玩异军突起时，尤以泡泡玛特旗下的重头 IP——Molly 为主。Molly、PUCKY、Satyr Rroy 等，兴起于产品，尤其是盲盒，在反向进化 IP 价值的同时，也令 IP 价值得到延伸，比如，前文提到的 Molly 的各种破壁和跨界。在基准的产品层面，潮玩品牌也进行了多品类的产品开发，包括徽章、T 恤、果冻贴、BJD 娃娃、数据线、陶瓷杯、拼图等。在反哺创作者方面，也令原本只在圈子内有声望的优秀设计师晋身为明星设计师，参与各地展会、快闪等线下活动的签售。比如，52TOYS 与黄子韬合作推出多款韬斯曼限定潮玩，与卡姿兰推出的限量版礼盒出现在李佳琦直播间，萌奇推出的小黄鸭音乐盒盲盒，第一季就卖出 20 万个。其中头部作品更被作为艺术品售卖、拍卖、收藏，达成艺术与商业的交相辉映。2019 年年初，KAWS 与 Dior 的联名款公仔售价达 7500 美元（约合人民币 52 500 元）。

品牌周边最早出现在动漫、游戏领域，是动漫和游戏 IP 的衍生品，分为模型、手办等硬周边和服饰、手机壳等软周边。如今，周边作为品牌的文化衍生品，随着消费市场的不断更迭，已蔓延至各行各业，如时尚圈、餐饮界、服装界等，其形式丰富，类型多样。

不是所有的品牌都能成为 IP，但这并不妨碍品牌与 IP 展开合作。IP 跨界是内容与产品的携手合作。开发品牌周边，就是在为品牌制造拉新的机会，吸引更多的年轻人认识该品牌，形成一种口碑传播，持续提升品牌的好感度。尤其是知名 IP 本身自带流量，品牌周边一旦上市，就会成为社交货币，在主题社区里交流与交易，为品牌持续带来话题热度和内容价值。

数据显示，2018 年喜茶共分 69 次推出了近 100 种周边产品，包括口红、服装、鞋帽、音响、雨伞、手机壳等，涵盖了美妆、服饰、生活三大类别。

合作品牌和IP包括奥利奥、阿华田、养乐多、七喜、好利来、可爱多、科罗娜、科颜氏、太平鸟、百雀羚、电台巷火锅等。2018年3月与盒马鲜生联名的青团在上海一小时内售罄。香港新店开业时，喜茶在微信公号上推出2000个手机壳和1000件编织袋，开售5分钟内即被抢光。

乐乐茶联名的品牌则包括东方树叶、德芙、雪碧、可口可乐、阿尔卑斯、青岛啤酒等。

奈雪的茶和艺术家联名推出新包装，还和旺旺、维他奶联名推出新产品。奈雪的茶旗舰店登陆天猫，其首批上架的产品包括6款心意卡及多款奈雪的茶礼盒。看上去有些不务正业，其实这些餐饮品牌都有自己的“小九九”：开发周边产品来增加用户连接，通过不同的品类跟年轻用户进行更多互动，同时利用潮流单品对品牌形象进行再塑造，拓展品类，丰富收入。

麦当劳每年在全球3.5万家门店卖出15亿件玩具，这是玩具反斗城和沃尔玛两大玩具经销商巨头都难以企及的销量。在麦当劳的“大薯日”当天推出的薯条手袋、薯条雨伞、薯条人字拖三种周边，开售即售罄，不少用户甚至去官博求补货。

推出周边也有利于老品牌焕发活力。大白兔奶糖作为几代人的童年记忆，近十年受到各式糖果巧克力、坚果果脯的冲击，业绩在低区徘徊。在国潮风的带动下，大白兔将跨界合作与品类延伸二合一，与美加净合作，联手打造大白兔润唇膏，售价2支78元，限量920支，上线即被抢购一空，在二手平台上被炒到85元一支。网易严选联合上海美术电影制片厂推出葫芦兄弟系列彩妆，使用非常规认知的葫芦娃IP形象，让不少用户心动。

针对“90后”“00后”的年轻消费群体，九阳抓住其“下厨玩的就是潮”的消费心理，推出了与LINE FRIENDS、宝可梦等IP跨界合作，以及一人食等萌潮系列产品。九阳与亚洲第一卖萌天团LINE FRIENDS联名定制，将布朗熊、可妮兔、莎莉等可爱萌潮元素，融入外观硬朗的厨电产品，变身备受用户青睐的软萌时尚产品。2019年“双11”期间，该系列产品卖出20万台，成为厨电领域罕见爆款。She's品牌和小王子、大英博物馆的跨界合作，让该品牌在时尚之外平添艺术质感。

除了上文提到的猫爪杯，星巴克还有毛绒玩具、雨伞、帆布袋等周边，周边销售在其整体业务营收中占比达 12%。周黑鸭口红、老干妈卫衣等周边也在凭借品牌的影响力而纷纷出圈。WeStore 是微信的线下 IP 店，其小程序出售的很多商品都在开业当天售罄。因为微信本身就是超级 IP，其表情包和情绪标签的实体化能快速引起用户的共鸣。

听故事是一个孩子成长的刚性需求，讲故事则是父母与孩子互动和交流的方式之一。按常理来说，讲故事应该是父母的职责，然而随着生活节奏的加快，越来越多的年轻父母每天下班回家已经很累，没有精力再给孩子讲故事。由此，凯叔讲故事抓住了机会，那就是成为“儿童故事第一品牌”。它基于“儿童故事”的品类核心属性“陪伴”进行商业繁衍，从讲故事 App 延伸出故事卡、故事机、故事绘本，以及具有教辅功能的声律启蒙、陪伴成长的学习桌等，做到了做强主业，相邻发展。我儿子最近天天听《西游记》，因为老是拿我的手机来听，我担心他玩多了手机视力受损，就买了凯叔讲故事里的孙悟空玩偶，玩偶的底座是一个播放器。然而我看了详情页才知道，这个孙悟空玩偶里只有 21 集，要想继续听，必须接着买猪八戒、沙僧、小白龙、唐僧，还有隐藏款等。一款玩偶 + 播放器售价 129 元，堪称“剁手级盲盒”玩法。

说到底，强势品牌的周边虽然畅销，但爆款仍然有限。对于一个周边来说，它的价值要紧紧依附于其品牌，品牌的存在就是要帮助用户减少决策过程，所以始终要贴近和契合品牌的核心价值。比如喜茶，大家消费的高频选择还是茶饮相关的品类，而非形形色色的周边。

8.4 国潮之魅

以故宫为首，国产品牌引发了国潮营销；

920 支大白兔润唇膏 2 秒售罄；

5000 瓶 RIO 花露水鸡尾酒 17 秒被抢光；

因为颜值而被疯抢的星巴克猫爪杯；

倡导情怀营销，火爆朋友圈的《啥是佩奇》；

靠跨界成功吸引用户的马应龙、999、江小白、新华字典；

有道词典推出的洗脑与逗趣并存的“神曲”《开学家长联盟》；

…………

情怀、逗趣、跨界、洗脑、排队、疯抢、国潮……2019 年，哪些营销符号在你的脑海里留下了深刻印象？这其中最令人心潮澎湃，以及最有可能历久弥新的，是国潮的兴起。

8.4.1 从潮牌到国潮

潮牌起源于美国街头文化，它不仅仅是简单的潮流元素的集合，而且是当代年轻人身份认同的符号与标志，是一种自我表达的外在形式。具体来说，潮牌多指一些有自己独特设计、展现生活态度的原创品牌，大都具有“小、少、酷”的特点。“小”指受众群体小且年轻；“少”则是指单品数量较少，品类相对单一，限量发售是主流；而“酷”即表达个性，强调原创和符号化。

潮牌之所以能流行开来，原因一方面在于时尚、前沿、个性的设计风格，另一方面则是在于品牌对本土文化的表达和彰显。如美国潮牌 Stussy，其品牌最具标志性的签名设计的初衷是致敬 20 世纪 70 年代兴起的涂鸦艺术；而 Supreme 彰显的则是风靡美国的滑板文化。文化不仅能够激发众多“个体”的共鸣，还让品牌更具符号价值。

国产潮牌由于没有长久的街头文化根基，缺少优秀的独立设计师，所以在很长一段时间内，被大众所知的也只有陈冠希和他的 CLOT、李晨和他的 NPC 等。直到《中国有嘻哈》再次引爆嘻哈等亚文化热潮，由节目引发的各类舆论让潮牌的声量急剧放大，不仅让散落在各个角落的潮流玩家凝聚起来，也向大众普及了潮牌文化。CBNData 联合 YOHO 发布的《2019 中国潮流消费发展白皮书》数据显示，“90 后”“00 后”群体在线上潮流市场消费群中的占比已经达到 81%，成为国内潮流市场绝对的消费主力。

近几年，国内潮流平台有货、得物（原名：毒）、NICE 等发展迅速，成为潮玩、潮人的聚集区，潮流类 KOL 也逐渐深入微博、微信等大众社交媒体平台，加速了潮流类信息席卷全网。《潮流合伙人》上线不久，就吸引到了《红秀》、YOHO、潮研社等时尚潮流媒体和潮流达人们的目光，可见潮流信息传播通道越来越顺畅。除产品设计外，营销和运营正在成为影响国潮品牌快速成长的重要驱动力之一。李宁的首席设计师陈李杰曾在公开场合承认营销推广的重要性，李宁走潮牌运营路线，直接助推品牌市值在半年内从 143 亿元飙升至 563 亿元，翻了近 4 倍。

国潮一词出现之前，“国风”“复古”的说法较为常见。国潮，即“中国 + 潮流”。它既可以是体现中国传统文化的复古中国风，也可以是展现引领国际潮流的创新中国风。中国元素在传统与现代的碰撞中被巧妙运用，形成时尚潮流。从载体来看，既有以实物产品为载体的中国制造之潮流，也有以文化现象为载体的中国文化之潮流，如汉服文化的兴起等。不仅本土的时尚品牌纷纷爆红，其他领域的国产品牌也逐渐被国人所接受和喜爱；不仅华为、李宁等中国新制造在国际社会受到人们的追捧，许多中华老字号也得到越来越多用户的青睐。包括“李子柒现象”，看似是一种偶然的社会现象，其实是中国经济快速发展的必然结果，其背后有着经济、文化等多方面的动因。

2018 年，是国潮元年。在纽约时装周上，李宁公司将“中国李宁”四个字印在具有潮牌气质的服装胸口，点燃了中国人的潮流自信。融合了中国国学元素的新品一经亮相，就引起了社交网络的疯狂刷屏。时装周结束后，李宁股价大涨 9.88%。2018 年 6 月 21 日，李宁再度登上巴黎时装周，举行了 2019 春夏系列发布秀。国际时装周为李宁带来的爆炸式的关注度，使得这两场秀的价值无法估量。也是从这时开始，国潮之风开始逐渐兴起。

谁能想到，在那之前的几年，李宁还一度身陷泥淖：2012—2014 年李宁连续三年亏损，全国关店频繁，累计亏损额高达30亿元。在国际T台走秀，与青年设计师合作推出悟道、风舞、藏易等充满中式韵味的主题产品后，李宁以国潮之名，重获新生。随后，老干妈、故宫、百雀羚、大白兔等国产品牌纷纷向世人展示东方美学，引发一拨拨热议。

国潮代表品牌（部分）

服装：李宁、安踏、太平鸟、回力、波司登、飞跃

美妆：百雀羚、美加净、玛丽黛佳

食品：老干妈、周黑鸭、大白兔、青岛啤酒、健力宝

汽车：红旗

家居：海尔、红星美凯龙

生活用品：云南白药、六神花露水 、三九皮炎平、晨光文具

手机电器：华为、格力

8.4.2　国潮兴起的背后

“起于2018，兴于2019，盛于2020”，国潮背后，是传统文化的自信回归及年轻群体对于传统文化的强烈认同感。国潮兴起主要有三个契机：

首先，是文化生活领域对传统的回归。在世界格局中，一个国家的经济地位在很大程度上决定着其国际地位，而国际地位又影响着其国民对身份和民族文化的认同感。中国经济地位的上升，是文化自信得以提升的保障，也是中国元素得以流行的必要条件。电视屏幕上出现的《国家宝藏》《诗词大会》《上新了故宫》等一批文化类综艺节目，在广度和有效性层面实现了对中国传统文化的推广。

电影院线方面，1994年以来，中国对在国内影院上映的外国电影一直实行配额制——进口分账片配额约为34部。近几年，中国电影的质量正迅速赶追美国电影。2018年中国票房前10名中有6部国产片；2019年更进一步，中国票房前10名中有8部国产片，好莱坞电影只有《复仇者联盟4：

终局之战》和《速度与激情：特别行动》。

民间层面，中医养生、国学经典、琴棋书画、旗袍风尚在中青年和老年族群中大行其道。诗词歌赋、故宫国宝及戏曲曲艺成了新风尚，穿汉服的年轻人成为一道亮丽的风景线。将传统事物结合当代需求，演变出新热点和新的潮流趋势，是全民参与的结果。抖音化身最大的非物质文化遗产传播平台，截至 2019 年 12 月，1372 个国家级非物质文化遗产项目的抖音覆盖率达 93%（1275 个非物质文化遗产项目入驻抖音），包含京剧、咏春、黄梅戏、赛龙舟、舞狮等。2019 年 5 月 10 日，在第三个中国品牌日，《人民日报》新媒体中心在北京三里屯举办了“有间国潮馆”快闪店活动。店内的国货、国学、国艺、国漫、国乐五大板块以中国文化为核心进行创意展示，让人们深刻体验了“中国造，正当潮”的国潮精神。

其次，在消费领域，国货实力日益被认可。不仅有吃穿品牌，还有新中式家具等住用品牌。以故宫为代表的传统 IP，联手淘宝等平台，推出有趣、好玩的文创用品，在吸引受众、给其以新鲜感的同时，也是对传统文化的进一步传播。带有中国文化元素的时尚产品逐渐成为新生代用户彰显自我个性、打造个人属性标签的选择。知萌咨询机构发布的《2019 年中国用户趋势》显示，78.2% 的用户经常购买国货，年轻人突破传统消费模式，形成了新的消费理念，产生了新的消费行为。

最后，也是最重要的一点，年轻族群发自内心地认可自己所追求的中国元素。他们买国货、晒国货，并为此感到自豪。2019 年 9 月“百度国潮季”联合人民网研究院共同发布的《国潮骄傲大数据》显示，从 2009 年到 2019 年，中国品牌的关注度从 38% 提升至 70%。2019 年 1 ～ 7 月，国潮关键词搜索量同比增长 392.66%，其中“90 后”和“00 后”为国潮贡献了超过 57.73% 的购买力，“95 后”更是以 25.8% 的占比成为国潮第一大消费群体。数据分析公司尼尔森发布的 2019 年二季度中国消费趋势指数报告显示，68% 的中国用户偏好国产品牌，62% 的用户表示，即便会购买国外品牌，但国产品牌仍是首选。

国潮也带动了“逆代购”的潮流，消费数据显示，外国年轻人爱买中国商品的人数增长了 63.7%。2019 年 7 月，安踏一款篮球鞋在美国奥克兰首次亮相，就引发了美国球迷排队抢购。好莱坞影星热衷的婴儿推车和儿童安全座椅品牌 Cybex，是我国好孩子集团旗下的品牌。大疆无人机连续多年占据全球无人机市场 70% 以上的份额。

创立于 1931 年的百雀羚，“双 11”期间 1 小时销售 1 亿元。它与敦煌博物馆合作推出的悦色岩彩系列彩妆，从敦煌壁画中提取形象与色彩灵感，是文化和美妆完美融合的匠心之作。问世于 1959 年的大白兔品牌，店铺内除了奶糖，还摆放着唇膏、香水、点心和服装等产品。诞生于 1963 年的轻便运动鞋飞跃，除了国人喜爱，简洁的设计在欧美也获得了超高人气。创立于 1990 年的六神与 RIO 联合发布的“花露水鸡尾酒”被一抢而空。农夫山泉与网易云、阴阳师、故宫文化等年轻化品牌 IP 合作推出了各种限量版瓶身。还有被称为“蓝 V”界扛把子的海尔、以“苹果风”一战成名的卫龙辣条、自制青春动漫的江小白、与《国家地理杂志》联名推出系列彩妆的完美日记、与大英博物馆联名推出系列文具的晨光等，都曾掀起一阵热潮。更有华为打破了中国品牌科技含量低的印象，成为中国科技界领军企业，获得了年轻人的喜爱。除此之外，600 岁的故宫也成为网红。故宫博物院推出的文创产品超过 8700 件，一年的营业额超过 10 亿元。故宫文创受追捧，不仅由于故宫的“老”，还因为文创产品的“新”。

2018 年 8 月，中共中央办公厅、国务院办公厅印发了《关于实施中华优秀传统文化传承发展工程的意见》，这份文件提出，目标是到 2025 年，“具有中国特色、中国风格、中国气派的文化产品更加丰富，文化自觉和文化自信显著增强，国家文化软实力的根基更为坚实，中华文化的国际影响力明显提升”。国潮正在一步步走到聚光灯下，为世人展现它的风格及态度。

国潮不仅是国货之潮，也是国力之潮，更是国运之潮。中国制造升级是国潮热形成的基础，国人消费能力提高是国潮热形成的重要原因，文化自信是国潮热形成的驱动力，政府、媒体、品牌共同行动是国潮热形成的强大助力。努力成为制造强国、质量强国、设计强国、科技强国，才能保持国潮的兴盛。

国潮要继续走下去的五大要素——

第一是要做人民的国潮。要以合理的价格，让国货走进大众视野。

第二是要做创新的国潮。必须有真的创新，不能再走复制的老路。

第三是要做硬实力的国潮。既要有好看的皮囊，也要有有趣的灵魂，要让人有深度认同感。

第四是要做有个性的国潮。要呼应和引领Z世代人群的人性化需求。

第五是要做全面的国潮。不只在服装和化妆品领域有所突破，应跟各个产品相连，变成中国工业文化的灵魂。

8.5 国家文化、城市文化的超级IP化

纵观全球，很多国家和城市都有自己的独特IP。IP的确立和发展将有助于国家或城市提高其在全球的文化影响力。而超级IP的出现有助于国家或城市的创收，促使其发展更加迅速。

8.5.1 拉斯维加斯的启示

拉斯维加斯（Las Vegas）是西方的沙漠之花，一个专门为夜晚而生的城市。它以独特的城市发展模式，在二战后开始崛起，尤其是进入20世纪90年代以来，发展速度居美国大都市之首，成为举世瞩目的娱乐休闲胜地和会展之都。

“Las Vegas”源自西班牙语，意思为“肥沃的青草地”。实际上，它位于美国内华达州的沙漠边缘，全年高温，是个不毛之地。可是，这个拥有170万人口的现代化沙漠城市，汇聚了全世界最有名的酒店、商铺，它们大多24小时营业，每年吸引着3890万名游客来娱乐、游览、购物，其中75%是

回头客。作为内华达州最大的城市、全球知名的度假胜地之一，拉斯维加斯是如何从一个荒漠城市摇身一变成了众人挥金度日的不夜城呢？

拉斯维加斯建市于 1905 年 5 月 15 日，起因是内华达州发现金银矿，大量淘金者涌入，这使得拉斯维加斯开始走向繁荣。但如同西部各采矿城镇一样，一旦矿石被采光这里就会被抛弃。1931 年，美国经历“大萧条”，为渡过经济难关，内华达州议会通过赌博合法的议案，使拉斯维加斯成为赌城，迅速崛起。由于赌场是“淘金碗”，美国各地大亨纷纷向拉斯维加斯投资建设赌场。为吸引游客，拉斯维加斯的社会治安非常好，中了头奖的人，如果有需要，政府会安排两名警察将其全程护送到在美国任何地方的家中。

拉斯维加斯有一块著名的霓虹灯招牌，立在城市入口处，这是拉斯维加斯的标志与象征。该招牌自 1959 年以来就被立在那里，代表着这座纸醉金迷的都市欢迎八方来客。穿过它，你就正式进入了拉斯维加斯最繁华的大都会区域。半个多世纪以来，它见证了拉斯维加斯从一座内陆小城逐渐成为举世闻名的娱乐之都。1990 年，中国城落户拉斯维加斯，并且很快成为亚裔美国人的聚集地。

拉斯维加斯一共有 200 家赌场。当你走进拥有 3000 台老虎机的巨大赌场时，你会觉得仿佛进入了一座光怪陆离的迷宫。那些老虎机纵横交错地摆满了整个大厅，无论你走到哪里都可以听到机器沉闷的旋转声和金钱叮叮咣咣的散落声，这是人类欲望的发泄地。

从沙漠小城到成为世界级赌城，是拉斯维加斯的第一次蜕变。随着城市的发展，产业单一化带来的转型压力促使拉斯维加斯必须从经营传统博彩业的“赌城”转型为提供博彩、娱乐、购物、表演和会展等多元化旅游服务的世界旅游休闲中心。吴璧君在《拉斯维加斯的转型启示》里，提出这条转型之路大概分两个阶段——

第一阶段从 20 世纪 80 年代开始，博彩业向“家庭友好拉斯维加斯”（Family-Friendly Las Vegas）转变。随着美国制造业形势不佳，数百万名工人失业，美国多地纷纷合法化博彩产业。拉斯维加斯着力吸引以家庭客源为代表的“非博彩客”(non-gambler)、“低投注博彩客”(low roller)和“中端市场”等“未开发的客源”，以扩大旅游业市场基础。20 世纪 90 年代，拉斯维加斯开始大面积修建儿童主题商场与娱乐设施，在休闲酒店中兴建家庭导向的景观。

第二阶段在 21 世纪初，拉斯维加斯从以经营家庭休闲为主转向经营集博彩休闲、成人体验、高端购物、商务会展等多元化旅游娱乐元素于一身的综合性旅游业。彼时，以佛罗里达州奥兰多市迪士尼乐园为代表的一批家庭导向型旅游目的地发展起来。这对拉斯维加斯的家庭用户群产生了分流效应，从而削弱了其家庭旅游产品的独特竞争力。到访拉斯维加斯的旅客结构也开始年轻化，他们对购物和夜总会表演等娱乐活动的兴趣明显多于对博彩活动的兴趣。基于此，拉斯维加斯开发了夜总会表演、高端俱乐部、高端购物及正统餐厅等符合年轻人偏好的成人体验性休闲娱乐活动。

同时，拉斯维加斯开始加大对会展业的投入，世界规模最大的三个展会均在拉斯维加斯举办，博彩娱乐业与新兴会展业形成良性互动。2018 年，拉斯维加斯接纳参与会展人高达 650 万人次，会展相关经济产出约 105.26 亿美元。同时，拉斯维加斯接待游客年均约 4000 万人次，消费金额达 320 亿美元，其中来自博彩业的消费仅占 25%，约合 80 亿美元。

2016 年，拉斯维加斯发布全新的城市形象 LOGO。这是自 1979 年以来首次为该城市设计的专属城市 LOGO。负责新 LOGO 设计项目的创意总监维多利亚·哈特说：“要为闻名世界的‘娱乐之都’设计视觉形象系统，需要表达的不仅仅是当地多样性的文化，更重要的是要捕捉到这个城市的魅力和精髓。我们提炼了永恒、进步、现代、年轻这几个创意点进行设计，体现出城市的情调和风格。”

梳理一下拉斯维加斯的城市发展与转型，可以说，它采用的是“垂直多元化战略”，即早期以博彩业为主体，获得基础客源和城市声誉，后续沿着消费流通链拓展，开发新的上下游产品。在这当中，拉斯维加斯会展及观光局扮演了重要角色。作为准政府机构，它成为拉斯维加斯市政府与博彩娱乐企业之间的桥梁，有效地实现了政府与企业间资源要素的高效流通，通过跨部门协调，最终完成整体层面上的旅游产品转型。

拉斯维加斯会展及观光局作为准政府机构，资金来源于政府税收。该机构由独立的董事会进行管理，董事会成员共 14 人，包括博彩娱乐企业代表和政府部门代表。自 20 世纪 70 年代起，拉斯维加斯会展及观光局每年都会对来访旅客进行一次特征调查，调查报告将提供给博彩企业，鼓励其提供相应的旅游产品，拉斯维加斯会展及观光局还会把相关旅游产品一并进行官方宣传，从而实现从传统博彩娱乐之城到综合休闲旅游之城的快速转型。

此外，政府公共部门和博彩企业会配合协同，以提高旅游保障系统的保障效果，持续地吸引客源。旅游保障系统是在游客消费旅游产品的过程中起到中介和保障作用的组织体系，包括飞机、汽车、火车等一级保障系统和餐饮、住宿、交通、通信等二级保障系统。完善的旅游保障系统提高了游客满意度，实现了拉斯维加斯客源的可持续性：旅游局的问卷调查显示，2018 年只有 1% 的游客对拉斯维加斯的旅游体验“不满意”。

拉斯维加斯还享有“世界结婚之都”的称号，这里有个永不关门的婚姻登记处，平均每年有近 12 万对男女到这里登记结婚。他们不需要出示任何证明文件，只要支付 55 美元的登记费，就可以在 15 分钟内拿到结婚证书。但是领到结婚证书后，人们必须在一年之内举行婚礼，否则证书过期作废。内华达州法律规定，只要其中一方在拉斯维加斯居住 3 个月，就可以拿到离婚证明。许多电影明星和名人喜欢到拉斯维加斯结婚，最终也在这座城市离婚。

如今，拉斯维加斯虽依然为世界四大赌城之一，却变成了一座以博彩业为中心的旅游、购物、度假城市。每年来拉斯维加斯旅游的近 4000 万名游客中，来购物和享受美食的占大多数，专程来赌博的只占少数。2014 年，拉斯维加斯成为全球最多新婚夫妇选择的蜜月旅行目的地。2019 年 12 月 26 日，拉斯维加斯位列 2019 年全球城市 500 强榜单第 77 名。城市品牌的打造关键：故事化、场景化、IP 化、数字化、个性化、持续化。拉斯维加斯，曾被认为是一个放荡纵情的目的地，现在却成为最受欢迎的旅游城市之一。

8.5.2 从城市到国家的超级 IP 化

拉斯维加斯给我们的启示是：一座城市的竞争力不仅仅取决于资源禀赋，还取决于战略定位和管理水平、城市文化创新发展的经营能力，以及这座城市为核心产业发展所提供的创新环境和支持举措。

在日本，47 个都道府县都有自己的吉祥物，这些吉祥物往往承担着推广地方旅游的重任。它们不仅常常在电视综艺节目上露脸，还要参加吉祥物之间的 PK。天津也曾推出“天津侠”的动漫形象，并在动漫会展上做推广。不过，通过动漫形象打造出独特品牌的城市并不多。

深圳是将本土文化资源与动漫产业链和旅游产业链相结合的典范。2016 年，深圳华侨城集团入驻甘坑客家小镇，在挖掘当地非物质文化遗产客家凉帽的文化资源后，决定打造一个富有甘坑本土文化特色的原创 IP“小凉帽”，并把“小凉帽”的 IP 运营与当地特色小镇的建设结合起来。“小凉帽”是基于深圳甘坑客家文化设计出的一个小女孩，围绕这一形象，其 IP 产业链包括小说、绘本、动画、主题乐园、主题酒店和主题农场等。

将某种文化内涵注入城市定位之中形成文化上的品牌差异，就是城市文化定位。文化定位可以使城市形象独具特色。

现在人们一说到巴黎就会想到埃菲尔铁塔，可以说，埃菲尔铁塔已然成为巴黎的标志性城市 IP。但是在埃菲尔铁塔建造的那个年代，反对声却此起彼伏。许多人认为铁塔和巴黎的城市气质不吻合，以至于当时官方迫于压力说在举办完世博会后予以拆除。在那个钢铁工业快速发展的时代，埃菲尔铁塔成了当年世博会最经典的建筑，保留下来后也成为法国的精神象征。

中国传媒大学文化发展研究院发布的《中国城市文化竞争力研究报告（2016）》，为国内 36 座大城市的文化竞争力排定座次。城市文化竞争力综合指数得分位居前 10 名的城市依次为北京、上海、广州、杭州、南京、深圳、武汉、西安、重庆、成都。

南京位列第五，让人惊喜。南京在中国文创界的位置，得益于它一贯的吐故纳新："故"是一个个历史之典，构成这座城市的精神底蕴；"新"是一项项改革之策，引领这座城市的未来发展。在中国的历史版图上，每座城市的土地上都蕴藏着深厚的文化积淀，每座城市都有着自己独特鲜明的文化符号，关键在于能否结合互联网思维、网红经济、超级IP等手段，将这些古老的文明激活，为城市的创新发展注入全新的动力，即"超级城市IP孵化"。

李子柒大热，是因为她的视频击中了一份乡愁，是关于自然与生活的渐行渐远，关于古朴与现代的不相往来，关于安宁与欲望的两难抉择的。这是人类共通的情感，所以她的视频没有字幕，照样能够感动全球各地文化背景迥异的人。李子柒在某种程度上成为中国国家IP的一种输出符号，就像好莱坞电影之于美国文化输出的作用一样。

纵观全球，成功的国家都有其国家文化IP，如美国的漫威英雄IP、日本的动漫、德国的"德国制造"、韩国的韩流和偶像剧等。历史上，每个大型经济体国家都出现过一个甚至多个有巨大的营销创造力的组织、公司，它们代表着整个国家的商业文明、精神文化及意识形态。比如，日本的电通，法国的阳狮，英国的WPP，美国的宏盟、IPG等。新加坡这个国家也很妙，它就像一个公司，在周边很差的环境下实现了国民富裕。

《中国国家形象全球调查报告》显示，最能代表中国文化的三大元素分别是中餐、中医、武术。这是全球对中国的印象。中餐因为菜系众多，虽然有全聚德烤鸭、狗不理包子等品牌，但代表力有限；中医也充满争论；武术因为成龙、甄子丹、吴京等人的努力，在全球有一定影响力，但离超级IP还有一定的距离。高铁、网购、移动支付、共享单车这组中国"新四大发明"，只能算是成就而非文化。

熊猫作为中国特有的动物，广受全球人民喜爱，一度被标识为国礼，并且熊猫本身具有和平、友谊的意义，本来很有机会能成为中国的超级IP——1990年北京亚运会（憨态可掬的熊猫盼盼、韦唯和刘欢演唱的《亚洲雄风》、来自雪域高原的圣火构成集体记忆）已经初步验证过。它完全可以在卡通形象、动漫游戏、电影电视、主题乐园、礼品周边等方面着力，可惜没有人从整体上做规划和运营，最后让人印象深刻的是美国人做出来的 IP《功夫熊猫》。

前文讲的国潮的兴盛，背后是国民自信心的提升和新一代年轻人的拥戴。加上超强供应链，这些都是非常好的基本面，也涌现了中国景泰蓝、茅台酒等超级品牌。中国企业唯有把中华民族五千多年的优秀历史文化加以继承和发扬，才能打造出真正的世界级 IP。十九大报告中明确提出要“强化知识产权（IP）创造、保护、运用”，提出了建设“美丽中国”，建设创新型国家，增强道路自信、理论自信、制度自信和文化自信。综合这些以创新为核心特征的表述，可以理解为中央正在创建中国未来 IP 时代。

品牌案例　江小白的温度与速度

谈起白酒行业，你首先想到的是什么？宴会？聚餐？成功者举杯？江小白酒业创始人陶石泉曾坦言在推出江小白时，同行纷纷耻笑他，说白酒怎么能是这个样子的呢？当其他白酒品牌还追求打造“具有严肃、正式的社交属性的产品”时，江小白却依靠人设出圈了：瞅准“80 后”“90 后”年轻群体，用多种手段立体塑造了一个具有人格化特征的品牌形象，并用故事化的文案将人设植入其中。许多人把江小白的成功归结为擅长做营销。其实这只是表象，它在白酒行业中崛起的本质是，把握住了年轻用户的情感需求，通过品类创新和场景塑造，最终成为白酒产业的革新者与颠覆者。

1. 大还是小

江小白是重庆江小白酒业有限公司旗下江记酒庄酿造生产的一种自然发酵并蒸馏的高粱酒佳酿。它一共有 25 度、40 度、45 度、52 度四种度数。

当传统白酒都在做大宣传、大品牌和大整合时，江小白却选择做小：小酒瓶、小投入、小传播和小营销。坚守“简单包装、精制佳酿”的反奢侈主义产品理念，坚持“简单纯粹，特立独行”的品牌精神。正所谓“青春不朽，喝杯小酒”，陶石泉表示 :“创立江小白至今，坚守的准则只有一个词，简单。”一如它的标语——我是江小白，生活很简单。

2. 轻社交

白酒不是“酩酊大醉发酒疯”和“呕吐伤肝上医院”的代名词。江小白通过重构消费场景来倡导一种当代年轻人轻社交的理念，让饮酒变得轻松和简单。“用一瓶酒传递一种生活方式，让每个人从虚拟的社交中回归现实，人与人之间才能产生黏性互动。”

在产品上，江小白选择了口感柔和、酒体纯净、小曲清香的高粱酒作为酒体，酒精低度化是江小白对白酒年轻化做的第一个尝试，让白酒更适合年轻人口味。第二个尝试就是推出拟人化的品牌形象，以漫画的形式拉近了与用户的关系，使品牌更有亲近感。

在运营上，江小白以“简单”为贯穿的主线，不论是品牌设计，还是营销方式，都秉持着这个原则。江小白的包装设计，没有镶金镀银的包装盒，只是在裸瓶上印有一个漫画形象和几句语录。此举不仅为其节省了 20% 的成本，还给用户留下了耳目一新的印象。

跟野兽派（早期运营）、杜蕾斯一样，早期的江小白，营销主阵地是微博。“我在杯子里看见你的容颜，却已是匆匆那年”“兄弟间的约酒聚会，应该无关应酬和勾兑”“朋友不联系久了，别把仅有的那一点激情，都用在点赞上了”“跟重要的人，才谈人生”“我把所有的人都喝趴下，就是为了和你说句悄悄话”“酒后吐出的真言，清醒时已经在心里说过千遍”等关乎友情、爱情，自带传播属性的文案，使其成为网络上的热点话题。它所传递出的生活态度，让很大一部分年轻人产生了共鸣。逐渐地，用户开始自愿地传递江小白的品牌价值和理念。

江小白擅长利用免费的社交媒体进行传播，江小白凭借简单却富有观察力的文案，如“成长就是将哭声调成静音，约酒就是将情绪调成震动”“我们在同一酒桌，却听着对方说着陌生的故事”，让用户感同身受，让人觉得它不只是一个白酒品牌，更是知己，从而自然而然与江小白建立起情感连接，也为江小白打开了流量阀门。

在渠道上，江小白专心深耕一个市场，那就是重庆。重庆是一座白酒文化很悠久的城市。江小白的地推做得很细，地铁、灯箱、公交都打上了广告，快速建立品牌记忆。在终端铺货时，更是免费给餐馆提供纸巾盒、灯箱、海报、店招等周边产品，条件是在上面印制广告换取知名度。“重庆年轻人喝得最多的就是江小白”，这就意味着，江小白已在经重庆崛起了。

你可能没有喝过江小白的酒，但你一定听过江小白的文案！甚至有网友直呼：江小白根本就是一家广告公司！社交时代，自拍和表达是刚需。江小白向千千万万个用户收集了表达情感的千言万语、在喝酒场景中想讲而未讲的话，经筛选后把它们产品化，变成了每一个用户自己的表达，让用户成为自己的传播者和代言人。这也塑造了江小白“情绪饮料”的品牌概念，使“白酒”的单一化概念得到了新的延伸——江小白将自己的产品打造成了一个超级自媒体。

“耽误你的不是运气和时机，
而是你数不清的犹豫。”

“要是没了这股劲，
未来又怎会有奔头。”

“可以一无所有，
但绝不能一无是处。”

“想说的话在眼睛里、
草稿箱里、梦里和酒里。”

“懂得越多，
能懂你的就越少。”

“所谓孤独就是，
有的人无话可说，
有的话无人可说。”

“想见你的人，
二十四小时都有空。”

江小白自2012年起就开始策划“遇见江小白”网上互动及一年一度的“约酒大会”，把都市青年群体从虚拟社交中拉回现实，发动面对面的交友活动，把喝酒当作调动气氛的工具。在一年一度“约酒大会”活动的基础上，又建立了“江小白朋友会”，将那些因江小白而结缘的朋友集合起来，做成一个社交平台。目前，“江小白朋友会”已在北京、深圳、郑州、重庆和成都等20多个城市组建了分会。“江小白YOLO青年文化节”邀请GAI、大傻、Bridge等人参加，在说唱、嘻哈、动漫这些年轻人最聚集的领域，江小白开始向下生根。

《我是江小白》国产动漫作品已经出到第二季，加上第一季及剧场版，其豆瓣综合评分达7.7分。比起碎片式的走心文案，深耕自己的IP、着手塑造自己的文化基因，似乎是一条更加踏实而言之有物的品牌进化之路。虽然不是特别火爆，但是稳定而持续有力。

另一方面，江小白的小瓶装和轻口味，让它的用户群体变得比较狭窄：对于应酬招待来说，它难以上桌；对于女生消费群体来说，它（白酒）似乎总不是最佳选择。要想拥有更大的市场规模，必须解决消费场景单一的问题：针对女性，江小白推出了水果酒（水蜜桃味、苹果味），主打“低度酒，高颜值”。为推广调饮概念，江小白联合娃哈哈开发了罐装饮料，有“冰红茶柠檬味茶饮料”和“青梅陈皮植物饮品”两种口味。一个品牌拥有创新精神不难，难的是一直创新。做年轻人市场的江小白，需要持续为品牌注入新鲜血液，要有能留住年轻人的口感，这样才不会被后起的年轻人所抛弃。

第 9 章

品牌力：

危机时代的免疫力

时间线性前进，以爱为 DNA，
推动品牌美学进化。

9.1　危机是成就伟大的竞技场

人类社会每一次大的危机，都会重塑全球经济和政治运行体系。

第二次世界大战使英国霸权跌落，美国迅速崛起。

朝鲜战争和越南战争使日韩成为美国制造业的代工基地，奠定了其经济起飞的基础。2001 年的“9・11”恐怖袭击使美国的矛头指向中东。而此时的中国开启了真正的全球化发展时代。

2003 年，SARS 蔓延，3M 口罩因其专业性进入大众视野，中国刚加入 WTO，经济高速增长，人口红利鼎盛，互联网方兴未艾；腾讯 3 月组建游戏部门，上线 QQ 秀；阿里巴巴 5 月 10 日上线淘宝；中兴与商务通合作的 388A 于 9 月面世，开启智能手机时代；新浪、搜狐、网易三大门户网站实现了上市以来的首次全年盈利；携程一举坐稳行业龙头的地位，在 SARS 疫情结束后半年内，成功登陆美国纳斯达克；顺丰与扬子江快运签下包机 5 架的协议，奠定了顺丰“快”的江湖地位。

随着 2004 年 ADSL 宽带的接入和普及，2004 年 1 月，京东多媒体网正式开通。

2005 年 4 月，王微创办了国内第一家视频网站土豆网。

2005 年 5 月，周娟创建了 56 网；9 月，风行网上线；12 月，冯鑫推出酷热影音。

2006 年 6 月，李善友创立酷 6 网；12 月，古永锵创立优酷。

2008 年，美国爆发金融危机。美国把主要资源投向金融市场，拯救了美国经济，重塑了美元信用，更重要的是增加了华尔街的竞争力，同时还打击了竞争对手。中国则将资金投向基础设施建设，此后的 10 多年，中国实体经济突飞猛进，中国连续超越德国和日本，成为世界第二大经济体。

2020 年，我们面临一场人类浩劫。新冠肺炎疫情对所有企业来说都是一次大考：对于大企业来说，它是一次磨炼和检视；对于中小企业而言，它是一场残酷的淘汰赛。美国位于西弗吉尼亚州的有着百年历史的银行 The First State Bank 宣布破产，成为新冠肺炎疫情后首家倒下的银行。3 月初，日本神户夜光邮轮公司宣布提交破产申请，这是新冠肺炎疫情暴发以来第一家宣告破产的邮轮企业。在此三个月前，人们认为一生中见到四次美股熔断的概率不会超过 5%；在此一年前，人们认为暴发百年一遇全球大疫情的概率不会超过 1%。还有什么“黑天鹅事件”不会发生？

新冠肺炎疫情引起的变化并不是暂时的。什么是健康？什么是家庭？什么是财富？人们开始重新审视到底什么才是更重要的，更在意家庭带来的幸福感，更愿意理性地思考消费、享受和风险之间的关系。当然，人们终于意识到，健康是最重要的一件事情。

《枪炮、病菌与钢铁》的作者贾雷德·戴蒙德在他的新作《剧变》中说：“突发性重大问题激起的人类能动性，让我们得以克服惯性与阻力，重新审视那些逐渐积累的预期问题。”当移动互联网如此广泛、深入地介入我们的生活时，我们发现与生活方式相关的变革往往是不可逆的。未来会变成什么样？想象力在真实世界面前往往显得过于贫瘠。“今天很残酷，明天更残酷，后天很美好”，无论是品牌还是个人，都要认清趋势、时代、经济的残酷性，基于新的认知，改变经营思维，思考自己的独特价值是什么，长期主义是什么，让企业和品牌改变办公形式是表面的，更重要的是，企业既要宏观地看时代的大势所趋，也要微观地洞察用户的心理变化，以厘清什么才是对抗长期不确定性的关键要素。

5 年之后我们来回看这次疫情，可能会发现它是中国经济的一道分水岭。我觉得这道分水岭不只是说经济结构层面，疫情作为多年不遇的全球性灾难，一定会改变人们的精神世界，最终影响社会文明，包括商业文明。时间是线性前进的，对品牌来说，唯有以爱为 DNA，以用户为归依，才能推动品牌美学进化。

9.2 生意 = 生活的意义：时代越是复杂，生活越要简单

赚钱就像一场无终点的战斗，你不会是赢家，也没有人会是。生意真正的意义其实不是销售商品，而是真正地为人们提供生活中的解决方案。生活的无限才造就了商业的无限。生意，就是生活的意义。

9.2.1 追求生命意义和生活意义的人

2020 年 4 月 7 日，《福布斯》公布 2020 年全球亿万富豪排行榜，我国有两位企业家入围身价百亿美元富豪榜，其中就有吉利控股集团董事长李书福。对于这样一份“殊荣”，在接受央视财经频道的采访时，李书福说：“我觉得这些东西都是很无聊的，我从来不看这些东西。”李书福认为，赚钱不是他做企业的目的：“从进入经济活动开始到今天，我没有从公司里面分钱、变现，我的思想灵魂高度集中在研发创新以及提高用户满意度和消费体验上。”同时，李书福对于社会上进行的富豪榜的评选表达了反对意见：“从整个社会来讲，一天到晚讲富豪榜，对整个社会和谐发展是很不利的。”李书福的采访发言，给了**“生意人”这个头衔以新的诠释：追求生命意义和生活意义的人。**

著名哲学家怀特海说：“人类的生活是建立在技术、科学、艺术和宗教

之上的。”商业所遵循的逻辑到底是给人家更多的，还是给人家“更适合”的？到底是去满足物质上的追求，还是回到生活本身？技术为人类提供了一个拓展生活可能性的空间，但技术本身有意义吗？人们已经不是工业化时代的“用户”，而是“生活者”。**过去，商业是让用户拥有更多的东西；今天，商业要回答的是，帮用户拥有什么样的生活。**因此，这个时代的品牌与用户之间，最重要的不是物与物的交易，而是分享一份非常美好的选择——这份选择将为他（她）带来爱、惊喜，甚至是灵魂的依靠。

苹果、Facebook、亚马逊、腾讯、阿里巴巴、华为……今天，所有这些“最具影响力的公司”都可以用三个词来描述：远见、决心与活力。它们对世界的影响、对人类生活的影响，甚至对未来的影响，使它们功勋卓著，成就斐然。但这只是表象，它们还有着更为深层的共性，这些共性根植于人类对美好生活的向往之中。

据说，这世界上的企业家和创业者可以分为三类。第一类是能够想象和识别出用户自己需要但用户自己可能还没感知到的东西的人，如乔布斯、马云、张小龙。他们能够从0到1发展品牌，极具作品心态和远见卓识。第二类是匹配市场上已有的品类赛道和用户需求，用“死磕”精神把产品和服务做得更好的人，如蓝瓶咖啡的创始人詹姆斯·弗里曼、戴森吹风机的创始人詹姆斯·戴森，还有上文提到的李书福。他们属于从1到N发展品牌的人。第三类企业家，其实不算是严格意义上的企业家，他们是供应链的提供者和完成者，负责具体执行交付、服务交付的相关环节。其实中国有非常多这个层面的优秀公司，比如为维多利亚的秘密做代工的维珍妮、为苹果做代工的富士康等。

在这里，我特别想提到的品牌是**姚记扑克和乌江涪陵榨菜**。长久以来，一些新兴的带有互联网基因的品牌占据着中国的媒体发布席和舞台镁光灯。改革开放前，80%的人口住在农村；到2020年，我国常住人口城镇化率达到了60.6%。而这一趋势还在持续，在此过程中有很多行业出现了**“隐形冠军”**（由德国管理学家赫尔曼·西蒙提出，是指那些不为公众所熟知，却在某个细分行业或市场占据领先地位，拥有核心竞争力和明确战略，其产品、服务难以被超越和模仿的中小型企业）。

姚记扑克创立于1994年，年产扑克13亿副。2011年8月5日，姚记扑克在深交所A股上市。它抓住澳门博彩业赌场众多，每天使用扑克不计其数的特点，于2001年与澳门新兴的永利、金沙、和记娱乐城等赌场合作。经过多年努力，姚记扑克不仅在国内独占鳌头，还远销海外，成为世界扑克牌行业的翘楚。

乌江涪陵榨菜，看上去似乎处于一条极窄的赛道，但整个榨菜市场大约有60亿元的体量，乌江涪陵榨菜通过精耕细作，一举将市场占有率从21.3%跃升到35%。在成本几乎不变的情况下，其价格从最初的5毛钱一袋提升到后面的1元钱、2元钱（很多人对这个价格不敏感）一袋，净利率从10%提升到35%（2018年的数据），做企业的都知道，这已经是很高的数据了。值得一提的是，它的市场占有率还在继续提升。

前几年有句热门的话，叫作“每个传统行业都值得用互联网再做一遍”。确实，我们看到了很多降维打击和赛道变革者。我更想表达的是，在中国，即使再小的行业，只要能专心、专业地做，以问道之心做好战略定位，以良心为底气梳理好用户价值，用好互联网工具，以带“网感”的语言和用户耐心、真诚沟通，都有机会把品牌做好、做大。看看火锅“红海”中的海底捞，以服务的强识别，把估值做到2000亿元；做酱油的海天，钻研产品，估值将近3000亿元；格力空调原来每年仅在采购芯片方面就需要花费近40亿元，为摆脱受制于人的处境，格力决定通过自主研发芯片来取代进口芯片，真正掌握了“核心科技”。

9.2.2 “品销合一”到“品效合一”

大卫·奥格威说过，广告的唯一目的是销售。这句话后来常常被管理者们用来考核品牌部和市场部的KPI。在本小节，我想借此来专门探讨一下，数字经济新趋势下的“品销合一”和“品效合一”。

数字经济新趋势改变了传统商业的营销格局，让人看到了社会化营销的新商机。这一切都跟用户获取信息的渠道的改变相关，比如手机成了主要的信息来源，视频成了娱乐化的消遣，还有随着媒体环境变化而产生的营销环境的变化。移动互联网的技术发展带来了两个历史性变化；一是交易路径的缩短，二是行为信息的数字化。

在危机来临时，企业的习惯性动作是砍掉营销预算、裁掉品牌部，这几乎成了一种本能反应。蓝标的一份广告主调研数据显示，2020 年，高达 1/3 的广告主计划调减 30% 以上的营销预算。这其实是非常不明智的做法。2008 年美国金融危机期间，一位名叫保罗·戴森的研究者经过量化分析后指出，在萧条期缩减广告预算的企业，要想在一年内恢复到衰退前的销售水平，需要将复苏期的广告预算提高 60% 左右。广告学中也有一个观察结论，即“广告对经济周期极限有着虽少但消极的影响”，意思是当经济繁荣时广告主加大广告投放使泡沫比本该有的更大，而经济危机时广告主又倾向于缩减投放，这让走出危机的时间比本该有的还要慢一些。两个方向都加大了经济周期极限，但是这个作用相对于整个国民经济来说影响并不大。

公众号爆文《Adidas 花 30 亿买到的教训：做品牌为何如此艰难？》中也揭示了近几年阿迪达斯（Adidas）的品牌影响力大幅度下降的根本原因。阿迪达斯在这次自白中，提到了关键因素：“我们错误的短期主义是因为我们必须对股东利润负责。”阿迪达斯全球媒体总监西蒙·皮尔（Simon Peel）也多次表示，过于重视数字广告有时会分散品牌的注意力，忽略了那些真正可以推动品牌发展的因素。

“品效合一”的“效”，绝不应单指短期销售额，否则就是“品销合一”了：“效”应当是一项综合的指标，用于衡量每一次传播是否将价值点传递到位了。价值点对于销量的转化是一个不断累加的过程。用户初次接触到品牌的信息，也许只会留下初步的印象，但是当其再度接触时，会被重新唤起印象，加强价值点记忆。当价值点累积到足够的程度时，用户会对品牌产生认同感，此时转化效率将会达到峰值。价值点的触达深度，决定了销售的转化效率。一场良性的整合营销，带来的收益应当是有延续性的，是作用于用户心智的。

2020年以罗永浩、薇娅、李佳琦为首的直播带货确实是触达用户的有效形式，也是目前购物转化率最高的渠道。对用户来说，这是一次内容消费的升级：与以往图文展现的平面形式不同，直播展现更为立体、直观。与以往的电视购物不同，直播用户不仅能感知真实的商品信息，还能参与互动，与主播一起构建紧张、热烈的购物氛围，最后直接在场景中完成消费。直播带货缩短了用户的认知和决策路径，即用户不再需要形成长期动机，但与此同时，也可能带来冲动型消费，这从直播带货居高不下的退货率即可看出。

随着AR、VR、5G、物联网、大数据等高科技渗透到衣食住行各个领域，未来的直播形式、网红经济必将呈现更为多元化形态。产品定制化、个性化，场景故事化，体验智能化、互动化、丰富化是必然趋势，购物就是在体验一种更加时尚的生活方式。但喧哗与骚动的背后，是品牌的内容化和内容的人格化，是更长久的“效”。

互联网的发展给用户带来了认知方式的改变，消费结构由“关注、兴趣、渴望、记忆、购买”的传统锥形结构，变成“关注、兴趣、搜索、购买、分享与口碑传播”这一哑铃形结构。北京大学国家发展研究院经济学教授张维迎认为，营销内容决定消费感知，消费感知划分人群文化，人群文化左右品牌抉择。营销的最终目的，就是触达圈层核心需求，只有从源头为产品本身赋予更高的价值，再塑品牌内涵，才能进一步实现品效合一，这就是品牌表达的最佳载体。

有个术语叫“用户剩余”，指的是用户愿意为某商品/服务支付的最高价格与实际付出之间的差额。用户剩余的增量从某种意义上来说，就是对社会的贡献。人心即商业，在消费创业时代，谁拥有的用户多，谁就能获得更多的利润与商机，或者说，谁的用户终身价值管理做得好，谁就能赢得未来。简言之，好生意讲究坡长雪厚。

9.3 创新思维才是抗体

对于任何企业来说，创新都是能够帮助其重获生命力的良药。世界是在不断变化、发展的，创新思维将有助于企业在发展的同时推动社会进步，为用户创造更多消费机会，从而留下历史性成果。

9.3.1 更新、创造新的东西、改变

一个人的行为不可能超出他的认知边界，所以才有“你所赚的每一分钱，都是你对这个世界认知的变现”这句话。它的后半句是，“你永远赚不到超出你认知范围的钱，除非你靠运气，但是靠运气赚到的钱，最后往往又会因实力不够而亏掉”。亨利·福特也说过：“汽车被发明之前，人类只想要速度更快的马车。”

企业也是如此。IBM 曾经认为，全世界最多需要 1000 台电脑，并且只有政府、银行、大企业、科研机构才需要电脑。IBM 从未想过个人电脑市场，于是顺手把这个机会给了 IBM 一个独立董事的儿子保罗·艾伦，这个小伙子后来建立了微软（1975 年比尔·盖茨与保罗·艾伦共同创立了微软公司）。IBM 错过了 PC，成就了微软；微软错过了搜索，成就了谷歌；谷歌错过了社交媒体，成就了 Facebook；Facebook 险些错过推特，然后花大价钱将其收购了过来。

1960 年，日本存储器产业异军突起，英特尔举步维艰。年轻的 CEO 安迪·格鲁夫问戈登·摩尔：“如果我们被董事会赶出公司，你觉得我们的继任者会怎么做？”

“他们会放弃存储市场，进军微处理器市场。”

“那我们为什么不这样做呢？”

就这样，英特尔放弃了存储器的存量，拥抱了微处理器的增量，终成一代霸主。然而，故事还没有结束。你很难想象，在 PC 处理器领域独孤求败的英特尔，今天在移动处理器市场的份额却是 0——死守存量、忽视增量的

结果就是这样残酷。

我曾听过港大 ICB 创新管理系彭肯恩博士的一堂课。彭博士是英特尔加州硅谷总部设计验证中心总经理，他说实际上英特尔是一家非常优秀的公司，无论是在业务层面、项目管理层面，还是企业文化层面。

英特尔的故事也还没有结束，今天的英特尔找到了它认为的下一个增量——汽车处理器市场。它以 153 亿美元收购了汽车自动驾驶技术提供商 Mobileye。当所有的汽车都变成智能汽车的时候，也许会证明英特尔今天的远见。

另一个故事来自柯达。1975 年，24 岁年轻的柯达工程师史蒂夫·萨松发明了世界上第一台数码相机。当他把这项惊人的成果呈现给公司管理层时，傲慢的管理层对这个只能拍 100 像素 ×100 像素的“青铜”嗤之以鼻，管理层认为“没有人愿意在电视上看他们的照片”。彼时的柯达是胶片时代的“王者”。2012 年，柯达申请破产保护。当年的决策者们不会想到，敲响丧钟的正是他们自己公司发明并雪藏起来的数码相机。柯达错了吗？或许并没有，毕竟它还延续了 30 多年的寿命，而键盘时代的王者诺基亚就没那么幸运了。死守存量的诺基亚从如日中天到跌入深渊，只用了区区 5 年。

9.3.2　创新的阻力：霍布森选择

如果我们用“没有成功的企业，只有时代的企业”这句话来解释企业当时的选择，似乎合情合理，并且理所当然，就像我们总是把一个人的过错归结于原生家庭一样。如果我们深入分析下去，这难道不是一种“霍布森选择”吗？

300 多年前，英国伦敦的郊区有一个人叫霍布森，他养了很多马（高马、矮马、白马、黑马、肥马、瘦马都有）。他对客户说，你们买我的马、租我的马，可以随便挑，价格便宜。霍布森的马圈很大，然而马圈只有一个小门，并且霍布森只允许人们在马圈的出口处选。高头大马出不去，能出来的都是瘦马、小马，大家挑来挑去，自以为做了最好的选择。后来获得诺贝尔奖的西蒙，把这种现象定义为“霍布森选择”：当你的选择空间很小或者思维空间受限时，你自以为做了一个好选择，实际做出的是狭隘的选择。如果我们只是去找一匹更快的马，就不可能发明出汽车了。

管理学上有一句名言：“当看上去只有一条路可走时，这条路往往是错误的。”对于企业来说，如果陷入“霍布森选择”，就不可能发挥自己的创造性了。如果管理者用这个别无选择的标准来约束和衡量别人，必将扼杀多样化的思维，从而扼杀了创造力，也就是公司的活力。创新（Innovation）一词，源于拉丁语，它有三层含义：更新、创造新的东西、改变。创新作为一种理论，由哈佛大学教授熊彼特提出。他在 1912 年第一次把创新引入经济学领域。**你的用户是谁？你卖给他们的是什么？你的组织是如何运转的？创新思维的本质在于用新的角度、新的思考方法来解决现有的问题。**对企业来讲，要么创新，要么死亡。

我在上品牌课时经常说一句话：“品牌就像我们过桥时，桥两边的绳索或扶手。过桥的时候你可以不扶着它，但它让你觉得安心；一旦桥没了绳索或扶手，你会觉得非常害怕。”后疫情时代，社交电商将会迎来空前的发展机遇，未来的商业模式框架是：产品（物质）＋社群（能量场）＋ IP（精神），品牌与用户一起创造品牌，变成价值共同体。

未来的增长，是价值驱动 × 产品创新，是小而美，是更多的用户，是品牌驱动：

以产品创新建立核心差异；

以技术优势提高竞争壁垒；

以精益服务丰富产品价值；

以企业文化塑造柔性价值；

以精准传播实现效果倍增；

以重新定位再造品牌差异；

以模式创新提升让渡价值。

9.4 品牌已进入编辑权和供应链时代

品牌创建的高级阶段是品牌共鸣，产生共鸣有四个条件：行为忠诚度、态度依附、社群归属感、主动介入。这都需要品牌用好编辑权来创造用户、经营社群。通过创新生产出产品、通过富媒体形态去讲故事触达目标人群，让他们参与到品牌的共建中来。对新时代的用户来说，**拥有更多，远不如成就更多**——在社群中消费使他们感到安全，并拥有成就感。

9.4.1 21 世纪是供应链与供应链的竞争

零售业的本质，主要有两个维度：第一，为用户提供高性价比的产品；第二，为用户提供丰富的购物体验。在中国的商业环境中，为用户提供高性价比的产品尤为重要。这就体现出供应链的重要性，品牌成长的一个关键点就是：创造力供应链的管理能力。早在 1992 年，英国著名的供应链管理专家马丁·克里斯托弗就下了一个论断："21 世纪的竞争不再是企业和企业之间的竞争，而是供应链和供应链之间的竞争。"时至今日，这一论断已成现实。

马云提出了"新零售"的概念，新零售并不意味着产生了一个新的零售行业。新零售就是使一些新的工具，如互联网、大数据或其他技术等，都变成了零售行业的助力。保密三年的犀牛，卖的不是服装，而是科技感满满的按需生产的生产模式和大数据。大卫·贝尔在《不可消失的门店》中提到："零售的概念永远是一样的，不存在新旧之分。"无论是 100 年前、现在还是将来，最根本的还是好产品、有竞争力的价格及优质的服务。但是，零售的战略工具须不断变革。

2008 年以 4 万亿元开启的大规模基础设施建设，使中国形成了朝发夕至的物流网。中国统一的行政、语言、法律等体系，使得 14 亿人口和 34 个省级行政区成为统一的整体，中国企业能够非常低成本地进行商业扩张，从而形成巨大的规模效应。这种规模效应一旦形成，就会建立全球任何市场都难以匹敌的分工体系，从而进一步降低成本。

中国的中小型企业已经极度专业化，其所生产的产品被还原到极为基础的零部件，并且通配性很好。无数中小型企业构成了一个庞大的网络，网络中的企业彼此间可以不断形成互为配套的关系，整个网络的弹性非常好，效率非常高。随着将周边的韩国等纳入这个分工体系，中国正成为整个亚洲制造业，乃至全球工业体系的中枢。这就是中国“深淘滩，低作堰”的能力体现。特斯拉为什么能够连续降价？原因是自从马斯克把工厂建到上海后，他发现可以以各种方式降低成本。

中国是全世界极少数联合国认可的全产业链工业国。在全球化的今天，中国经济已离不开世界，世界经济也离不开中国。从中国制造到中国创造，研发生产与物流供应链领域的变革将持续深化：减少损耗，降低渠道成本，去中心化，用户定制化生产，以场景为中心的消费组合，打造柔性智能化的供应链，通过新技术、数据提升用户体验和零售效率等，这些变革将使中国制造业得到进一步发展。

9.4.2 品牌要掌握编辑权，与用户产生共鸣

品牌除了要关注供应链的创新变革和管理，还要注重知识再造和生成内容的能力。茑屋书店把这种能力定义为，企业要掌握“编辑权”。

新一代年轻人对于新媒体、社交平台能够快速理解、上手：抖音、快手和淘宝直播催生出很多视频达人，小红书的种草和微信的私域流量催生了无数 KOC（关键意见消费者）；喜马拉雅、得到和千聊孵化了众多知识 IP；微博和绿洲诞生了很多时尚博主……你的品牌参与他们的生活了吗？

品牌应该去追逐它们吗？在“618”或者“双 11”创造业绩新高或通过直播带货大卖一拨，就等于品牌成功吗？跟 IP 合作开发周边就是与时俱进拥抱新时代吗？这个时代的品牌，常常会陷入迷惘：用户日常喜新厌旧，线性成长看不到希望，有销量不等于品牌能立得住，到底要不要逃离头部电商平台（有一种观点认为，大电商平台只是成交工具，节点大促只是协助了

品牌 PR，那么它在品牌价值链中的贡献是什么？），以及该如何获得定价权等问题，都在催促品牌进行自我审视。品牌，终究是“慢”生意。而品牌如人，需要核心自我。

布罗茨基说：“个人的美学经验越丰富，他的趣味越坚定，他的道德选择就越准确，他也就越自由。”这个时代的品牌，除了核心自我，还要懂得审美和表达。用户每一次选择的背后，都是对自我的认同和态度的表达。

茑屋书店成立于 1983 年，旗下的代官山茑屋书店被誉为“全世界最美的二十家书店之一”。很多人去茑屋书店并不只为买书，而是去享受一个发现的过程。创始人增田宗昭说：“购物平台泛滥之后，用户会发现东西太多，根本不知道从何挑起。这时就开始进入‘编辑权’时代，**商家必须向用户提供生活提案**，找到对用户有价值的商品，进行选择和提案。简单而言，必须有推荐的能力。所以，这是一个提案力的时代。”提升需求力，而不是强化供给力，企业掌握编辑权，就是从用户的角度出发，想办法刺激和满足用户的需求，而不是不断增加产品和店面。茑屋书店在各领域都配备了专业知识丰富的接待员（编辑），他们除了要为自己所负责的区块挑选品类，还要响应用户的要求，推荐最合适的书籍、电影或音乐。

好的公司不仅有商业模式，还有价值观和自己的管理理论体系，这是编辑权的支撑点。我理解的品牌编辑权，还应包括**基于品牌核心价值的产品力创新、渠道自立，以及与核心用户的有效沟通能力。**在第 8 章我们提到品牌与 IP 的不同，品牌是通过产品与服务支撑价值主张的。如果说品类是一条“河流”，那么品牌则是河流中的“船”。想要百舸争流，拔得头筹，目的地很重要。为了顺利到达目的地，除了要研究“河流”的流向及流速，还要观察万千气象。

产品的创新并非完全依赖技术，而是基于对用户洞察后的设计发心——“因为我发现了时尚的本质”，在自传《我没时间讨厌你》里，香奈儿得意地解释说，“时尚的本质不是看上去很美，而是让自己舒服且美。”美与舒适兼得的设计，成为香奈儿所诠释的吸引力。

未来的增长，一定是靠产品创新和价值驱动的增长，而企业需要做的是，靠产品创新增强与流量平台的博弈能力，或者打造自己的流量汇聚能力。舒适且美，或许也是“无尺码内衣”走红的底层逻辑。一项行业数据显示，2020 年上半年“无钢圈内衣”占天猫内衣销量的比重达 70%，相比 2019 年上半年增幅达两位数，“无尺码内衣”销量的增速达到惊人的 995%。

在第 5 章，我们分享了 Capser 的品牌案例。实际上，国外涌现了一批新锐 DTC 品牌：运动鞋品牌 All birds、眼镜品牌 Warbe Parker、美妆品牌 Glossier、葡萄酒品牌 winc、香水品牌 A.N.Other、沙发品牌 Burrow、牙刷品牌 Bristle 等。它们崛起的背景是消费需求的日渐个性化、多样化。电商渠道、数字媒体、数据化营销手段提供了土壤，一批懂得讲故事的品牌，通过社交媒体，建立了社群和线下体验门店，直接与用户进行紧密的沟通，直接掌控渠道，实现低成本获客，而且都以爆品来带动品牌。这带给我们的思考是：品牌能否通过渠道自主进而实现品牌自立？

当然，不得不承认，我们也看到线下渠道在主题化和场景化，甚至和当地文化融合，比如吾悦广场[①]。线上平台基于千人千面及大数据算法推荐等，以用户兴趣标签来强化内容。但对于品牌来说，依附于大平台只能跟着平台的逻辑走，随着流量成本越来越高，其获得用户真实数据、自己掌握自己命运的能力似乎越来越弱。购买流量也许能带来短期利润“增长”，却没法带来一个品牌内在价值创造和沉淀的“成长”。每次直播都是全网最低价，但短暂高潮之后，却是更长时间的疲软。

可以预见，随着全球化的信息共享、公域流量逐渐消失、IOT/5G/AI 技术的普及，品牌会发现，即便自建的线上渠道只有 1% 的 GMV（成交总额），只要能沉淀下来完整的 1% 的用户数据，就能对剩下 99% 的 GMV 和用户有

① 吾悦广场是一个大型购物商场，它在做空间设计时，非常注重与当地文化的融合，在南京就参考了金陵文化，在成都也结合了蜀地文化，做了很多场景化、文化符号的设置，对商场来说，是比较新的发展形态。

显著的数据价值和分析价值。品牌将越来越成为更具核心自我，并且多渠道、多维度展示自己人格魅力的存在。

9.5 穿越迷雾的，唯有品牌

当下我们正处于文化升级的历史跨越期，年轻用户对精神内核、自我符号的探索背后的巨大消费市场，是每一位创业者和投资机构需要重新思考的新命题。想要穿越迷雾，就必须给品牌第二次呼吸的机会，让品牌能够出现在更多人的视线之中。

9.5.1 极点与第二次呼吸

马拉松运动中有一个名词叫“极点”，指的是运动员长时间奔跑的疲惫感达到峰值时的一种非常难受的状态。极点现象的产生是因为人体有生理上的惰性。人体在剧烈运动时，由于内脏器官的活动赶不上肌肉活动的需要，会造成氧供应不足，大量乳酸之类的物质堆积，这些化学物质会引起呼吸急促、心率急剧增加、血压升高，导致呼吸循环系统失调，这些失调的刺激传入大脑皮质，使运动中枢受到抑制，人会出现动作慢而无力、呼吸困难、肌肉酸痛、情绪低落的状态，简直不愿再继续运动下去，这种状态叫作“极点”。

极点出现后，凭着个人意志和毅力再继续坚持运动，随着机能的调节及内脏器官机能的改善、氧供应的增加、乳酸的清除加快，神经中枢的惰性得到克服，极点症状就会逐渐消失，身体将出现新的平衡。这种现象在运动生理学上被称为“第二次呼吸”。此时呼吸变得均匀并加深，感到动作轻快，不舒适感逐渐消失。在这个点之后的奔跑，会非常轻松。

体育医学知识还告诉我们，极点与第二次呼吸是长跑运动中常见的生理现象，极点出现的早晚，与各人的体质、训练水平等有直接的关系。极点和第二次呼吸，这跟我们做企业、做品牌的历程何其相似。有时想做好一件事，最难的不是去做，而是去坚持。

2020年这场被基辛格称为将永远改变世界秩序的新冠肺炎疫情，让越来越多的企业家开始形成共识，企业往后在单纯寻求增长之外，更需要把避险思维摆上办公桌。在动荡时代，预言未来只能让你徒增烦恼，企业必须具备两大能力，一是承受巨大打击的能力，二是迅速抓住重大机会的能力。当发令枪再次响起，你是否已经调整好跑姿，发现了弯道超车的机遇，做到了一马当先？新冠肺炎疫情对行业的影响已经不仅是“消费复苏”的问题，更是整个行业格局的一次大调整。越是在这种恶劣的市场环境下，行业的马太效应越是明显。如果新冠肺炎疫情是品牌和企业家们的“极点”的话，他们能做到快速反应，且卓有成效地达成“第二次呼吸”的最关键的原因为：品牌力才是企业最好的免疫力。

台湾经营之神、台塑集团创始人王永庆有一套“冰激凌哲学”——“冰激凌要在冬天开始卖”，不确定的永远是环境，确定的永远是你自己的竞争力和应变能力。商业社会中，很多品牌在面临巨大危机时，品牌力会成为它抵御风险和快速复苏的防护衣。

9.5.2 新冠肺炎疫情中进击的品牌

新冠肺炎疫情必须直面，品牌必须直进：耐克与腾讯看点直播小程序共同推出健身课程直播；一直强调线下沉浸式体验的宜家在2020年3月开了天猫旗舰店；中信书店、钟书阁等200家书店进入直播间，“数字阅读”引导成交量上涨938%；林清轩1600名线下导购全部在淘宝直播上转型为“云导购”，实现同比增长145%的业绩；面对退订金额高达310亿元的局面，携程董事局主席梁建章5场直播带货卖出6000万元的业绩，他为自己的“CEO带货”的成绩打出70分。

阿迪达斯在淘宝直播举办史上首场“云发布会”，参与人数超223万，新品Superstar 50周年纪念款发布，明星董又霖和主播薇娅连麦比赛带货，10分钟销售6000多双。银泰百货联合淘宝推出导购在家直播计划，实现

"无接触购物"。雅诗兰黛、兰蔻、科颜氏、悦木之源、斐乐、Vans 等 50 多个品牌专柜加入导购在家直播计划。全棉时代、比亚迪、OPPO、富士康、五菱宏光、中石化、赢家服饰的口罩相继推出。

欧莱雅直面新冠肺炎疫情挑战，除坚守一线的美妆顾问外，旗下 20 多个品牌陆续推出云课程、云咨询、在线虚拟试妆、在线肌肤检测等非接触式服务，个性化推出"口罩妆打造""口罩肌护理"等实用指南。集团旗下的 Urban Decay 正式登陆天猫，并宣布歌手邓紫棋为品牌全球代言人，为顺应"口罩装"趋势推出线上"眼技速成班"，邀请不同的时尚意见领袖展示各式妆容，作为新店已有 10 万人关注。最终欧莱雅逆市上涨，一季度销售额同比增长 6.4%。

成立 3 年的泳装初创公司 Summersalt 将其常规客服渠道改成了情感支持热线，取名"Joycast"，专门安抚情绪低落的来信者。收到短信后，Summersalt"用户幸福"团队的成员会发送一段 10 分钟的冥想视频、一份自我关爱指南，或者一张可爱小狗的 GIF 动图。

随着企业选择远程办公及公共场所的关闭，人们开始感到孤独和孤立。在全民社交疏远时期，销售额下降成必然，通过 Joycast，品牌至少可以留在用户脑海里。Summersalt 也会强调它的产品适合居家穿着："我们的套装在后院穿起来和在度假时一样有趣。"运动装品牌 Bandier 同时举办健身红人主持的培训班，每天下午 4 点通过 Instagram 频道免费提供现场课程。提供数字内容季度订阅服务的 FabFitFun 则向非会员免费提供节目。

新冠肺炎疫情期间，天猫和淘宝各品类消费金额占比数据显示：小家电、方便食品、美妆用品和运动户外用品四大品类销量出现显著增长。更多人有更长时间来使用移动互联网，这给了用户尝鲜的机会，不少人就此打开"新世界的大门"，这是品牌需要关注的机会和发展空间。

《反脆弱》一书的作者纳西姆·尼古拉斯·塔勒布指出，面对不确定和危机，可以用过度补偿的方式避开风险、增强自身能力。品牌在面对新的消费环境时，如能够找到与用户连接的法则，也许可以将其作为品牌自身长期的抗疫力和“反脆弱”力，拉开与其他品牌之间差距。

9.5.3 穿越迷雾周期的中国品牌

1873 年经济“大恐慌”中，诞生了宝洁和通用电气。

1907 年经济“大萧条”中，诞生了通用汽车。

1911 年一战前夕，诞生了蓝色巨人 IBM。

1928 年美国金融危机，催生了连锁超市。

1973 年石油危机中，诞生了联邦快递。

2020 年的新冠肺炎疫情，将改变企业的思考方式和工作方式，个体能力框架也将发生根本性转变。整个中国消费升级背后的第一动力就是中产阶级努力打拼之后的自我补偿和自我奖赏，第二动力就是消费者成为更好的自己、实现人格的自我跃迁的愿望。品牌要化解新冠肺炎疫情危机，迎来新的增长曲线，必须构筑 1+3 模式：1 是品牌价值观；3 是产品力、品牌力和数字化共同构成的铁三角。

（1）产品力。前面讲了很多，产品力是所有企业的公约数，也是品牌力最重要的支撑，是品牌核心价值的载体和传递服务力的介质。用户在成长，在主动选择，这就倒逼产品要更懂用户、更有审美、更有内容。

（2）品牌力。打造品牌的本质是将产品的优势转化成心智优势，让用户认知、接纳与追随自己，最终使品牌成为标准，成为常识，成为不假思索的选择，进而得到市场份额与品牌溢价。

（3）数字力。数字化将改变整个社会、产业、企业 / 组织的运转模式，这是未来几十年甚至更久的时间里最重要的趋势。优衣库早在十几年前就开始布局，58 到家、小仙炖、林清轩等品牌的抗疫故事也让我们看到了数字化的价值，越来越多的产业会加速“在线”的步伐。

对于中国而言，对于中国品牌而言，新冠肺炎疫情，似乎是给我们的工作和生活按下的一个暂停键，迫使我们去思考、规划和经营自己接下来的“生意”（生活的意义）和人生。那些能够在逆境中发展非常好的企业，快速调整了自己与市场的关系、与用户的关系、与疫情的关系。它们没有等待、没有祈祷、没有惊慌、没有措手不及，只是很认真地接受了疫情的存在，接受了这个环境与以往不同。

以前提起中国品牌，我们最先想到的是一些“老字号”，如同仁堂、瑞蚨祥、六必居、内联升，或者是记忆中一些成为情感符号的品牌，如飞鸽牌自行车、英雄牌钢笔、蝴蝶牌缝纫机。

现在越来越多的中国品牌“出海”，正在世界面前展示自己的自信，越来越多中国企业凭借出色的技术和成果在全球范围内站稳脚跟。华为的5G技术、格力的专利研发、波司登羽绒服的全球代购潮，还有青岛啤酒和老干妈的持续畅销、中国李宁走上国际T台、联想成为全球PC第一品牌……由北京知本创业管理咨询有限公司、北京知风云数据股份有限公司 、《企业管理》杂志联合发布《中国企业成长报告（2020）》显示：

自2018年以来，中国企业500强营收门槛已突破300亿元，2019年增至323.25亿元。阿里巴巴、腾讯、小米、三一集团等企业在2019年都实现了快速增长。其中三一集团营收突破1000亿元门槛，进入世界级企业行列，同样迈入世界级企业行列的企业还有紫金矿业、海螺水泥等。而海大集团、五粮液、立讯精密则进入了中国领先企业行列。全球市值最高的20家互联网公司中，美国独占12席，中国占据6席，处于第二梯队领跑位置。

从2017年起，国务院将每年的5月10日设立为“中国品牌日”。2018年京东TOP100搜索词中，有31个是涉及品牌的，其中17个关键词与中国品牌相关。阿里巴巴数据显示，2018年阿里巴巴零售平台中，中国消费品品牌市场占有率达到71%。

世界著名建筑大师安藤忠雄说：“一个人真正的幸福并不是待在光明之中，而是从远处凝望光明，并朝它奋力奔去，就在那拼命忘我的时间里，感受生命真正的意义。”随着国民自信、品牌自立、产业升级和品牌进化，中国必然走向更高级社会状态，会有越来越多的中国品牌向世界进行输出，它们不再只是国人的消费和娱乐选择，而将代表中国文化和中国企业在全球范围内发声。

品牌案例 优衣库的启示：更应关注人与生活

作为全球四大“快时尚”品牌之一，优衣库自创立之初就一直保持在业界销售领先的地位。这与其品牌的经营理念是息息相关的，其高性价比的服饰定价为其打通了更多市场。优衣库的 LifeWear 不仅能够为企业经营模式带来启示，更能够告诫品牌在经营时应当更加关注人与生活。

“经济危机是我的朋友”

“优衣库的摇粒绒服装，1900 日元。”1999 年，在经济大衰退中徘徊的日本人，看到了这条很有冲击力的广告。（因面料被国外厂商垄断，当时摇粒绒衣服一般要 5900 日元一件。）

优衣库的推销员在街头拿着一件摇粒绒上衣，问过往的行人：“这件衣服你认为值多少钱？”有人说值 40 美元，有人说值 50 美元。推销员说，只需要 1900 日元（相当于 15 美元），很多人惊呆了，当即表示“立刻想买”。随后便出现了开头的那句广告语。

优衣库起初制订了 1200 万件的销售计划，同一款式开发 15 种颜色，结果售出 2600 万件，创造了日本服装史上的奇迹。摇粒绒的大卖，成了优衣库加速扩张的爆发点，令它一跃成为日本最大的服装零售商，这款摇粒绒服装还帮优衣库打入海外市场。

优衣库的英文名称 UNIQLO 原本是想将 Unique Clothing Warehouse 的缩写作为品牌名，1988 年在香港设立分公司时，因注册商标人员误将“UNICLO”中的“C”写成了“Q”，而有了之后“UNIQLO”的故事。母公司迅销 FAST RETAILING，名字是 FAST（迅速）+RETAILING（零售），体现了将用户的要求迅速商品化这一企业根本精神。

迅销公司首席执行官柳井正出生于 1949 年，他在《优衣库风靡全球的秘密》中说道："优衣库成长的过程，就是一个历经了无数次失败的过程。它经历过无法从银行融资的焦灼，人们买回去后立即把商标剪掉的难堪，为上市冲刺而拼命扩张店铺的疯狂，也经历过被用户冷落、疏离的苦痛。"这本书就像是柳井正的错误集，他毫无保留地将自己独特的经营哲学呈现给读者。

2019 年就已撤出中国的 Forever 21，2020 年 2 月正式"卖身"某财团，这背后是 Forever 21 超过 1 亿美元的高额欠款。曾有"中国 Zara"之称的拉夏贝尔发布公告，2019 年大规模关店清仓，关闭 4400 家门店，全年亏损 16 亿～21 亿元。GAP 旗下的时尚品牌 Old Navy 因业绩不佳退出中国市场，较早离开中国市场的还有英国快时尚品牌 NEW LOOK。同为快时尚品牌中的一员，优衣库却逆市上扬。据迅销财报数据显示，优衣库在全球 25 个市场中拥有约 2240 家门店，2019 年取得收入 1507.41 亿元，同比增长 7.53%。中国区销售额 331 亿元，占比为 21.9%，同比增长 14.26%。可见，中国区已成为优衣库最重要的海外市场。

优衣库的中国之旅始于 2001 年。吸取伦敦店的失败经验，优衣库在中国"开一家，巩固一家，盈利一家"，人群定位也从在日本时的"所有人"调整为"中产以上人群"，定价比日本高 10%～15%。2014 年 6 月，倪妮担任优衣库全球代言人，是优衣库大中华地区首位全球代言人。柳井正曾感慨："经济危机是我的朋友。"在快时尚品牌普遍受到冲击的时刻，优衣库却越来越火，正与柳井下的这种认知有关。

新冠肺炎疫情让我们重新去审视企业的发展情况和现金流，体验远程办公的可能性，探索管理的新方式。它让我们跳出舒适区，全力以赴探索线上的产品和推广，也让核心伙伴之间更有凝聚力，对风险有了更加深刻的理解，未来的每一步思考都会更加务实，会继续坚持永续经营的思路。我们只有一直坚持做长远有益的事，才能在短期困难来临时走出困境。

对于因新冠肺炎疫情而被迫提速的数字化课题，优衣库颇有远见。它早在 2008 年就开始布局：2008 年 4 月 16 日开设网络旗舰店，2009 年开设天猫店，后又研发门店数字体验馆、优衣库掌上旗舰店等。当很多本土品牌还在游移不定时，优衣库对不同渠道的反应速度和敏感度让人惊讶。自此，优衣库已形成从品牌沟通、社交，到电商平台的数字化体系，自媒体粉丝更是高达 1.8 亿人。据悉，新冠肺炎疫情期间优衣库线上销售大幅增长。同时，基于庞大的自媒体声量，优衣库推广起了疫情防护小常识，在担起企业社会责任的同时，塑造了其积极正面的品牌价值。

LifeWear（服适人生），不只*LifeWear*杂志

2013 年推出 LifeWear 概念以来，优衣库不断尝试让此精神与用户更为贴近。生活本身不存在边界，也没有固定的形态，音乐、色彩、服装、科技都是生活的一部分，人们穿梭其中，在任何场景中都可以发现美的存在。优衣库一直在思考，作为一个生活的品牌，怎样利用商品和服务的创新，帮助大家开启一种新的、可持续的生活方式。

在服装层面，优衣库认为，首先，服装必须具备美学上的合理性，即所有人都能驾驭；其次，它的品质、设计和面料是可持续的；最后，它需要根据生活不断进化和创新。比起“时尚公司”，柳井正更愿意把优衣库定位为一家“技术公司”。将技术运用到日常服饰上，在柳井正看来，可以实现服饰的差异化和高附加值。优衣库的 hero SKU（单一爆品）是发热内衣，即一款采用特殊面料且价格低廉的基本款服饰，充分呼应了优衣库的品牌理念。模仿者即使款式与其一样，剪裁相似，也无法达到优衣库的面料舒适度和极致性价比。

除了在技术层面赋予服装以惊喜，优衣库还不间断地与时尚设计师玩联名，2019 年与美国艺术家 KAWS 的最后一个联名系列被抢购一空后，与 Daniel Arsham × Pokémon 宝可梦系列合作的 UT 也登陆全国门店发售。该系列以 T 恤为载体，由 Daniel Arsham 通过素描的绘制手法展现 3020 年出土的宝可梦形象。

优衣库门店的快速调整也是业界少有的，店长可以根据门店的位置、客

源自行决定和调整订货量、商品陈列、店铺运营方式，甚至连广告宣传单的内容等也可以自主决策。每当发现门店有滞销品时，店长便会向总部要求申请变价。当天提出的需求，下午就能收到反馈，第二天就能以变更后的价格进行销售。这也是用户觉得“优衣库似乎经常有降价活动，但又说不好什么时候降价”的原因。

优衣库的用户中心每年会收到7万条来自用户的反馈意见。总公司会根据意见，对产品不断进行改良和开发，如增加某些型号、颜色或功能等。优衣库的Heattech系列内衣就是在对用户意见的不断反馈中，逐渐从基本的防寒保暖，做到防静电，再到在女装品类中增加山茶花油，实现保湿功能的。

性价比高往往意味着大多数人都“买得起”且质量不差，品味不low（低）。优衣库70%的商品都是基本款，“我们只是提供一些对象，让用户自由地组合、创造，它代表的是日本文化，一种简单却包含快乐的力量”。优衣库的单件服饰貌似普通，但穿搭在一起感觉不错，这就是优衣库快速成长为全球四大快时尚品牌的原因。

当人们习惯性地把优衣库与Zara、H&M等快时尚品牌划归到日常穿搭基本款时，它却凭借*LifeWear*惊艳了时尚圈。木下孝浩——52岁的“潮流教父”、日本公认最会穿衣的男人——一手撑起日本殿堂级潮流杂志*Popeye*。柳井正曾表示：“为了将优衣库打造成真正的全球品牌，信息编辑能力比以往任何时候都重要。”2018年5月，柳井正邀请木下孝浩以执行董事的身份加入迅销集团，负责优衣库整体创意工作。

在时尚界，各大品牌历来就有用实体刊物承载品牌质感、体现用户关怀的做法，“这样更容易与用户达成价值认同，在消费群体中树立品牌忠诚度”。早在1988年，川久保玲以Comme des Garçons的名义发行《第六感》双季刊，其中收集了她的设计灵感及其欣赏的摄影、绘画作品；资生堂旗下杂志《花椿》拥有80岁“高龄”；H&M旗下高端品牌COS也曾推出*COS Magazine*半年刊，通过纸质媒介演绎品牌的设计哲学与生活美学。

其他行业也有不少知名杂志，Airbnb针对房客发行了*Airbnbmag*，Uber

针对Uber司机发行了《冲力》、The North Face发行了*Paradise*。从编辑的视角去“打磨优衣库的服装与品牌”，“创造什么与选择什么、舍弃什么的编辑行为其实很像”。*LifeWear*杂志会出现在优衣库所有门店，一年出版两期，每期发行100万册。木下孝浩操刀的*LifeWear*第一期与优衣库2019年秋冬新品同步问世后，就持续在日本媒体、Facebook、Instagram上掀起话题。

“优衣库在纽约的设计师Rebekka Bay会先确定每个季节时装的主题，我每次会先和她沟通。理解*LifeWear*，也是理解现代人的生活风格。我们想通过杂志把这一点呈现出来，比如通过各种生活场景、采访、在各种地方拍摄照片等。”木下孝浩说。优衣库愿意花更多的时间，用有价值的活动和内容去更专业和深入地和用户沟通，不断通过有价值的内容让大家理解服装和品牌的内涵。优衣库认为城市只是一个载体，我们应该更多地关注人与生活。

结语：

意义经济的金规则

2020 年庚子年，整个 4 月，我在家里的书房中写这本书。在这前后，新冠肺炎疫情给全球制造了一种撕裂感，人们在集体过着宅家生活的同时，开始了不同程度的叩问与自省，思考自己与家人、工作与生活、健康与财富的关系，甚至人生终极意义。

就像用了智能手机就回不到功能机时代一样，新冠肺炎疫情也带来了很多不可逆的改变，从用户习惯、沟通方式，到消费行为、消费观念。对于企业家而言，置身全球化的营销环境和急剧变化的管理环境中，以前那种强行开上帝之眼的产品策划和品牌营销似乎不灵了，考卷越来越难，不仅需要拼命努力，还要有勇气和智慧才能成为一名品类赛道上的参赛选手。

风会吹熄蜡烛，却能使火越烧越旺。大可不必沉溺于焦虑之中。达尔文的进化论认为：最终能在丛林中存活下来的，往往不是最高大、最强壮的物种，而是能对变化做出最快反应的物种。

中石化总能领先半个身位：做过咖啡馆、超市，与 KFC 合作在加油站里做过炸鸡。2020 年 2 月 7 日，中石化一口气买下 11 条口罩生产线，加入了制作口罩的队伍。2 月 22 日，中石化快速上线“安心买菜业务”，在全国 126 个城市的 6000 多个加油站里卖菜，买菜还送口罩，用户预约下单后，到加油站只需把后备厢打开，加油站的工作人员便会把菜直接放进后备厢，做到了“安心无接触”。

如果说1979—2019年是中国经济发展的上半场的话，那么2020年开始，中国经济发展已进入下半场，这也意味着增长类型从“资本型”转化为“运营型”。“资本型”增长一般出现在资本的原始积累阶段，这个阶段有两大红利：人口红利、流量红利。当股市在3000点徘徊，楼市价格只在小区间摆动，下沉市场的互联网新用户也基本发掘完，整个公域和商域流量成本越来越高时，就说明“运营型”增长（靠管理、优化配置资源，使资源发挥出更大价值）时代已到来，未来5到10年，中国经济发展会完全从投资拉动向消费驱动转型，这就倒逼无论品牌还是个人，都要有科学精神，对商业规律法则有敬畏之心，有专业精神，对产品服务有极致化追求，同时要终身学习，使认知进化。

在这本书中，我关注和描述了当下正在发生的新消费品牌的痛与快乐，新崛起的视频叙事、风头无两的直播生态、审美红利、知识付费、国潮复兴、IP潮玩化、5G与数字化构成了它们指数级增长的背景板上的关键词。它们深谙：**提供用户满意度只是信任的起点、提供用户喜悦度才能赢得他的忠诚，提供用户参与度才会产生品牌依恋。**我将从两个关键词来解读新消费超级品牌如何释放其心动信号，而新世代的用户又是如何在这个偏好时代，拿着解码器，与心头好的品牌共鸣共振。

第一个关键词叫“新基建”。

更普及的第三方支付方式、更柔性敏捷的供应链、更快捷通达的物流配送网络、更注重空间体验感的购物街，加上智能手机的普及和已经到来的5G时代，构成了消费语境里的新基建。新基建还包括短视频平台、“种草”的社交媒体、网红的直播带货及自建“鱼缸”的私域流量，它们改变了品牌与用户沟通的方式和产品销售的方式。所见即所得，新品牌触达消费者的路径大大缩短了。

新基建还包括头部平台和品牌的普惠之举，比如2020年5月21日，阿里巴巴本地生活大学正式运行，目标是年内培训并认证10万名直播主播，协助10万家本地生活商家开设直播间。2020年5月26日，北京字节跳动科技有限公司联合浙江传媒学院成立浙江省短视频学院，在内容平台与传播渠道建设、短视频创作推广等方面开创校企合作新格局。传统电商平台在往内容化的方向变革，内容平台营利也从广告模式走向交易闭环。

第二个关键词叫“Be时代”。

人，是最大的非标品，当我们说生意就是生活的意义时，就把用户放进了品牌心智模式的中心位。品牌是企业和用户共筑的一个梦，**品牌社群的真正威力不是精度，而是燃度。**在本书中，我刻意没有使用“消费者”这个字眼，他们是品牌的共建者，是用户，也是老板。

“Be时代”即他们购买产品不光为了“Have”（拥有），更是一个“Be”，即彰显自我的过程。用户不再满足于坐在观众席上听故事，他们还想去后台看看，想要发现故事背后的故事。就像有人守候李佳琦的直播间，只为了看一眼他的宠物狗。优秀的品牌要学会搭建故事框架，让用户拿着产品这个道具，自己娓娓道来。品牌的主要角色是动态丰富这个故事框架，同时赞美和鼓励用户来诉说。想想SK-Ⅱ“改写命运”的女性视角，这样才能赢得真正的品牌忠诚度。

马斯洛需求层次金字塔的顶端，是自治、成长和自我实现，所谓用户调研，不是发现用户的需求，而是发现用户的期待。品牌要洞见用户的这一内在需求：卖的不是产品，卖的是惊喜，用户关注的不再是产品而是意义，是通过购买建立身份，拥有成就感。公司的目标之一就是要关注产品对用户情感的影响。所谓意义经济就是不要出售牛排，要出售烤牛排的吱吱声。毕竟真正好的销售是“value selling”，即价值销售。经济学家泰勒·柯文曾提出“低垂之果”的说法，显而易见，现在要摘果子就很难，必须要搭一把梯子才行。这个梯子是什么呢？我觉得是意义。品牌必须理性地思考，感性地表达，怀揣意义，和用户一起共创品牌，开启智性的生活。

这世界哪有什么屠龙技？当情怀不再，营销退潮，你会发现，敬畏人性、敬畏规律、敬畏新时代、真诚是唯一有效的策略。在这个精神商业时代，未来将有一批个人和公司靠新模式、芯渠道、心经营赚钱。

“不是逢人苦誉君，亦狂亦侠亦温文”，这是龚自珍《己亥杂诗》中的两句，后两句是“照人胆似秦时月，送我情如岭上云”。整首诗形容了朋友间的共振和羁绊，用来表达品牌和用户之间的心流体验，也是好的。